思考の自然誌

マイケル・トマセロ 著
橋彌和秀 訳

Michael Tomasello

A NATURAL HISTORY OF HUMAN THINKING

keiso shobo

思考の自然誌

リタ、アニヤ、レオ、キアラへ

序　文

本書は、『心とことばの起源を探る――文化と認知』（*The Cultural Origins of Human Cognition*）の続編――というよりはもしかしたら前日譚――にあたるものだが、少しばかり違ったテーマに焦点を当てている。一九九九年（邦訳は二〇〇六年）に出版した前著で取り扱ったのは「ヒトの認知の独自性はどこにあるのか?」という問題で、その答えは「文化に」だった。ヒトはひとりひとりが、さまざまな、他の種では見られないくらい強力な認知スキルを発達させる。これは、ヒトが、慣習的言語を含む文化によって生み出されたあらゆる類いの事物や行動慣習の真っただ中でおとなになるから、そしてもちろん、それらをマスターするのに不可欠な文化学習のスキルを備えているからにほかならない。出会ってゆくさまざまな事物や慣習をひとりひとりが内面化し、内面化されたものたちが、世界とのあらゆる認知的インタラクションを媒介するのだ、ということを論じた。

本書で取り扱う問題も、あまりかわり映えはしない――「ヒトの思考の独自性はどこにあるのか?」。その答えもかわり映えがなくて、「ヒトの思考が根本的に協力的なものである点に」というものだ。しかし、かわり映えのしない問いとかわり映えのしない答えで、まったく異なる本ができあがってしまった。一九九九年の本は単純明快なものだった。当時、我々が手にしていた類人猿とヒトとの比較データがわずかなものだったためだ。そのおかげで、「他者を、志向性を備えた行為者とみなしているのはヒトだけで、これがヒトの文化をもたらしているのだ」というようなことが言えたのだ。しかしいまとなっては、事情がもっと複雑であることが分かっている。大型類人猿は、志向的行為者としての他者について、かつて考えられていたよりもはるかに多くのことを認識しているようだ。しかし、にもかかわらず、ヒトで見られるような文化や認知を備えてはいない。本書で紹介する数多くの研究に基づくなら、決定的な違いは、ヒトが、「他者を「志向性を持つ行為者」として理解している」だけでなく、「他者とともに知恵を集め、協働的な問題解決に関わる個々の行為から複雑な文化的制度に至るまで、志向性の共有（shared intentionality）を伴うあらゆる行為をなす」点にありそうになってきた。つまり、問題の焦点は、いまや「伝達プロセスとしての文化」というよりは「社会的協調プロセスとしての文化」へと移行しつつある――そして実際のところ、我々がここで論じるのは、「ひとりひとりが、協働採食というごくシンプルな行為において他者との相互調整をおこなって暮らしていた初期の進化的ステップこそが、現生人類の文化を可能にした」ということなのだ。

焦点を「思考」に絞りこむ、ということは、本書が、「ヒトが、ごく近縁な他の霊長類たちがとらないようなやり方で志向性の共有をおこなうこと」を、すでに他で論じてきたように述べるにはとどまらないことを意味する。加えて、そこに含まれる内在的な思考プロセスを検討することになる。このような思考プロセスのありようを描き出すには——特に、ヒトの思考プロセスと類人猿の思考プロセスとの違いを見極めるには——、認知表象、推論、自己モニタリングという、思考プロセスの構成要素となるプロセスそれぞれの特性をあきらかにする必要がある。志向性の共有仮説において主張するのは、これら三つのプロセスはすべて、ヒト進化の過程において、鍵となるふたつのステップを経て変容してきた、ということだ。変容は、どちらのステップについても、より協力的な生活様式をヒトが選択せざるをえないような社会的インタラクションや組織の大幅な変化の一部として起こった。ヒトは二度にわたって、生き残り繁栄する上で、さまざまな協働的（つまりは文化的）行為において他者と行動を協調し、協力的（つまりは慣習的）コミュニケーションにおいて志向状態を協調させるためのあらたなやり方を見出すことを強いられた。このことが、ヒトの思考のあり方を、二度にわたって変容させたのだ。

本書を書き上げることができたのは、言うまでもなく、多くの研究機関や皆さんのサポートがあったおかげだ。ピッツバーグ大学科学哲学センター（ジョン・ノートン、所長・特命セミナーリーダー）には、二〇一二年春、集中して執筆に取り組める落ち着いた半年間のホストとなってくださったことにお礼を申し上げる。この滞在期間中、今回の企ての中核をなす多くのトピックについて時間をかけて議論してくれたボブ・ブランダムの寛大さからは特に多くを得た。この半期中、有益な議論を何度もさせていただいた同大心理学部のセリア・ブラウネルとカーネギー・メロン大のアンディ・ノートンにも感謝する。同じ年の夏に、ジム・コナントとセバスチャン・レドゥルのオーガナイズでおこなわれたベルリンでのＳＩＡＳ夏期セミナー「二人称――比較からの諸展望」において、本書のテーマを発表させていただいたこともたいへん有益だった。これらの出会いのおかげで、本書をよりよいものにすることができたと思っている。

原稿本体については、さまざまな章に目を通し、とても有益なフィードバックを与えてくれたラリー・バーサロウ、マッティア・ガロッティ、ヘンリケ・モール、マルコ・シュミットに感謝したい。とりわけ、リチャード・ムーアとハネス・ラコッツィの二人は、ほぼ初稿段階の原稿全体に目を通し、内容・表現の両方に関して、鋭いコメントと提案を数多く返してくれた。最終段階の原稿に対して有益なコメントとご批判を数多くくださったハーヴァード大学出版局のエリザベス・クノールと三名の匿名査読者にもお礼を申し上げる。

最後に、いちばん大切な謝辞を。すべての過程を通じて、常に詳細な批判コメントと示唆とを与えてくれた、妻、リタ・スヴェトローヴァに感謝する。数多くのアイディアが彼女との議論を通してより明確になり、文中の分かりにくかったくだりも、彼女の文学的な目によって、少なくとも以前よりは、明快になった。

目次

凡例

・本書はMichael Tomasello, *A Natural History of Human Thinking*, Harvard University Press, 2014の全訳である。

・訳注は〔 〕によって本文中に挿入した。

・原書における強調のためのイタリック体は、傍点で示した。

・読みやすさを考慮して、原書にない箇所に「 」や（ ）を挿入した場合がある。

・本文中での引用に関しては、すでに邦訳のある文献も含め、すべてあらたに訳出した。

第一章　志向性の共有仮説

協力こそが、理性を生み出す唯一のプロセスである。

ジャン・ピアジェ

Sociological Studies (Études sociologiques)

思考というのは、まったくもって孤独な営みのように見えるかもしれない。実際、ヒト以外の動物に関してはそのとおりだ。しかしヒトにとっては、思考というのは、ジャズ・ミュージシャンがひとりきりで自分の部屋にこもり、新しいリフをインプロヴァイズ〔即興演奏〕するようなものだ。ひとりきりの行為には違いないが、自分以外の人たちが〔演奏という〕用途全般のために作り上げた楽器を使い、自分以外の演奏家たちと何年間も一緒にプレイし学んだ上で、伝説的なリフを擁する豊かな歴史を持つ音楽ジャンルの枠内で、ジャズを愛する想像上の聴衆のためにおこなわれる行為とも言える。ヒトの思考は、社会と文化のマトリックスに取り込まれながらひとりひとりおこなうインプロヴァイゼーションなのだ。

「社会が注ぎ込まれた思考」というこのあらたな形式はどうやって出現し、どんなふうに機能してきたのだろう？　古典的な理論家の中には、個別の思考のタイプのうちいくつかを可能にする上で、文化や、文化が生み出すものが果たす役割を強調する者もいた。たとえばヘーゲル（Hegel, 1807）は、その時代その時代の文化における社会実践や制度、イデオロギーが、個々人の理性にとって必要な概念的枠組みを作り上げるのだと指摘した（Collingwood, 1946 も参照）。パース（Peirce, 1931-1935）はさらに具体的に、特に数学や形式論理学のような、ヒトが見せるもっとも洗練されたタイプの思考が可能になるのは、アラビア数字や論理記号体系などの、文化によって生み出されたシンボルを使いこなせるからこそだと主張した。ヴィゴツキー（Vygotsky, 1978）が強調したのは、ヒトの子どもたちは、それぞれの文化の道具やシンボルの真っただ中で育ち、とりわけ言語的なシンボルはかれらの世界をあらかじめ秩序立てさえすること、そして、個体発生の過程において、これらの文化的な事物の使用法を内面化し、ヒトの思考のプロトタイプのひとつである、いわゆる内的対話へと至るのだということだった（Bakhtin, 1981 も参照）。

また別の古典的理論家たちは、ヒトの文化や言語をそもそも可能にしている社会的協調の基盤となるプロセスに焦点を当ててきた。ミード（Mead, 1934）は、特にコミュニケーションにおいて互いにインタラクションをおこなう際、ヒトは、相手の立場に立っている自分を想像し、他者の視点を取ることができると指摘した。ピアジェ（Piaget, 1928）はさらに踏み込んで、協力的態度に加えて役割交代や視点交代の能力が、文化や言語を可能にするだけでなく、各個人が自身の視点を集団の規範的基準のもとに位置づける推論をも可能にするのだ、と指摘している。また、ウィトゲンシュタイン（Wittgenstein, 1955）は、もとからある共有された社会的実践や判断のセット（「生活様式」）が任意の言語慣習や文化的規則の適切な使用に及ぼす影響には幾通《いく》りかあることと、その影響の仕方こそが実質的なインフラとなり、あらゆる言語や規則の使用が個人間において重要な役割を果たす担保となっていることとを、詳細に述べた。これらの「社会的インフラ論者」たち（そう呼んでもいいだろう）はみな、ヒトが認知を介して世界と関わる際の超社会的なやり方が可能になる上では、言語や文化は「ケーキのアイシング」にすぎないという信念を共有している。

古典的な論者たちの議論はたしかに洞察に溢れたものだったが、かれらはみな、実証的な意味でも理論的な意味でも、ごく最近になって出現したパズルのあらたなピースが何枚か欠けたままで仕事をこなしてきた。実証的な意味でのあらたな発見のひとつは、ヒト以外の霊長類の驚くほど洗練された認知能力で、その多くはここ二、三〇年の間に発見されたものだ（総説として Tomasello and Call, 1997; Call and Tomasello, 2008 を参照）。ヒトにもっとも近縁な現生種である大型類人猿は、かれらをとりまく物理的な世界・社会的な世界、そしてそれらの世界を組み上げる因果的・志向的な諸関係の多くの側面を、ヒトと同じように理解しているのだ。これは、ヒトの思考において重要な側面の多くが、ヒト独自の社会性、文化、言語の様態ではなく、大型類人猿一般に見られる個別の問題解決能力のようなものに源を発していることを意味する。

もうひとつは、前言語期（あるいは言語期突入直後）、すなわち、自分をとりまく文化や言語を十全に取り込む以前のヒト乳児に関する一連の新知見だ。この、まだまだ未熟なヒトは、この時期からすでに、大型類人猿では見られないいくつかの認知プロセスを作動させており、このプロセスが、たとえば注意の接続（joint attention）や協力的コミュニケーションを媒介するといったように、大型類人猿にはできないやり方でまわりの他者と関わることを可能にしている（Tomasello et al., 2005）。文化以前・言語以前のこの無力なヒトたちがすでに認知上の独自性を持つという事実は、「ヒトの思考において重要な諸側面は、文化や言語そのものからではなく、むしろ、ヒト独自な社会的関与にまつわる、より深部の原初的な一連の様式から生じている」という社会的インフラ論者の主張を、実証面から支持している。

理論的な面では、行為の哲学における近年の進展が、この「ヒト独自な社会的関与にまつわる、より深部の原初的な一連の様式」についての、これまでになかった強力な考え方をもたらした。行為の哲学者のある小グループ（e.g., Bratman, 1992; Searle, 1995; Gilbert, 1989; Tuomela, 2007）は、ヒトが、「志向性の共有」あるいは「『わたしたち』志向性」と呼ばれる一連の行為においていかにして他者と協力し合うかを探ってきた。ある人が他者と一緒に協働に携わる際、かれらは同時にゴールの接続（joint goal）や注意の接続をおこない、そうすることが、当事者内で調整すべき個別の役割や視点を生み出す（Moll and Tomasello, 2007）。さらに言えば、このようにはっきりと行為・注意の接続が発現することと、たとえば文化ごとのさまざまな制度のようなもっと抽象的な文化活動やその産物――これらは社会的な慣習や規範の上に合意によって構築された、より正確には、創造されたものだ――との間には、分かちがたい連続性がある（Tomasello, 2009）。まとめると、ヒトには、他の霊長類にはできそうにないやり方で他者と協調し、協働的な狩りのパーティから文化的制度にいたるまであらゆるものを生み出す、複数形の主体として働く「わたしたち」なるものをかたちづくることができるのだ。

この理論的方向性をさらに進めれば、ヒトの協力的コミュニケーションには、ヒトにおける協働や志向性の共有の具体的なかたちとして、特殊な一連の意図推論プロセス――最初にグライス（Grice, 1957, 1975）が見出し、それ以降スペルベルとウィルソン（Sperber and Wilson, 1996）、クラーク（Clark, 1996）、レヴィンソン（Levinson, 2000）、トマセロ（Tomasello, 2008）らが練り上げ改訂してきた――が含まれている。ヒトはコミュニケーションをおこなう際、さまざまな状況や存在を、外的なコミュニケーション手段を用いて、他の誰かに向けて概念化する。すると受け取った方は、

「なぜその状況や存在が自分に関係があると送り手が考えているのか」を見定めようとする。この対話プロセスは、志向性を共有するスキルや動機だけでなく、自分の意図状態に向けられた他者のさまざまな意図に関する、数々の複雑で再帰的な推論を孕んでいるのだ。この独自のコミュニケーション様式――完成された言語だけでなく、前言語期のヒト乳児におけるジェスチャーによるコミュニケーションの特徴でもある――は、「コミュニケーション参与者間での概念的枠組みの共有（共通概念基盤とも呼ぶ）」と、「枠組み内における、パートナーひとりひとりの意図や視点の理解」

との両方を前提としている。

これらの最近の実証的・理論的な進展によって、ヒトの認知全般における社会的側面の重要性は、これまでよりもずっと詳細に描き出せるようになった。本書における我々の焦点は、特に、ヒトの思考の社会的な側面にある。ヒトやその他の動物たちが、発達した直感的な経験則（いわゆる、システム1プロセス）に基づいて多くの問題を解決し多くの決断を下すのは確かだが、ヒトと、少なくとも他の動物の一部は、思考によって問題を解決したり、決断を下したりすることもある（システム2プロセス。e.g., Kahneman, 2011）。思考にことさら焦点を合わせるのは、鍵となるいくつかの要素――とりわけ(1)さまざまな経験を「オフラインで」認知的に表象する能力、(2)その表象を因果的、志向的、および（または）論理的に変化させてシミュレーションや推論をおこなう能力、(3)自己モニタリングをおこない、シミュレートした経験がどのような結果をもたらすことになりそうかを評価する、つまりは分別のある行動決定を下す能力――が内包される単一の認知プロセスに的を絞ることになる、という意味において有益だ。

他の種と比較すれば、ヒトの思考が特別なものであることはあきらかだろう。しかし、ヒトの思考に関する伝統的な理論を用いてこの違いを描き出すことは困難だ。というのも、伝統的な諸理論が前提としているプロセスの鍵となるさまざまな側面が、実際には進化の産物だからだ。これらの側面というのがまさにヒトの思考の社会的な諸側面であり、ここで我々が第一に取り組みたい点となる。さまざまな状況や存在の認知的な表象を少なくともある程度抽象的におこなう動物種はたしかにたくさんいるが、ひとつの状況や存在を、異なる、時には競合し合いさえする複数の社会的視点のもとで概念化することができるのはヒトだけだ（究極的には、これが「客観性」の感覚につながる）。さらに、外的な出来事に関するシンプルな因果推論や意図推論をおこなう動物種もたくさんいるが、他者および自分自身の意図状態についての社会的推論を再帰的・自己内省的におこなうのはヒトだけだ。そして最後に、自分自身の行為が道具的な意味でうまくいっているかをモニタリングし評価する動物種も数多くいるが、他者や集団の規範的な視点や基準（「論拠」）に照らして自分自身の思考を自己モニタリングし評価するのはヒトだけだ。このような一連の、社会的側面における根源的な違いは、ある特殊なタイプの思考――便宜的に名づけるならば客観‐内省‐規範的思考――を生み出すことになる。

本書では、ヒトに特異的なこの「客観‐内省‐規範的思考」の起源を再構築したい。志向性の共有仮説は、「この独自の思考――表象のプロセスや推論、および自己モニタリング――を生み出したのは、社会的協調にまつわるさまざまな課題に対処する上での適応、特に、個々人が他者と協働しコミュニケーションをとろう（他者と協力しよう）とする際に立ち現れる課題への適応である」というものだ。大型類人猿的だったヒトの祖先も社会的な存在ではあっただろうが、かれらは基本的に個別的で競合的な生活を送っており、かれらの思考もまた個別のゴールを達成することに向けられていた。しかし、初期人類はどこかの時点で、生態学的な環境によって協力的な生活スタイルを取らざるをえなくなり、このためかれらの思考は、他者との調整をおこない、共同のゴール、さらには集団の集合的なゴールを成し遂げる術を見出す方向に向かうようになった。ここですべてが変わったのだ。

鍵となる進化上のステップはふたつある。第一のステップでは、ミードやウィトゲンシュタインといった社会的インフラ論者たちが論じるように、ヒトの採食において、あらたなタイプの小規模な協働が発生した。この協働採食に参与する個体たちが、さまざまなゴールや注意の接続（共通基盤）を社会的に共有するようになり、このことが、そこで共有された個々の世界や「生活様式」の枠内における、個別の役割や視点の可能性を生み出した。あらたに生み出されたさまざまな役割や視点を協調させる上で、各個体は、指差しや身振りなどの自然発生的ジェスチャーに基づいた、あらたなタイプの協力的コミュニケーションを進化させた――パートナーの一方が、ふたりでおこなう行為と「関連する」なにかに関する相手の注意や考えに対し遠近法主義的にあるいはシンボリックに注意を向け、なにが意図されているのかを協力的（再帰的）に推論するのだ。このプロセスを自己モニタリングするには、コミュニケーションをおこなう者は、受け手が推論しそうなことを前もってシミュレートしておかなくてはならなかった。ここでいう協働やコミュニケーションは――純粋に「わたし」と「あなた」との間での二人称的な社会的関与に基づく――その時点限りの特定の個体ペア間においてのものなので、このすべての過程は志向性の接続（joint intentionality）と呼ぶことができる。思考にあてはめれば、志向性の接続は、視点およびシンボル上の表象、社会的な再帰的推論、そして二人称的自己モニタリングから成っている。

第二のステップは、ヴィゴツキーやバフチンといった文化論者たちが論じるように、ヒトの集団がそのサイズを増し、集団同士の競合が生じるのに伴って訪れた。この競合は、集団での生活そのものが巨大な協働活動となり、ずっと大規模で永続的に共有された世界、すなわち文化を生み出したことを意味していた。その文化集団のメンバー内（内集団の未知メンバーであろうとも）に結果として生じる集団意識（group-mindedness）の基盤には、集団が有するさまざまな文化的慣習や規範、制度を通して共通文化基盤を創り出すというあらたな能力があったのだ。このプロセスの一環として、協力的コミュニケーションは、慣習化された言語コミュニケーションとなった。集団での意思決定をおこなう協力的な論争の文脈においては、言語的慣習は、合理性という集団規範の枠組みの中で、任意の主張を正当化したり明示的に理解するのに利用できる。ついに個々人が、集団の（「どこでもないところからの」）行為者中立的な視点に立って「客観的に」考えられるようになったのだ。ここで言う協働やコミュニケーションは慣習的、制度的で規範的なものなので、このすべての過程は集合的志向性（collective intentionality）と呼ぶことができる。思考にあてはめるなら、集合的志向性は、シンボリックな表象と視覚的な表象とを包含しているだけでなく慣習的で「客観的」な表象も包含しているし、再帰的推論だけでなく、自己反省的で理にかなった推論も含んでおり、さらに、二人称的な自己モニタリングだけでなく、合理性という文化的規範に基づいた規範的な自己統治も包含している。

重要なことだが、この進化シナリオは、「現生人類には、生まれつきこういった新しい考え方が組み込まれている」と言おうとしているわけではない。無人島で育てられた現代の子どもが、完璧にヒト的な思考プロセスを自動的に築き上げることはないだろう。むしろその逆だ。子どもは、特殊なかたちで協働しコミュニケーションをとり、他者から学習することへのさまざまな適応を備えて生まれてくる――進化が選択するのは、適応的な一連の行為なのだ。しかし、子どもたちが、他者との調整的なインタラクションを自分自身の思考へと内面化しつつ（ヴィゴツキー的だが）、あらたな表象フォーマットや推論的思考能力を生み出せるのは、発達の過程において、他者との社会的インタラクションの中でスキルを実際に訓練することを通してのみなのだ。その結果としてもたらされるのが、ある種協力的な認知や思考というスキルであり、類人猿全般が備えているスキルを協力主義化（cooperativize）したり集産化するほどに新しいスキルを生み出しているわけではない。

それでは、ヒトの思考がどのようにして現れてきたのか、ひとつのストーリー、自然誌をお話ししていこう。わたしたちの類人猿的な祖先から始まり、種に独自のやり方で協働しコミュニケーションをおこなっていた初期人類たちを経て、現生人類、および、その根源的に文化的で言語的なありようで結ばれるストーリーだ。

第二章　個別の志向性

理解するとは、事実を想像することである。
ルートヴィヒ・ウィトゲンシュタイン
The Big Typescript

認知プロセスは自然淘汰の産物であって、自然淘汰の目標ではない。実際には、自然淘汰は認知を「見て」などいない――目に見える行為を生み出したり制御したりする際の、認知がもたらした結果を「見て」いるだけだ（Piage, 1971）。進化においては、賢い振る舞いにつながらない限り、賢いことだけにはまったく意味がない。

動物行動に関する古典的なふたつの理論、行動主義とエソロジーはどちらも、目に見える行動に焦点を当てて、どうしたことか認知を忘れていた。古典的なエソロジーは動物の認知にはほとんどまったく興味を示さず、古典的行動主義に至っては、そういう考え方を徹底的に毛嫌いしていた。

現代の行動主義やエソロジーにおけるいくつかの具体的事例においては認知プロセスがある程度考慮されるようにもなったが、理論的説明が体系的になされることはない。認知の進化に関する他のどんな現代的アプローチもやはり、ここでの目的に十分に適っているとは言えない。

進化におけるヒト独自の思考の発生をここで論じるにあたって、まずおおまかに、より一般的な認知の進化に関する理論というものをはっきりさせておかなくてはならない。この理論的枠組みを用いて、六〇〇万年ほど前に他の霊長類と分かれる前、ヒト進化の出発点の代表としての、現生大型類人猿における認知・思考のさまざまなプロセスを描き出すことで、我々流の自然誌がうまく始められるだろうから。

認知の進化

あらゆる生物は、刺激‐反応結合で単線的に組織されたなんらかの反射反応を備えている。行動主義者たちは、複雑な生物においてはさまざまな結合が学習可能でそれらが互いに連合し合うようになるというのに、あらゆる行動が単線的に組織されているのだと考える。これに代わる仮説は、複雑な生物には、前もって組み込まれたさまざまなゴール状態と行為可能性によって、フィードバック制御システムとして環状に組織された、いくつかの適応的特殊化が見られると考えることだ。これを土台とするなら、認知は、刺激‐反応結合の複雑化に端を発して進化するのではなく、むしろ、⑴さまざまな適応的特殊化における柔軟な意思決定と行動制御の力と、⑵認知表象を持ち、関連する出来事を成立させている因果的・志向的な関係に基づいた推論をおこなう能力とを、個体それぞれが獲得することに端を発していることになる。

哺乳類における血糖値や体温の恒常性制御のような多くの生理的プロセスと同様、さまざまな適応的特殊化も、自己制御システムとして組織される。これらの特殊化は、ずっと幅広い状況下で適応的な行動をおこなうことが可能である点において、反射を凌ぐものだし、たとえば巣を作るクモのように、実際にかなり複雑なものでありうる。刺激 - 反応結合だけでクモが巣を作れるなどということはありえない。そのプロセスはきわめて動的で、局所的な文脈に依存している。それどころか、クモにも、それをもたらすべく駆動されるようなゴールとなる状態があり、自己制御に基づきながらそのゴールを知覚し行為する能力があるはずだ。しかし、適応的特殊化は、原理的に自覚を持たず柔軟性を備えていないため、依然として認知的なものとは言えない（あるいはわずかに認知的なだけだ）――ゴールの達成に向けて知覚された状況や行動可能性が、ほとんどの場合、固定的に結びつきあっている。「あらたな」状況に柔軟に対処することを可能にする、状況の因果的あるいは志向的理解というようなものを、個体それぞれが備えているわけではない。自然淘汰は、過去に遭遇してきたのと「同じ」状況下で変わることなく機能するように、これらの適応的特殊化をデザインしてきたのであり、個体ごとの賢さは必要とされていないのだ。

認知と思考が取り沙汰されるようになるのは、その生物たちが暮らす世界がそれ以前ほど予測可能なものでなくなり、自然淘汰が、あらたな状況を認識して予想不能な緊急事態にも自然と柔軟に対処することができる力を個体に授ける「認知的な意思決定プロセス」を生み出してからのことだ。あらたな状況をうまく扱うことを可能にするのは、その状況に内在する因果的および（または）志向的な諸関係に関するなんらかの理解であり、つまりは、あらたなものともなりうる適切な行動反応、ということになる。たとえばチンパンジーなら、「このゴールに向けては、ある状況において入手可能な唯一の道具を、これまでおこなったことのないやり方で操作する必要がある」ということを認識できそうだ。ということは、高い認知能力を持つ生物は、さまざまな基準値やゴールを備え、これらの基準値やゴールと認知的・志向的な意味で「関連する」状況に注意を払う能力と、（その状況の因果的および（または）志向的構造を前提として）基準値やゴールの達成へと導く行為を選択する能力とを備えた制御システムとして動作しているのだ。制御システムに関するここでの描写は、哲学における合理的行為に関する古典的な信念・欲求モデルと基本的に同一のものだ――世界との認識的なつながりと一体となったゴールや欲求（つまり、状況の因果的・志向的構造に関する理解に基づく信念）が、特定のやり方で行為する意図を生み出している。[1]

　このような、柔軟で、個別に自己制御され、認知的なものごとのこなし方を、個別の志向性と呼ぼう。この、個別の志向性という自己制御モデルにおいては、思考が引き起こされるのは、生物が、なにか特定の場面において、問題を解決しようとし、また、実際に目に見える行動を起こすのでなく、ある状況下で別の行動を取ろうとしたらどうなるか――あるいは、外から他の力が状況に入り込んだらどうなるか――を想像することでゴールに至ろうとする時だ、と言うことができる。ここでの想像とは、ありうる知覚経験の「オフラインで」のシミュレーションにほかならない。さらに、このように「行為する前に考える」ことができるには、生物が、ここまでに概観してきたような三つの要件を備えていなくてはならない――⑴さまざまな経験を「オフラインで」認知的に表象する能力、⑵その表象を因果的、志向的、および（または）論理的に変化させてシミュレーションや推論をおこなう能力、⑶自己モニタリングをおこない、シミュレートした経験がどのような結果をもたらすことになりそうかを評価する、つまりは分別のある行動決定を下す能力。行動の決断ひとつひとつの成功・失敗が、そこに内在する表象やシミュレーション、そして自己モニタリングのシステムを、間接的に、いわば自然淘汰の無慈悲な篩《ふるい》に晒していることになる。

認知表象

自己制御的で志向的なシステムにおける認知表象は、その内容とフォーマットとによって描き出すことができる。内容に関して言えば、ここで主張したいのは、生物の内的ゴール（群）と外的に向けられた注意（注：単に知覚でなく注意）とのどちらもが、内容として、点在する刺激や感覚データではなく、さまざまな状況全体を含んでいるということだ。ゴール、価値、その他の参照的価値（pro-attitude）といったものは、その生物が遂行あるいは維持するべく動機づけられた各状況の認知表象と言える。特定の対象や場所を誰かのゴールであるかのように語ったりすることもたしかにあるが、これは実のところ性急な語り口だ――ゴールとは、その対象を手に入れたりその場所に到達するという状況なのだ。哲学者デイヴィドソン（Davidson, 2001）が述べるように、「欲望や欲求は、提案しようとする内容に向けられている。ある人物が望むこととは……リンゴを手に入れていること、であるし、誰かがオペラに行こうとするということは、その人がオペラにいるということを実現しようとすることなのだ」（p. 126）。同じように、現代の意思決定理論ではしばしば、特定の事態が実現されることという願望や選好が取り扱われる。

さまざまなゴールや価値がそれぞれに、望まれている状況として表象されるならば、その生物が知覚環境において注意を払わなくてはならないのは、そういったゴールや価値に関わる諸状況となる。望まれている状況や注目すべき環境の状況は、こうしていやおうもなく同じ知覚ベースの、事実に近似した表象フォーマットをとり、それによって認知的な比較が可能になるのだ。もちろん、複雑な生物であれば同様に対象や属性、出来事といった、それほど複雑ではないものごとを知覚している――そして特定の目的を持ってそれらに注意を払うこともできる――のだが、ここでの分析においては、かれらは常に、行動上の意思決定に関わるさまざまな事態の構成要素としてそうしている、ということになる。

要点を整理するために、図２‐１の画像が、一頭のチンパンジーが採食中に一本の木に近づく際に見ている風景だということにしてみよう。

チンパンジーは、この風景を基本的にわたしたちと同じように知覚している――両者の視覚システムはとてもよく似ていて、基本的な対象のひとつひとつとそれらの空間的関係は同じように見えている。しかし、チンパンジーは、どんな状況に注意を向けているのだろう？　この画像が示す、無限とも言える状況のどれにだって注意を向けることができるだろうが、この瞬間について言えば、採食に関する決断を下さなくてはならないので、この行動上の決断に関するさまざまな状況や「事実」に注意を向けることになる、つまり（言葉にするなら）、

図２－１　一頭のチンパンジーが見ている風景

・あの木にはバナナがいっぱい実っている。
・バナナはよく熟れている。
・競合する他のチンパンジーたちはまだいない。
・木に登ればバナナはとれそうだ。
・捕食者も近くに見当たらない。
・この木から即座に逃げるのは難しそうだ。
・などなど。

食物を手に入れるというゴールを持つ採食中のチンパンジーにとっては、その個体の知覚・行動上の能力およびその地域の生態についての知識を踏まえれば、これらはすべてなすべきことを決断する上で関連性のある状況だ――それらがすべてが、もちろん非言語的に、単一の視覚的イメージに現れている。（注：いつもとは違う場所に食物がある、といった期待すべきものの不在もまた、関連性のある状況と言える。）

関連性は、一般的定義を与えることのできない、こういった状況に即した判断のひとつだ。しかし、より長い目で見れば、生物はかれらがゴールおよび価値（あるいは未来の機会や障害の可能性を予測することに関連する情報）を遂行・維持する⑴機会、あるいは⑵障害として、さまざまな状況に向き合うことになる。種によって生活様式は当然異なり、知覚し向き合うべき状況（および状況の構成要素）も異なる。それゆえヒョウにとっては、この「バナナが実っている状況」は食べるべき機会として表象されないが、「チンパンジーが存在する状況」は表象されることになるだろう。対照的に、チンパンジーにとってここでのヒョウの存在は、捕食者を避けるという価値への障害となり、逃走の機会が得られる状況――そういう木にはヒョウは登れないという知識とチンパンジー自身の高い木登り能力とを前提にした上での「低いところに枝が張っていない木」のような――を探らなければならない。このごちゃまぜの中にバナナの表面でのんびりしているムシを放り込むとしたら、三つの異なる種にとっての関連性のある状況――それぞれのゴールにとっての障害と機会――の重なりは、もしあったとしてもさらに小さくなるだろう。関連性のある状況とはこのように、その生物ごとのゴールや価値、知覚能力や知識、行動能力を組み合わせて、つまりは自己制御システムとしての機能の総体として、決まる。このため、行動上の決断に関連する諸状況を特定することは、生物の生活様式全体に関わる（von Uexküll, 1921）[2]。

表象フォーマットに関して鍵となるのは、個別の経験を越えた創造的な推論をおこなうには、生物は自身の経験をいくつかのタイプに分けて、つまりある程度一般化しスキーマ化された抽象的な形式にして表象する必要があるという点だ。ひとつの仮説としてありうるのは、自分が直面した個別の状況群とその構成要素群とをその個体がある意味で「保存」するという一種の事例モデルだ（知識表象に関する多くのモデルが、入口として注目している）。次に来るのが、スキーマ化（schematization）とでも呼ぶべき、プロセスを通しての一般化あるいは抽象化である（ラネカー（Langacker, 1987）が用いたメタファーは「一枚ずつにひとつの状況や存在を叙述したスライドの山」というもので、スキーマ化は、それらを上から見下ろして重複を探し出すというものだった）。このスキーマ化のプロセスから得られたものを、たとえば対象のカテゴリーや出来事のスキーマ、状況のモデルといった、さまざまなタイプの状況や存在についての認知モデル、と捉えてもよいかもしれない。ある状況や存在を既知のタイプのトークン——ある認知的カテゴリー、スキーマ、あるいはモデルの事例——として認識することによって、そのタイプにふさわしいトークンに関するあらたな推論が可能になる。

認知タイプとしてのカテゴリー、スキーマ、モデルというのは、その生物個体の（もしかしたら、場合によってはその「種」の）それまでの経験の写像的または映像的なスキーマ化以上でも以下でもない（Barsalou, 1999, 2008）。ということは、一部の理論家が心的画像としての映像的表象に想定しているような解釈の決定不可能性――これはバナナの画像なのか、果物の画像なのか、物体の画像なのか、などなど、といった――に煩わされることはない（Crane, 2003）。なぜならそれらのカテゴリー、スキーマ、モデルは、生物個体自身が関連性を持つ（すでに「解釈済みの」）状況に直面した個別の経験から成り立ったものなのだから。こうして生物個体は、自身のゴールの文脈において特定の状況や存在を「解釈」し、理解し、既知の（認知的に表象済みの）タイプに取り込むのだ――「これは、あの類いのまた別のやつだ」。

シミュレーションと推論

個別の志向性を備えた生物個体内で起こる思考には、さまざまなかたちで状況やその構成要素の認知表象同士を結びつけるシミュレーションや推論が含まれている。最初に来るのは、「もし……ならば、どうなるだろう」という類の、行動決定の際に発生する道具的推論だろう。たとえば、岩が上に載っているので棒が動かない、といった具体的な問題解決場面では、生物によっては、ピアジェ（Piage, 1952）が「心的な試行錯誤」と呼んだある種の推論的シミュレーションをおこなうことができる――ありうべき行為とその結果を想像するのだ。チンパンジーなら、力任せに棒を引っ張ったらどうなるか、実際にやらなくても想像してシミュレーションできるだろう。岩の大きさと重さからそのままでは難しいと判断すれば、棒を引っ張る前に岩を押しのけることにするかもしれない。

外的な力によって引き起こされる因果的・志向的関係について、それらがゴールや価値の達成にどのように影響するかについての推論もありうるだろう。たとえばチンパンジーなら、木の上でバナナを食べているサルを見て、このあたりにはヒョウがいなさそうだ（もしいたなら、サルは逃げ出しているだろうから）と推論できる。あるいはボノボが地面にイチジクを見つけたなら——見つけたイチジクが「あの類いのまた別のやつ」であるというカテゴリー化と、これにも、そのカテゴリー内の他のものと同じ属性があるだろうという自然推論に基づいて——こいつは甘くて中には種があるということを推論するだろう。あるいはオランウータンなら、同種の個体がある特定のタイプの意図を持って木に登っているのに気づき、ゴールや、志向的な原因となった注意の対象についてなにかを推論して、登った個体が次にやるだろうことを予測するだろう。このような経験をスキーマ化することで（これまた、おそらくは、種としての経験の助けによって）、個体は因果性や志向性の一般的パターンに関する認知モデルを築き上げうるのではないだろうか。

このようなプロセスを概念化するのに最良の方法は、たとえば、ヒョウが現れたらこのサルはどうするだろうと類人猿が想像するというような、その個体自身が直接経験したことがないようなかたちで表象された出来事や存在を新奇に組み合わせることも含めた、オフラインの、イメージを基盤としたシミュレーションだ（ヒトについての関連するデータはBarsalou, 1999, 2008を参照。Barsalou,

2005は分析対象をヒト以外の霊長類に拡張している)。ここで重要なのは、この組み合わせプロセスそのものに、多様な現実の・想像上の状況を繫ぎ合わせた因果的・志向的な諸関係、さらには条件文や「否定」、排他律といった「論理的」操作が包含されている点だ。これらの論理的操作はそれ自体が写像的な認知表象だというわけではなく、むしろ実際に使用することによってのみ生物がアクセス可能な認知プロセス(ブルーナーの用語では運動的enactive、ピアジェの用語では操作的operative)と言える。これがどのように機能するかという具体的な事例については、この後で類人猿の思考についてさらに詳細に検討する際に示すことができるだろう。

行動的自己モニタリング

効率的に考えるならば、個別の志向性を備えた生物には、任意の状況においておこなった一連の行為の結果を観測し、それらの行為が望ましいゴールの状態や結果にふさわしいものであったかを評価する能力が備わっているはずだ。行動的自己モニタリングと評価というプロセスをなんらかのかたちでおこなうことは、時間をかけて経験から学習することを可能にしてくれる。

このような自己モニタリングの認知版があれば、右に述べたような、時間に先立ってありうべき行為‐結果の系列を推論・シミュレートし、それを――まるでほんとうに起こった行為‐結果の系列であるかのように――観測して、推測された結果を評価することも可能になる。このプロセスは、エラーを前もって修正することで思慮の深まった決断を生み出す(デネット(Dennet, 1995)はこれをポパー的学習と呼んでいる。失敗がわたしでなくわたしの仮説の「死」を意味するからである）。たとえばリスが枝から別の枝へ飛び移る体勢を整えたところを考えてみよう。筋肉も準備万端なのが見て取れるが、もしかしたらリスは、飛ぶべき距離が長すぎることに気づいて、何度か飛びかけた後で幹を降り、別の枝に登りなおす場合だってあるだろう。この出来事をもっとも素直に記述するなら、このリスは「もしも飛んだらどんな経験をすることになっていたか」――たとえば枝をつかみ損ねて、落下（どう考えてもネガティブな結末）を経験していたかもしれない――というシミュレーションを観測し評価していたことになる。その上でリスは、このシミュレーションを使って実際に飛ぶかどうかという決断を下さなくてはならないのだ。オクレント（Okrent, 2007）は、さまざまな行動を選択した場合に起こりうる結果を前もってイメージし、イメージした結果の最良のものをもたらす行動に向けた評価と意思決定をおこなうことこそが道具的合理性の本質だと述べている。

この種の自己モニタリングは、実行機能と呼ばれたりするものを前提としながら、認知的なものになる。というのは、個体が観測しているのはある意味で、環境における自身の行為とその結果だけでなく、個体の内なるシミュレーションだとも言えるからだ。生物が、適切な選択がどの程度できそうかを（実際の選択前に）予測するために、決断を下すのに有用な情報のようなものを査定することもまた可能である。ヒトは、他の人々が下すさまざまな評価についての想像や、コミュニケーションの場合には他者の理解についての想像さえ利用して、ありうべき行動決定の可能性を評価する。どのような形式をとるものであれ、ある種の内的自己モニタリングは、我々が思考と呼ぼうとするものにとって決定的に重要だ。ある意味ではそれが、個体が自分がなにをおこなっているのか知ることを成り立たせているのだから。

類人猿のように考える

ヒト独自の思考の進化的発生に関する我々なりの自然誌を、ヒトとヒト以外の現生霊長類との共通祖先種に絞りこんで眺めることから始めよう。この共通祖先の現生で最良のモデルは、ヒトにもっとも近縁な霊長類であるチンパンジー、ボノボ、ゴリラ、オランウータンからなるヒト以外の大型類人猿（以降は大型類人猿と呼ぶ）だ。特にチンパンジーとボノボは、もっとも最近、六〇〇万年ほど前にヒトと分岐している。四種の大型類人猿間で認知能力が似通っているのにヒトだけが異なっているのなら、大型類人猿はそのスキルを最後の（あるいはそれ以前の）共通祖先から引き継いでいるのに対して、ヒトはなにかあらたなものを進化させたと考えることができる。

この最後の共通祖先の認知スキルに関する我々の描き方は、大型類人猿を対象とした実証研究から導き出され、ここで述べてきた個別の志向性という理論的枠組み――認知モデルや道具的推論を含む行動の自己制御と、なんらかのかたちでの行動的自己モニタリング――を振り当てられたものになる。ヒトは――体の基本構造、感覚器官、情動、脳の構造もそうだが――ごく最近まで他の大型類人猿と進化の歴史を共有していたのだから、進化的な連続性を想定することは当然のことと言えるだろう（de Waal, 1999）。つまり、慎重に統制された実験において類人猿がヒトと同じように振る舞ったなら、その基底となる認知プロセスの連続性が想定されることになる。反論の責を負うのは進化的な不連続性を仮定する人たちだが、その挑戦は後の章で喜んで受けるとしよう。

物理的世界について考える大型類人猿

大型類人猿の認知や思考のプロセスは、物理的世界に関する、物理的因果性の理解によって組み立てられたものと、社会的世界に関する、行為者的因果性あるいは志向性によって組み立てられたものとに便宜的に分けることができるだろう。物理的世界に関する霊長類の認知は、おもに採食の文脈で進化した（理論的な主張内容とこれを支持する証拠についてはTomasello and Call, 1997を参照）。つまりこれが（ミリカン（Millikan, 1987）的に言えば）「固有機能」だ。日々の糧を得るために霊長類（および哺乳類一般）は近接的なゴール、表象、そして(1)食物の発見（空間ナビゲーションと対象の追跡のスキルが必要）、(2)食物の認識とカテゴリー化（特徴認識とカテゴリー化のスキルが必要）、(3)食物の定量化（定量化のスキルが必要）、そして(4)食物の獲得と抽出（因果的理解のスキルが必要）に関する推論を進化させた。これらの、物理的認知に関するごく基礎的なスキルについては、ヒト以外の霊長類はどの種もほぼ似通っているようだ（Tomasello and Call, 1997; Schmitt et al., 2012）。

大型類人猿が他の霊長類と比べて特に秀でているのは、道具使用——因果を理解しているだけでなく、実際にそれを操作できること——だ。他の霊長類たちは道具使用が得意とはとても言えず、道具を使用したとしても大抵は特定のごく限定された文脈でのみになる（e.g., Fragaszy et al., 2004）。対照的に、四種の大型類人猿はどれも、さまざまな道具を非常に柔軟に使用することに長けていて、ひとつの課題の中でふたつの道具を連続して使用したり、ある道具を別の道具（その後食物を獲得するのに必要となる）を引き寄せるのに使ったりといったことをする（Herrmann et al., 2008）。古典的には、道具使用をおこなうには個体はその道具の操作がゴールとなる対象や出来事にどんな影響を及ぼすかを査定できなくてはならないと考えられているため（Piaget, 1952）、大型類人猿があらたな道具を柔軟かつ迅速に使いこなすことは、そういった新奇の道具使用を支える因果関係の一般的な認知モデルがひとつあるいは複数備わっていることを示していると考えられている。

道具を介して因果関係を操作する大型類人猿のスキルは、認知表象や推論のプロセスと興味深いかたちで結びついていそうだ。たとえばマリン・マンリケら（Marín Manrique et al., 2010）は、チンパンジーたちに、かれらがそれまで見たこともなかったような「食物を取り出す課題」を与えた。課題を解決するには、特定の属性を備えた道具（たとえば、硬さがあって一定の長さがあること）が必要だった。この課題のポイントは、候補となる道具はどれも課題の場所からは見えない、別の部屋にあったことだ。課題を解くにあたっては、チンパンジーはまずあらたに与えられた課題の構造を理解し、それから、別の部屋にある道具に近づき選んでいる間、その構造を認知的に表象し続けなくてはならなかった。多くの個体は、多くの場合は最初の試行から課題を解いた。かれらが新奇の課題を一定の因果構造を持つ既知の認知モデルに取り込み、隣の部屋に入った時にもそのモデルを保持していることが示されたのだ。かれらはこの認知モデルを媒介にして、少なくとも候補の道具のうちのいくつかの使い勝手と、それぞれのケースについてありそうな結果とを——道具のひとつを実際に選び取る前に——シミュレートした。マルカヒーとコール（Mulcahy and Call, 2006）の研究では、ボノボは、将来使うために道具を取っておくことさえした。それが必要になる未来の状況をイメージしたのだろう。

ここで見られたシミュレーションや推論には、論理構造が備わっている。形式論理学的な構造ではなく、むしろ、因果推論に基づく構造だ。因果推論には基本的な if-then 論理が含まれており、「必要条件としての」結論を導く——Aが起こるならば、Bが起こる（なぜならAがBを引き起こすから）。バミューデス（Bermudez, 2003）は、この必然性が形式的なものでなく因果的なものだからという理由で、このタイプの推論を原条件的（protoconditional）と呼んだ。マリン・マンリケら（Marín Manrique et al., 2010）の実験で類人猿がさまざまな道具の使用をシミュレートしたということは、「属性Aを備えたある道具が使用されれば、Bが起こるはずだ」という推論がなされたことになる。その後実際に、因果的な結果としてBがたしかに起こることを期待しつつ属性Aを備えた道具を使用することで、ある種の原 - 前件肯定を得ることもできる（Aが起こるならば、Bが起こる。Aが起こった。ゆえに、Bが起こるだろう）。これは基本的に、前提や原因から結論や効果に至る前向きの推論だ。

近年のまた別の実験からは、後ろ向き——結果から原因への——の推論も見出すことができる。

コール（Call, 2004）はチンパンジーに、ふたつのカップのうちひとつに隠された状態（どちらに入っているのかは分からない）の一片の食物を見せた。続いて、条件ごとに、実験者が一方のカップを振った。この実験にパスするのに関わってくる背景知識は以下のようなものだ。⑴食物はふたつのカップのうちのひとつに入っている（前段階の訓練で学習）。⑵食物入りのカップを振ると音がするが、入っていないカップを振っても音はしない（実験からもたらされた因果的知識）。図２－２にこのふたつの条件を示し、映像的表象を使って類人猿がおこなっていそうな状況理解を描いている。

（大型類人猿の認知表象をモデル化した図２－２の映像的ダイアグラムは、解釈を加えていない絵ではなく理論的なメタ言語におけるシンボルであり、それぞれがこういう意味を持つ、と我々が同意したものを意味している。つまり、類人猿が、カップをカップと見て、音がカップから聞こえているものと理解した等々、その際に、その個体が解釈した経験を示したものだ。ここで重要なのは、これらの図は、大型類人猿の認知能力の可能性が限定的なものと見る仮説の枠内で作られたものだという点だ。トマセロ（Tomasello, 1992）の記述に従えば、ヒトの一歳児については、我々は、実証研究に基づいて類人猿の認知能力の一部であると考えられる現実の時空間的因果成分から離れた図を作成している。ということは、特定の実験状況における類人猿の行為を説明するためにも、論理構造——原条件と原否定に基づいた——を仮定する必要が出てくる。論理的操作は言語で示されている。類人猿はそれらの表象を知覚ベースでは持たず、それらに関する手続き的な能力しか持たないためだ。）

条件１では、実験者は食物入りのカップを振る。この場合チンパンジーは音がするのを観察し、

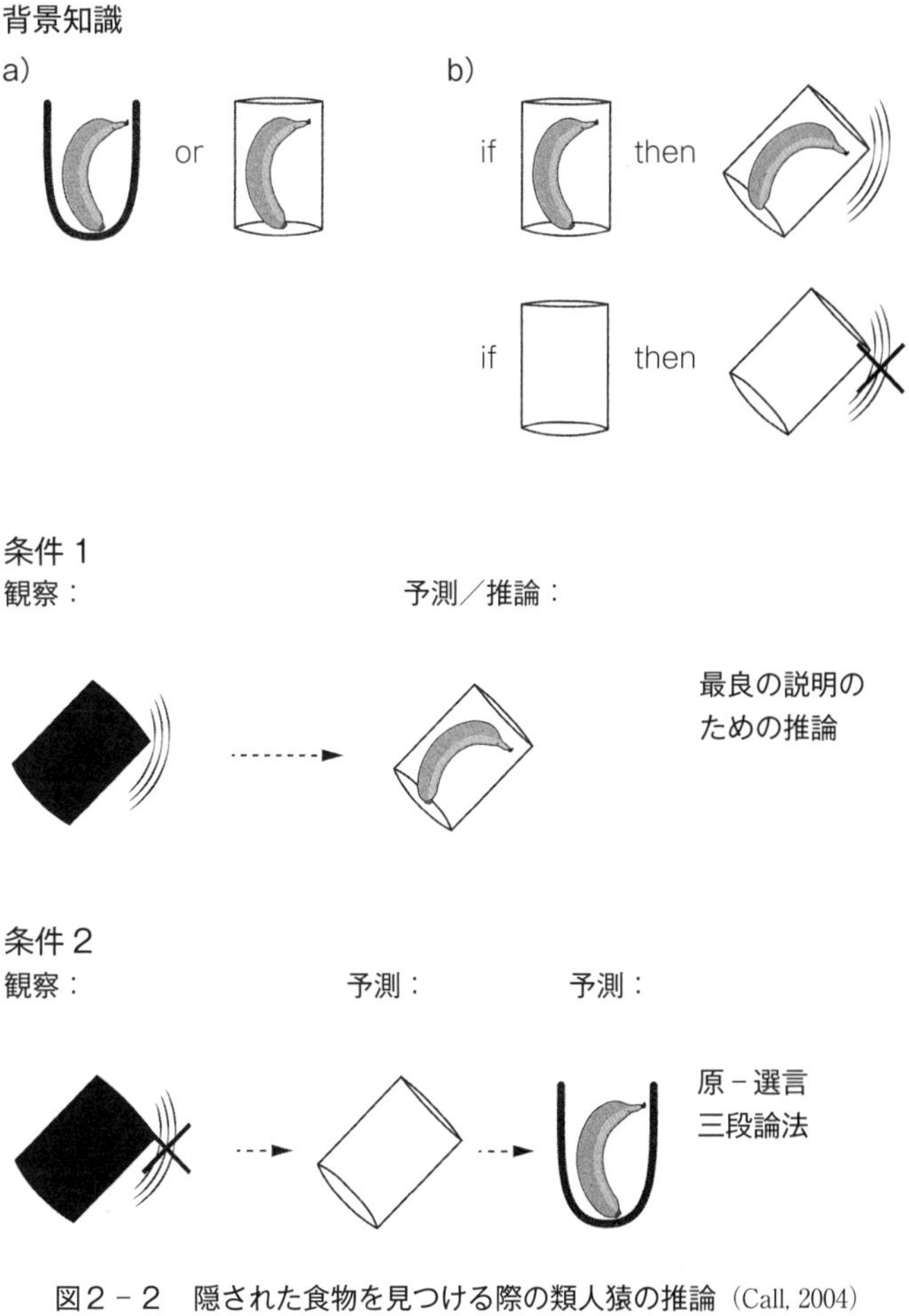

図２－２　隠された食物を見つける際の類人猿の推論（Call, 2004）

因果の連鎖をさかのぼってこの音を引き起こしているもの、具体的には、カップの内側にぶつかっている食物を推論しなくてはならない。これは一種の仮説推論だ（論理的には妥当ではないが、「最良の説明のための推論」ではある）。つまり、⑴振られたカップは音を立てている。⑵食物が振られたカップの中にあったならば音を立てるだろう。⑶それゆえ、食物はこのカップの中にある。条件2では、実験者は空のほうのカップを振る。この場合チンパンジーは音がしなかったのを観察し、因果の連鎖をさかのぼってどうしてそうなったのか、具体的には、カップには食物が入っていないということを推論しなくてはならない。これはある種の原‐後件否定だ。⑴振られたカップからは音がしなかった。⑵食物が振られたカップの中にあったならば音を立てるだろう。⑶それゆえ、食物はこのカップの中にはないに違いない（振られたカップは空だったに違いない）。チンパンジーはこの推論をおこなったが、もうひとつ別の推論もおこなった。かれらは、この文脈における音が出る因果性についての理解と「食物はふたつのカップのうちのどちらかひとつに入っている」という既存の知識とを組み合わせ、食物がもう一方、振られていないほうのカップに入っていることを突き止めたのだ（こっちに食物が入ってないのなら、あっちに入っているに違いない。図2‐2の最下部を参照）。つまりこの推論の範例には、選言三段論法の排他的推論の特徴のようなものが含まれている。

　否定は非常に複雑な認知的操作であり、大型類人猿の論理推論についてのここで提示された説明に否定を用いることは、批判も多いだろう。しかしバミューデス（Bermudez, 2003）は、あらたな理論的提案をおこない、これらの説明の妥当性を高める形式否定の進化的な先駆体を複数提示した。その提案とは、ある種の原否定を、単に単一スケール上の排他的な対立項（対立物）、たとえば存在・不在、騒音・静寂、安全・危険、成功・失敗、利用可能・利用不可能、などからなるものと考えるというものだ。これらのように、対極を実際に相互排他的なものとして――たとえば、なにかが不在であれば存在することはありえないし、音がしているならば静寂ではありえない――大型類人猿が理解すると想定するなら、否定操作のずっとシンプルな基盤となるだろう。ここでの記述はすべて、このタイプの原否定を想定している。

要するに、条件的（if-then）操作と否定操作とが、ヒトのあらゆる論理的推論の基礎的な範例をかたちづくっているのだ。ここでの主張はつまり、大型類人猿は――前向き・後ろ向き両方の範例での一種の原条件と原否定を用いて――課題状況の鍵となる側面を因果構造を備えた既知の認知モデルに同化し、それらのモデルを用いて「先立ってなにが起こったか」あるいは「次になにが起こりそうか」をシミュレートしたり推論したりすることで、これまで見たことのない複雑な物理的課題を解決することができる、ということになる。我々の結論をまとめれば、紹介した研究の大型類人猿たちは因果性の一般原理を内包した認知モデルを用いており、さまざまな原論理的な範例においてシミュレーションや推論をおこなっている。その過程ではさまざまな自己モニタリングもおこなっている。大型類人猿がこれらの研究の中でおこなっているのは、思考なのだ。

社会的世界について思考する大型類人猿

社会的世界に関する霊長類の認知は、おもに食物や交尾相手をはじめとする価値のある資源をめぐる社会集団内での競合の文脈で進化してきた（Tomasello and Call, 1997を参照）。競合的な社会的インタラクションはそういう意味で「固有機能」だと言える。集団内の相手を出し抜くために、霊長類の個体は(1)同じ社会集団内の個体を識別してかれらと優劣関係や親和的関係を築き、(2)第三者間の社会的関係を、親なのか優劣なのか友人なのかといったように互いに認識して考慮に入れるための近似的なゴールや表象、推論を進化させた。こういった能力のおかげで、個体は複雑な「社会的フィールド」（Kummer, 1972）の中で他者の行動をよりうまく予測できるようになった。社会構造やインタラクションには大きな種差があるものの、社会的認知におけるこれらのもっとも基礎的なスキルについては、霊長類はどの種も似通っているようだ（e.g., Tomasello and Call, 1997を参照、Mitani et al., 2012のいくつかの章も参照）。

大型類人猿は、社会的インタラクションの観察に基づいて社会的関係を認識するにとどまらず、他個体がそれぞれどんなゴール状況を目指していて、その環境下で対応している知覚状況がどうなっているのかについても——ということはその個体のゴールと知覚（そしてその環境下でゴールを達成することに関連する障害と機会についての自分の査定）が一緒になって自分の行動を決めていることも——理解しているのだ。これは、ヒト以外の大型類人猿が、かれら自身志向性を備えた行為者であるだけでなく、他者が志向性を備えた行為者であることも理解している（つまり、個別の志向性を備えている。Call and Tomasello, 2008）ことを意味する。

以下の実験を考えてみよう。ヘアら（Hare et al., 2000）は、優位のチンパンジーと劣位のチンパンジーとを、「一片の食物はどちらからも見えるところに置かれるが、もう一片は目隠し壁の劣位個体からだけ見える側に置かれる」という新奇な状況下で、食物をめぐって競合させた。この状況下で劣位個体は、どちらからも見えるところの食物を優位個体は見ることができるので可能にさえなればすぐにそちらに向かうのに対し、もう一方の食物は見ることができない（見えるのは目隠し壁のみ）のでそちらの食物には向かわない（自分の側にとどまる）だろう、ということを理解していた。劣位個体側のドアが、優位個体側より少しだけ早く開けられると、劣位個体は障壁の自分側にある食物を食べることを選んだ――優位個体がなにを見ることができ、なにを見ることができないかを理解していたのだ。ある重要な統制実験では、劣位個体は、優位個体からいまは見えないが少し前にそこに隠されるのを見ていた食物を取りに行くことはしなかった――優位個体が食物の隠し場所がどこかを知っていたのだから（Hare et al., 2001; Kaminsuki et al., 2008）。さらにまた別の統制条件では、かわりばんこに餌を食べるゲームを通して、チンパンジーたちは競合相手が先に選ぶならば、テーブルの上の、平らに置かれた（その下になにかが置かれている余地がない）板でなく、傾いた（いかにも下になにか置いてありそうな）板のほうを選ぶだろうということを理解していた――その状況下で相手がおこなうだろうある種の推論を理解していたのだ（Schmelz et al., 2011）。このようにチンパンジーは、他者がなにかについて見ていること、知っていること、推論していることを理解している。

しかし大型類人猿は、他者がなにを経験しなにを経験していないか、このことが行動にどんな影響を及ぼすかを理解してうまく立ち振る舞うだけでなく、場合によっては、他者の経験を操作しようとさえする。一連の実験を通して、ヘアら（Hare et al., 2006）やメリスら（Melis et al., 2006a）は、ふた切れの食物をめぐってチンパンジーと（ブースのような装置内に座っている）ヒトとを競合させた。いくつかの条件では、チンパンジーがどちらのひと切れに近づいても同じように、ヒトからはよく見えた。このような場合、チンパンジーはどちらの食物にも選好を見せなかった。しかし、鍵となる条件・目隠し壁が設置されて一方の食物にはヒトに見られることなく近づける場合には、チンパンジーは実際そうしたのだ。チンパンジー側からヒトが見えない場合でさえも同じことが起こった（どちらにせよ目隠し壁の後ろから食物に手を伸ばさなくてはならないのだが、一方では透明なトンネルを、もう一方では不透明なトンネルを通さなくてはならない条件）。もっとも印象的だったのは、同じチンパンジーたちが、近づく途中で音を立てざるをえない食物ではなく、音を立てずに近づくことが可能な食物――競合者であるヒトの注意はそれていて、チンパンジーがそうしているのに気づかない――を取るのを好んだことだ。まったく異なる知覚モダリティへのこのような一般化は、そこに含まれているさまざまな認知モデルや推論の力と柔軟性を表している。

物理的認知の領域とよく似ているのが注目すべき点だが、これらの研究でのチンパンジーたちは、志向性一般に関する理解に基づいて有効な推論をおこなっただけでなく、複数の推論をつなぎ合わせて範例を生み出し、他者がなにをしそうかを予測したり、操作したりさえした（図２－３を参照）。こういった食物をめぐる競合実験の際に欠かせない背景知識とは、⑴食物を手に入れるというゴールを持ち、⑵食物がどこにあるか（＝場所Ａにあることが）分かっている場合にだけ、競合相手は食物を取りに行くだろう、というものだ。ヘアら（Hare et al., 2000）の実験での原条件的な推論は、そのままこれに沿うものだった――優位個体がバナナを欲しており、それが場所Ａにあることを知っているなら、場所Ａに向かうだろう。これまた物理的認知の領域とよく似て、こういった食物をめぐる競合の実験においてチンパンジーは、原否定を利用する。このように、ヘアらの実験では、チンパンジーたちは原否定を対極という意味において概念化し、「目隠し壁しか見えていないのなら、競合相手はそこにとどまるだろう」（つまり、食物が見えていないのなら、取りに行くこともないだろう。図２－３の条件Ｃを参照）ことを理解していたのだ。メリスら（Melis et al., 2006a）のモノ隠し実験では、チンパンジーは、目隠し壁しか見えていなかったり、なにも聞こえていなかったりすればヒトはおとなしく座ったままだろう（自分（チンパンジー）が近づくのを見たり聞いたりしていなければ、食物に手を伸ばすことはないだろう）ことを理解していて、そういう状況の時に接近した。(3)

かくして、物理的認知の領域と同様、社会的認知の領域においても大型類人猿たちが得意だったのは、操作であった。社会的操作のこの特殊設備もまた、ジェスチャーによるコミュニケーションにおいてはっきりと現れる。（かれらの音声コミュニケーションはかなりの部分が組み込まれたもので、他のサルとあまり変わらないため、思考についての問いにとってそれほど興味をひくものにはならない。）

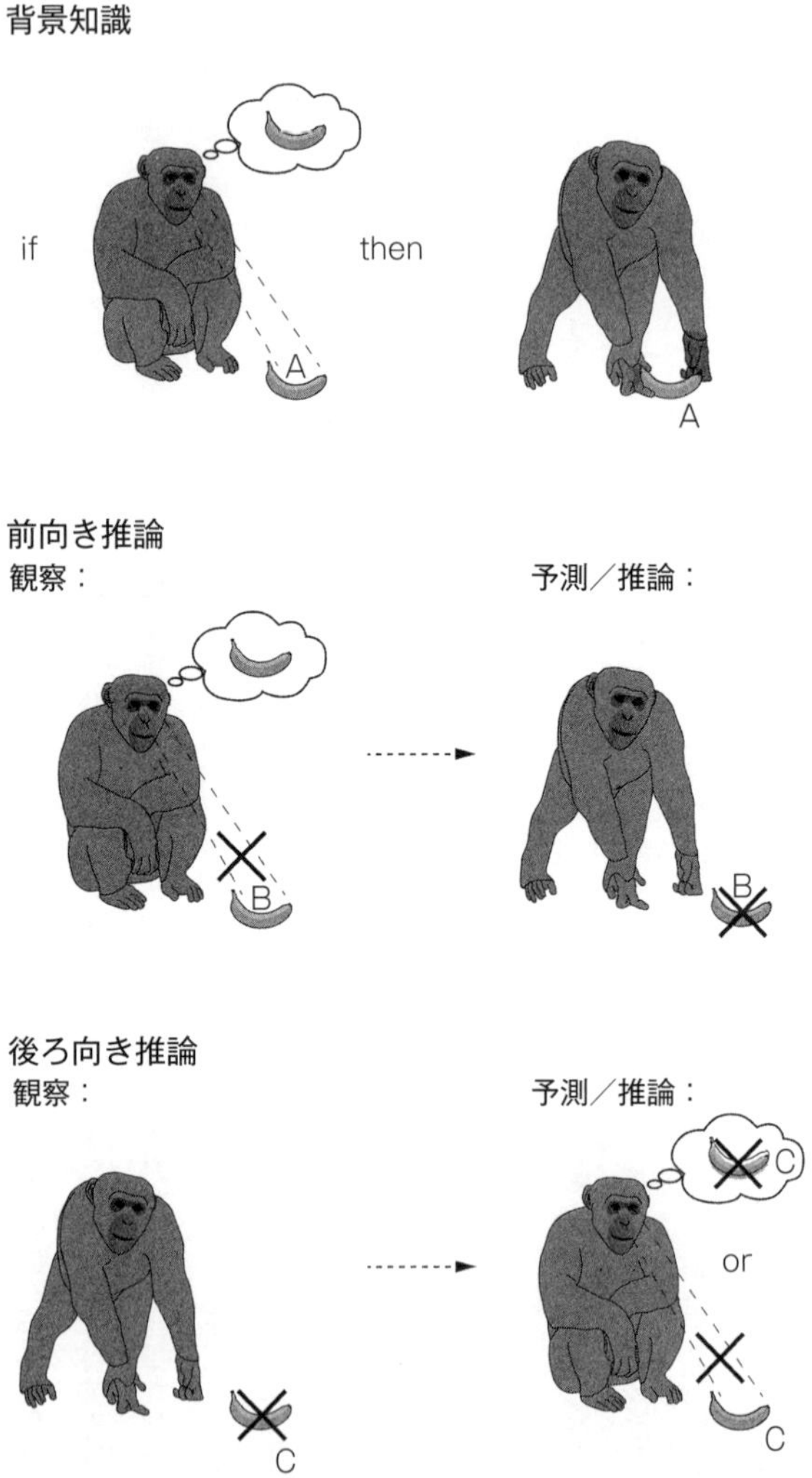

図２－３　食物をめぐって競合する際の類人猿の推論（Hare et al., 2000）

四種の大型類人猿はどの種も、それ以外の霊長類ではまずないようなやり方でジェスチャーを用いて他者とコミュニケーションをおこなう。かれらは――遊びのきっかけとして相手をふざけてはたく前にその腕を上げる、というように――他者との社会的インタラクションの中から特定の意図-動きを儀式化し、その動きを今度は他者の行動を操作するのに利用する。おそらくさらに重要なのは、他者の注意を操作するために、注意を引きつけるジェスチャー――地面をたたいて自分に注目させたり――も数多く使用するということだ。かれらは、儀式化された手伸ばしや指差しジェスチャーのような、同種間での自然なレパートリーには見られないものをヒトに対して使用し、他者の行動や注意を操作する技術の柔軟性をはっきりと示しさえするのだ（総説としてCall and Tomasello, 2007を参照）。大型類人猿のジェスチャーによるコミュニケーションにはこのように、原因を操作する特殊なスキルが見出せる。

最後の実験は、社会的領域における後ろ向きの推論ともとれるものを示している。バトルマンら（Buttelmann et al., 2007）は、ゲルゲリーら（Gergely et al., 2002）のいわゆる「合理的模倣」の例を、ヒトに養育された六頭のチンパンジーに対しておこなった。各個体は、興味をひくような結果を生み出すために、ヒトが装置に対して奇妙な行為をおこなうのを見ることになる。ポイントは、ある条件下ではヒトは状況の物理的な制約によってその行為を取らざるをえない――たとえば、両手で毛布を持っているので額《ひたい》でライトを点けなくてはならないとか、本の山を両手で抱えているのでミュージックボックスを足で起動しなくてはならないなど――ということだ。装置はそのままだが物理的制約がないかたちで自分たちの順番になると、チンパンジーたちは奇妙な行為を省いて、いつもするように手を使用した。しかし、ヒトが、そうせざるをえないような物理的制約もないのに奇妙な行為をおこなっている——特に理由もなく額でライトを点ける——のを見ると、非常に多くの場合その奇妙な行為をコピーしたのだ。このような異なる反応パターンをもっとも自然に解釈するならば、チンパンジーたちはコール（Call, 2004）のカップを振る研究とも似て、原否定によって結果から原因にさかのぼり、ある種の原 - 後件否定をおこなっていることになりそうだ——⑴かれは手を使っていない。⑵自由に選択できたならば、手を使うだろう。⑶それゆえ、かれは自由に選択できていないに違いない（一方のケースでは理由がはっきりしていて、もう一方でははっきりしない）。

これらの研究が示すのは、大型類人猿は、問題状況の鍵となる諸相を認知モデルに同化し——この場合は志向性の一般的な理解へと身体化し——、そのモデルを使って、なにが起こったのか、これからなにが起こるのかをシミュレートしたり推論することによって、複雑な社会的課題を複雑な物理的課題を解くのとまったく同様に、解決することができるということだ。大型類人猿は、社会的推論という原論理的な範例の文脈下で——前向き・後ろ向きどちらのモードにおいても——原条件的なものと原否定的なものの両方を利用している。物理的領域と同様、社会的領域においても、ここで紹介した研究で大型類人猿がおこなっているのは思考である、と結論づけたい。

認知的自己モニタリング

これらの研究での大型類人猿は、行動の選択肢をめぐってゴールに見合った反応を自動的におこなっているにすぎないわけでは決してない――かれらはより効果的な決断をするために自分自身がおこなっていることをモニターし、ある意味で理解している。行為のレベルでは（煮え切らないリスを思い出そう）、近年の大型類人猿研究は、以下のようなことがかれらには可能であることを示してきた。(1)後でより多くの報酬を手にするために小さな報酬に手を出さずにおく、(2)状況が変わったことによって、それまでうまくいっていた反応を抑制しあらたなものに切り替える、(3)望んだ報酬を後で手に入れるために不快なことをあえておこなう、(4)失敗してもあきらめない、(5)邪魔されても集中を保つ。具体的には、ある包括的な比較研究によれば、このようなことをおこなうチンパンジーの能力は、ヒトの三歳児とほぼ比肩しうる（Herrmann et al., 2015）。これらは、衝動コントロール、注意コントロール、情動制御、実行機能等々と呼ばれるスキルを網羅しているが、我々は、より行為ベースの自己制御であれば行動的自己モニタリング、そのプロセスの認知的なバージョンであれば認知的自己モニタリング（場合によっては自己反省）と呼ぶほうがいいのではないかと考えている。

類人猿が、行動的自己モニタリングを超えて認知的自己モニタリングをおこなっていることの証拠は、ヒト以外の霊長類に用いられる複数の実験パラダイム（メタ認知の研究とされていることもある）からもたらされている。アカゲザルによく使われているもっとも有名なパラダイムでは、個体は、とても魅力的な報酬を得るために弁別（や記憶）をしなくてはならない。しかし、弁別に失敗したり正確に覚えていられなかったりすると、なにも手に入らないばかりか、次の試行までのタイムアウトを取られてしまう。ここで重要なのは、各試行において課題から手を引いて、大したことのない報酬を一〇〇％確実に手に入れ、次の試行までのタイムアウトを取らずに済ませることもできるということだ。多くの個体は、特に失敗しそうな弁別・記憶課題の場合にだけ手を引く、という方略を身に着けた（Hampton, 2001）。かれらは、自分には分からない、自分は覚えていないということを理解しているようだ。

チンパンジーも対象となっているもうひとつのパラダイムでは、個体は何本かのチューブの一本に食物が隠されるのを見る、または、見ないことになる。隠すプロセスを見ている場合には、チューブを直接選択することになる。見ていない場合は、選ぶ前に少し苦労してチューブの中を覗き、どこに食物があるかを見ておかなくてはならない。ここでも、類人猿たちはどんな時に自分が分からなかったり、少なくとも確信が持てなかったりするのか、行動を起こさなくてはならないかを理解しているようだ。解釈にあたって興味深いのは、類人猿においてこのプロセスに影響を与えている変数が、ヒトのそれと同一だという点だ——報酬の価値が高かったり、情報を得てから長い時間がたつほど多くの情報を得ようとするのだ（Call, 2010）。状況を査定しどうすべきかを決めるにあたって、自己モニタリングの結果「効果的な決断を下すには情報が十分でない」ことが分かれば、類人猿は、自分の選択の前提として必要な情報を集めるよう駆り立てられるのだ。

これらの実験の解釈は必ずしも単純に済むものではないが、類人猿たちは、知的な意思決定をおこなう時に常にそうであるように、あきらかになんらかのかたちで自己モニタリングと評価をおこなっている。ここであらたにあきらかになったのは、かれらが、想像した行為やその結果、あるいは、想像上の原因や成果だけでなく、自分の知識や記憶——それによって行動がどの程度うまくいきそうかを推論できる——もモニターしているらしい、ということだ。大型類人猿も他の霊長類も、少なくとも道具的な文脈においては、なんらかのかたちで自身の心理的状態にアクセスしているのだ。これが、ヒトの自己反省とまったく同じではないとしても（後で、実際にそうではない——社会的／遠近法主義的な次元を欠いているので——と論じることになるのだが）、この能力は「大型類人猿は思考としか呼びようのないものを成り立たせる三つの鍵となる要素——抽象的認知表象（モデル）、原論理的に推論される範例、心理的自己モニタリングと評価——を十分に備えている」という結論をさらに補強するものだ。

競合のための認知

多くの理論家は、ヒトとヒト以外の動物の違いに関して、ある意味でのデカルト的図式を抱き続けている——ヒトは論理的に思考するが、そのほかの動物は、大型類人猿も含めて単純な刺激 - 反応機械であって推論などおこなわない、といったふうに。この見方は行動主義心理学者だけでなく、それ以外の部分ではとても思慮深い哲学者や認知科学者にも根強い。しかし、我々の意見としてはこれは事実として誤った見方で、認知の進化に関する誤った仮説に根差したものだ（Darwin, 1859, 1871）。認知の進化は単純な連合から複雑な認知へと進むものではなく、複雑性を備えた柔軟性を欠く特異的適応という複雑なものの集まりから、認知表象や推論、自己モニタリングに支えられた、柔軟な、個々に自己制御された志向的行為の集合へと進むのだ。ここで総説した実証研究（ほんとうはもっとたくさんあるのだが）がはっきりと示しているのは、我々の見方からすれば、大型類人猿がこの柔軟で、知性的で、自己制御的なやり方で――それも言語や文化、その他のヒト的な社会性なしで――やってきているということだ。

もちろんだからといって、ここで引用した研究に関するこの解釈が、唯一のものというわけではない。したがって、因果的で志向的な関係を大型類人猿が理解するという結論に異議を唱え（e.g., Povinelli, 2000; Penn et al., 2008）、そうではなくてかれらはある種の非認知的な「行動ルール」で動いているのだと主張する理論家もいるだろう。因果的・志向的・論理的な推論ではなくて、大型類人猿は――ラットやハトと同じく――連合のみによって動いているのだと主張する者もいるだろう（e.g., Hayes, 2005）。類人猿や他の多くの動物における認知的自己モニタリングを懐疑的に見る者も多い（e.g., Carruthers and Ritchie, 2012）。しかし、行動ルール（その性質や起源はいまだ具体的に示されていない）では、大型類人猿が新奇な物理的・社会的課題を解く際の柔軟性が説明できないし（Tomasello and Call, 2006）、連合学習が機能するようになるには何ダースにも及ぶ試行が必要で、これでは、大型類人猿が実験において新奇な物理的・社会的課題を解くスピードや柔軟性と釣り合わない（Call, 2006)。認知的自己モニタリングに関しては実証的データはそれほどクリアとは言えないが、同じ要因がヒトと大型類人猿の両者のプロセスに影響を与えるというコール（Call, 2010）による知見は——少なくとも特定の状況下では——類人猿が意思決定プロセスを本当に自己モニタリングしていることを強く示唆している。

いずれにせよ、我々の考える「ヒトの思考の自然誌」は、大型類人猿の思考に関する、このある意味で気前のよい可能性から始まることになる。まとめるならば、思考は鍵となる三つの要素から成り立ち、大型類人猿は認知的に洗練されたかたちでその三つすべてをこなしている。

スキーマ的な認知表象

第一の要素は、ある種の抽象的な認知表象を利用する能力で、個体は個々の経験をこの認知表象へと取り込んでいる。これまでにあきらかになった知見によれば、大型類人猿の抽象的な認知表象——カテゴリー、スキーマ、モデル——には、三つの大きな特徴がある。

写像的　大型類人猿の認知表象はフォーマットとして映像的または写像的であり、知覚運動経験のプロセスに基づいている（ヒトの乳児の認知表象もフォーマットとして映像的であるとの仮説については、Carey, 2009; Mandler, 2012を参照）。それ以外のかたちでの表象を想定するのは困難だ。

スキーマ的　大型類人猿の写像的表象は、一般化された、または抽象的なもの――事例となる状況や存在についてのその生物の知覚経験がスキーマ化されたもの（すなわち、タイプ‐トークン的な構造を持つ）――だ。重要なのは、映像的または写像的なスキーマ化というのは解釈されないままの「写し絵」ではなく、むしろ、すでに知識のうちに入っている（既存の認知モデルと関連づけられている）諸事例の合成物だということだ。それゆえウィトゲンシュタインは、わたしたちの理解のもっとも基礎的なプロセスを探求し、「事実を想像すること」――目の前にある状況をもっともうまく事例として取り込めるような、より一般的ですでに意味を持った認知モデルを思い浮かべること――であると考察した。このような認知モデルがすでに意味を持っているのは、因果性や志向性についてのスキーマ化・一般化された理解が、さまざまな状況に関して類人猿が持つ認知モデルの多くに含まれてもいるし、それらをまとめたものでもあるためだ。

状況的内容　大型類人猿の認知表象には、そのもっとも基礎的な内容状況として、（食物があったり捕食者がいなかったりといった）個体のゴールや価値につながる具体的な状況がある。状況全体として構造化された表象内容は、明白に、決定的な意味においてヒトの命題内容の先駆けとなる（まだそうであるわけではないが）。類人猿には、具体的な目的に向けて、対象や出来事といった状況の構成要素からなる自分の経験をスキーマ化することもできる（「イチジク」というカテゴリーのように）。

因果的・志向的推論

鍵となる第二の要素は、認知表象に基づいて推論をおこなう能力だ。大型類人猿は、自身の認知的カテゴリー、スキーマ、モデルを、非現実状況を想像し推論するのに有効に用いる。これらの推論にはふたつの大きな特徴がある。

因果的・志向性的な論理を備えていること　大型類人猿の推論はかれらの因果性・志向性に関する一般的な理解に基づいている――それらは因果的・志向的推論と言える。しかし重要な点として、そこには一種の原条件（物理世界と社会的世界の両方における原因・効果間の推論）と一種の原否定（存在‐不在のような、相互排他的な対極または正反対に基づく）との助けを借りた論理構造――それらは範例を形成する――も残っている。類人猿にはこのように、後件否定から選言三段論法にいたるまであらゆるものの原初的なバージョンがそなわっているのだ。

生産的であること　大型類人猿の認知表象と推論は、主体が非現実の状況を推論し想像できるオフラインでのシミュレーションを可能にするという意味において生産的・生成的だ（Barsalou, 1999, 2008）。とはいえ、大型類人猿の思考がエヴァンズ（Evans, 1982）の一般性制約に沿うものかどうか疑念を持つ理論家もいる。言語学に触発されたこの理論では、ある思考（や文）の主語となりうるものは、それぞれが複数の術語と結びつくことができ、術語となりうるものはそれぞれ、複数の主語と結びつくことができる。これを非言語的にこなすには、個体は、表象された状況同士を関係づけることができるだけでなく、状況の構成要素を抽出してそれらを生産的な組み合わせの中で用い、あらたな状況を想像できなくてはならない。

いくつかのことをこなすある行為者について、大型類人猿はたとえば、このヒョウは木に登ったりチンパンジーを食べたり水を飲んだりなど多くのことをこなす、ということを理解している。間接的な根拠となるのが、同じ対象がさまざまな場所に行ってさまざまなことをしていることを理解しておく必要がある、対象の永続性課題に大型類人猿がパスしたり（Call, 2001）、過去のやりとりの経験に基づいて個体が状況ごとに行動を変えることを予想できる（Hare et al., 2001）という事実だ。さらなる根拠となるのが、実験状況下で大型類人猿が対象を個別化する、つまり、ある対象がスクリーンの後ろに隠れればその対象はそこで見つけられると予測し、対象がそこから出て行って他のものと入れ替われば、もうそこでは見つけられると考えない――そしてもしふたつの同一の対象がスクリーンの後ろに隠れたなら、ふたつの対象を見つけられると予測する――という事実だ。かれらは「特性配列」をおこなっているのではなく、まったく同じ対象や、異なる動きをする複数の対象を時間を超えて追跡しているのだ（Mendes et al., 2008）。

別々の個体が「同じこと」をすることについて言えば、大型類人猿は、ヒョウが木に登る、ヘビが木に登る、サルが木に登る――それぞれがそれぞれのやり方で――といった個別の事態を理解している。登るのような出来事のスキーマを研究する非言語的な手法は、あるにしてもごく限られているために、証拠をもとに検証しようとすると、ことは多少混み入ってくる。しかしひとつの仮説として、模倣は、出来事のスキーマを立ち上げる非言語的な手段になるかもしれない。すなわち、他者を模倣する個体はどんなに低く見積もっても、モデルがXをおこなっていることと、自分自身も（そしておそらくは他の行為者も）同様にX――「同じこと」――をおこないうることとを理解している。模倣は大型類人猿にとって社会学習の第一線を走るような方略ではないとはいえ、それでもかれらは（少なくともヒトに育てられた場合は）文脈によっては他者の行為をかなりうまく再生することができる（e.g., Tomasello et al., 1993; Custance et al., 1995; Buttlemann et al., 2007）。類人猿の一部はまた、他個体が自分を真似していることを理解しており、自他間の等価性を少なくとも原初的なかたちで理解していることがここでも示されている（Haun and Call, 2008）。しかし、模倣に含まれるのは自身と他者だけだ。類人猿はあらゆる行為者のゴールを理解しているのだから、もうひとつの仮説となるのは類人猿が登るという行為を、動きに基づいてではなく「行為者には木に取りついて上昇するというゴールがある」という理解に基づいてスキーマ化している――そしてゴール（行為そのものではない）が、自己が含まれようが含まれまいが、すべての個体を超えた出来事のスキーマを基礎づけている――というものだ。

大型類人猿の認知はこのように、生産性は限定的と思われるものの、少なくとも一定の意味において一般性制約に合致する方向に向かっている。ここで言っておきたいのは、大型類人猿の生産的な思考は、個体がたとえば「この見慣れない動物を追いかければこいつは木に登るかもしれない

（登るところを見たことはないけれど）」というような想像を働かせることを可能にしているということだ。大型類人猿には、一方で、ヒョウが空を飛ぶといった事実に反するようなこと（つまり、かれらの持つ因果的理解に反すること）を想像することは、たとえばヒトが外的なコミュニケーション装置の助けを借りてできるようにはできないのかもしれない。類人猿が持つ自他の等価性の感覚もまた、模倣が時系列的に起こるという事実によって制約を受けるだろうが、自他の等価性を成立させるのにはるかにふさわしいのは、等価性が単一の社会的インタラクションにおいて同時に現れるような状況なのだ（たとえば、ヒトの協働活動における役割交代のような）。

行動的自己モニタリング

大型類人猿の思考の第三の鍵となる構成要素は、意思決定プロセスを自己モニタリングする能力だ。多くの動物種が自己モニタリングをおこない、世界における自身の行動上の決断の結果を予期さえしている。しかし、大型類人猿は、こうした単なる行動的自己モニタリング以上のことをおこなっている。

認知的自己モニタリング　大型類人猿は（および他の霊長類の一部も）、行動上の決断を下すには不十分な情報しか得ていない場合には、そのことを理解している。すでに述べたように、結果をモニターすることは自己制御システムの基本的な要件であり、シミュレートされた結果をモニターすることは、選択の前に思考することのできる認知システムの特徴のひとつだ。しかし、意思決定プロセスそのものの成分――記憶や弁別能力、利用可能な環境情報――をモニターすることができたなら、さらに豊かなものになる。このタイプの自己モニタリングは、言ってみれば意思決定プロセスそのものの「エクゼクティブな」監督役ということになる。

かくして、ヒトとヒト以外の大型類人猿との共通祖先を想像することができそうだ。かれらの日常生活はヒト以外の現生類人猿と似たようなものだっただろう――目覚めている時間の大半は小さなバンド〔集団〕で過ごしながら個別に果実や他の植物を採食しつつ、大方は競合的で、散発的なさまざまな社会的インタラクションを交わす。我々の仮説ではこの生き物たちは――おそらくアウストラロピテクス属の生き物たちもヒトの系統四〇〇万年に渡って――個別の志向性と道具的な合理性とを備えていた。自身の物理的・社会的経験をカテゴリー的・スキーマ的に表象する認知を備え、あらゆる種類の生産的・仮説的な推論をおこない、自身の経験に関する推論同士をつなぎ合わせることだって――どれも多少の認知的自己モニタリングをおこないつつ――できた。さてここで重要な点は、文化や言語、制度はおろかヒト独自の社会性が生まれるずっと前から、ヒトの思考の基盤は、ヒトと類人猿との共通祖先の段階ですでにはっきりと備わっていたということだ。

個別の志向性は、社会的インタラクションがおもに競合的な生物、つまり、単独で行動するか、せいぜい、闘争で有利な時に他の個体に加勢したりするような生物に、必要となるものだ。理論的にどう考えても、大型類人猿の社会認知スキルは、主として社会集団内の他者と競合できるように――競合しそうな相手がなにをしてきそうか、他のグループメンバーより的確にそして素早く予想できるように、一種のマキャベリ的知性に基づいて（Whiten and Byrne, 1988）――進化した。実際近年の研究からは、大型類人猿が社会的認知のもっとも洗練されたスキルを発揮するのは、協力や他者とのコミュニケーションの文脈ではなく、競合や搾取に関わる文脈であることが分かってきた（e.g. Hare and Tomasellom 2004. Hare, 2001 を参照）。大型類人猿は、競合のための認知でもちきりなのだ。

対照的にヒトは、協力でもちきり（あるいはほぼもちきり）だ。ヒトの社会生活は、他の霊長類のものよりもかなり協力的にできており、それゆえに、今回の仮説では、こういった複雑さを増した協力的社会のかたちこそが、大型類人猿的な個別の志向性と思考を、ヒトが見せる志向性と思考の共有へと変貌させる選択圧として作用した。ここで我々がなすべきことは、ヒトの大型類人猿的な祖先から現生人類へと我々を連れて行ってくれる、妥当性を持った進化のストーリーを提供することだ。志向性の共有仮説では、このストーリーはふたつのステップの進化の系列からなる――志向性の接続が、集合的志向性へと引き継がれるのだ。これらの移行のどちらにおいても、全体のプロセスは、あらゆるレベルで、同じだった。生態環境の変化が、なんらかのあらたな協働の形態をもたらし、その調整にはなんらかのあらたなかたちでの協力的コミュニケーションの形態が必要になり、これらが組み合わさって、他者との社会的インタラクションを通して、認知表象・推論・自己モニタリングのあらたなかたちを個体発生を通して作り上げ、思考に利用できるようにすることを可能にしたのだ。

第三章　志向性の接続

概念内容とは本質的に、見解の表明である。
ロバート・ブランダム
Making It Explicit

メイナード＝スミスとサトマーリ（Maynard-Smith and Szathmary, 1995）は、この地球上の生命を渉猟し見渡す中で、クロモゾームの発生、多細胞生物の発生、有性生殖をはじめとする、生命体における複雑性の進化において八つの大きな移行を指摘した。驚くべきことに、どのケースでも、移行は同じふたつのプロセスで描き出すことができた。ひとつめは、どのケースでも相互依存によるあらたなかたちでの協力が生じたこと――「移行前には単独で複製可能だった存在が、それ以降は、より大きな全体の一部としてしか複製できなくなった」（p. 6）。ふたつめは、どのケースでもこのあらたなかたちの協力は、それに付随するあらたなかたちのコミュニケーションによって可能になったということ――「情報伝達方法の変化」(p.6)。

この考察の中で、もっとも最近起こったとされる大きな移行は、言語コミュニケーションによって組み上げられたヒトの協力的社会(文化)だった。我々の最終的なゴールは、特にそれが生み出したあらたなかたちの思考に焦点を合わせながらこの出現を理解することだ。とはいえ、競合的な大型類人猿社会から協力的なヒト文化へと直接一足飛びできるわけもない。問題となるのは、ヒトの文化は何千とあって、そのひとつひとつが文化・コミュニケーションの習慣のまとまりを慣習化、規範化、制度化していることだ。しかし、慣習化、規範化、制度化が起こるのはこれに限ったことではない――これらのプロセスは内容をまったく選ばないのだ。協力的に成り立つヒト文化に至る以前から、すべてのヒト集団には既に――文化を生み出すというこの集団レベルでのプロセスの原材料としての――他の大型類人猿には備わっていないタイプの協力的な社会的インタラクションが、多様なかたちで存在していたはずだ。大型類人猿を他の霊長類とヒトとの最後の共通祖先の代表とふたたび考えるならば、我々の自然誌には、中間的なステップが必要になってくるように思える。「まだ文化の中に生きておらず慣習的な言語も使わないにもかかわらず、最後の共通祖先よりはずっと協力に寄っている初期人類」が必要なのだ。

かくして本章では、最初のステップとして、たとえば協働採食という文脈におけるあらたなかたちの社会的協調を生み出したなんらかの初期人類を仮定する。初期人類のあらたなかたちでの協働が霊長類としてユニークだったのは、共同のゴールと注意の接続によって、その時々での一種の二人称的志向性の接続、特定の他者との「わたしたち」志向性へと構造化され、その中において、個々の参与者が個別の役割や個別の視点を持っていた点だ。初期人類のあらたなかたちでの協力的コミュニケーション——指差しや身振りという自然発生的ジェスチャー——は、さまざまな目的の共有に向けて、外界でのさまざまな状況に関する個別の役割や視点を協働の相手と協調させることを可能にした。その結果、この初期人類たちは類人猿的な個別の志向性を、あらたな認知表象（遠近法主義的、シンボル的）や推論（社会的に再帰的）を持ったヒト的な志向性の接続へと「協力主義化」し、それが、社会的協調の具体的課題解決に用いられた際に、まったくあらたなかたちの思考を生み出すことになったのだ。

というわけでまずは、初期人類で起こったあらたな協働を検討し、その後、協働活動を協調させるのに用いられたあらたな協力的コミュニケーションを、そして、これら協働やコミュニケーションすべての基盤として必要とされたあらたなかたちの思考について検討することにしよう。

あらたな協働のかたち

協力そのものが複雑な認知スキルを生み出すわけではない——認知的にシンプルな真社会性昆虫の複雑な協力や、認知的にそれほど複雑とは言えない新世界ザル、マーモセットやタマリンの協力的子育てや食物分配を考えてみてほしい。認知の視点から捉えるとヒトのケースは独自のものだ。

なぜなら——第二章で述べたように——ヒトと他の大型類人猿との共通祖先は、競合に対処する社会的認知や社会的操作に関する高度に洗練されたスキルを（道具使用の文脈で因果性を操作する物理的認知に関する高度に洗練されたスキルと同様に）すでに進化させていたのだから。

　そしてヒトは、競合のために生まれた個別の志向性の洗練されたプロセス——特定のゴールと他者が認知していることがどのような行為を生み出すかを理解すること——の構成要素のいくつかから、それに加えて、社会的協調のために築かれた（ゴールおよび注意の接続を内包した）志向性の接続というさらに洗練されたプロセスを進化させたのだ。さらに社会的協調は、認知と思考に特有の努力目標をもたらすことになる。ゲーム理論の社会的ジレンマ（囚人のジレンマ）が、ゴールや望むものがインタラクション参与者間でほぼ競合する場合に起こるのに対して、協調のジレンマは、ゴールや望むものが個体間でほぼ一致する場合に起こる。こういったケースで求められることはなんらかの葛藤を解消することではなく、おそらくは思考を通して、共通のゴールに向けて社会的パートナーと協調する手立てを見つけ出すことだ。

協力的傾向

チンパンジーなどの大型類人猿は、価値ある資源をめぐって四六時中張り合う、きわめて競合的な社会で生きており、すでに述べたように、このことがかれらの認知をもっとも根源的な意味でかたちづくっている。しかしチンパンジーなどの大型類人猿にも、ごく一般的な意味での協力的な活動も日常的に見られれる。たとえば、チンパンジーは一緒に移動して小集団で採食するし、集団内での闘争では「仲間」がお互いを助太刀し、外集団個体や捕食者に対してはオスが集団で防衛をおこなう（Muller and Mitani, 2005）。このような移動、闘争、集団の防衛といった行動を集団でとることは、他の多くの哺乳類にも見出せる。

ヒトの協力との違いをはっきりさせるために、あらゆる霊長類の基本的な行動であることがあきらかな採食に注目してみよう。たとえばチンパンジーにおいて、小規模な遊動群が果実の実った木にやってくる典型的な光景を考えてほしい。各個体はそれぞれに散らばって、果物を調達する場所を見つけ、いくつかを手にして、他個体から二〜三メートルの距離をとって食べる。最近のある実験によれば、食物を「協力して」手に入れるか「単独で」手に入れるかの選択が可能な場合、チンパンジーは単独で手に入れる方を選んだ（Bullinger et al., 2011a）。また別の実験では、集団内の他個体と一緒に食べるか、単独で食べるかの選択が可能な場合、チンパンジーもボノボも、単独で食べることを選んだ（Bullinger et al., 2013）。ひとかけらの食物をめぐってわずかでも葛藤が生じれば、優位個体は（究極的には闘争能力によって）その食物を手にすることになる。一般的に、個別に分散して食物を獲得することと優位性をめぐる争いとは、四種の大型類人猿のあらゆる採食行動を特徴づけるものとなっている。

大型類人猿全般に見られるこのパターンからの大きな例外と言えるのは、チンパンジー集団によるサルの狩りだ――チンパンジーのいくつかの集団のみで体系的に観察される（Boesch and

Boesch, 1989; Watts and Mitani, 2002)。典型的と言えるのは、雄チンパンジーの小集団が、集団から少し離れたアカコロブスを見つけ出し、取り囲んで捕まえるものだ。通常は、ある一個体が追跡を始め、他の個体たちはコロブスが逃げそうなルート（地上も含めて）へと分散する。誰かが実際にコロブスを捕らえ、もっとも多く最高の肉を手に入れることになる。しかし、その個体が獲物を独占できることはなく、各個体の順位関係および捕獲者への要求や脅迫の激しさに応じて、たいていは参与者全員（と多くの傍観者）が少なくともなにがしかの肉を手に入れる（Gilby, 2006）。

チンパンジーの集団狩猟に含まれている社会・認知プロセスは複雑なものにも見えるが、一方ではごく単純なものなのかもしれない。「リッチ」な読み方というのは「ヒト的な」読み方、すなわち、チンパンジーたちは一緒にサルを捕らえるという共同のゴールを持ち（ゴールを接続し合い）、そうする過程で個別の役割を協調させているというものだ（Boesch, 2005）。しかし、我々の見解からすれば、もっとありえそうなのは、「もっと薄い」解釈だ（Tomasello et al., 2005）。この解釈では、個体それぞれが自分だけでサルを捕らえようとしており（というのも捕獲者はいちばん多く肉を手に入れるのだから）、そのためチンパンジーは、捕獲のチャンスに影響を与えるがゆえに他のチンパンジーたちの行動、おそらくは意図をも考慮する。もう少し複雑にするなら、どの個体にとっても、他のハンターのうちの誰かがサルを捕らえるほうが（この場合にはねだったり脅したりすることで少しは肉を手にすることができる）サルが完全に逃げてしまう可能性（この場合肉は手に入らない）よりはましなのだ。この見方だと、集団で狩りをするチンパンジーが取り組んでいるのは、個体それぞれが「サルを捕まえる」という自分自身のゴールを追い求める一種の共 - 行為（co-action）（Tuomela, 2007が「I - モードでの集団行動」と呼んだもの）ということになる。つまり、チンパンジーの集団での狩りが、他のライオンやオオカミといった社会性哺乳類の狩りと認知的に大きく異なるかどうかは、はっきりしているとは言えないのだ。

まったく対照的に、ヒトの採食ははるかに根本的な意味で協働的だ。現代の採集社会では、個々人は、その場での協働的な努力を通してにせよ分配場所となる場所に食物を持ち帰ってきた入手者を通じてにせよ、日々の糧の大半を、他者と協働して手に入れる（Hill and Hurtad, 1996; Hill, 2002; Alvard, 2012）(1)。ヒトの採集民は、他の多くの活動の側面についても、大型類人猿では見られないようなやり方で協働する。トマセロ（Tomasello, 2011）は大型類人猿社会とヒト採集社会との構造を体系的に比較し、あらゆる側面において、大型類人猿が個人主義的であるのに対して、ヒトは大抵の場合協力的であると結論づけた。たとえば、大型類人猿では見られないが、ヒトは協力的子育てをおこない、子どもたちが育つのをサポートするあらゆることにあらゆるおとなが関わる（いわゆる「協同繁殖」: Hrdy, 2009）。大型類人猿では見られないが、ヒトは協力的コミュニケーションをおこない、受け手にとって有益と判断された情報を互いに提供し合う。受け手の利益のために、互いに教え合うのもヒトだけだ。集団に関する事柄について集団で意思決定をおこなうのもヒトだけだ。社会規範や制度、（同意に基づいた表出方法を用いての）慣習的言語など、あらゆる種類の様式化された社会的構造を生み出し維持するのもヒトだけのことだ。総じて協力は、他の大型類人猿社会で

は見られないという意味において、ヒト社会の決定的な特徴であると、明確に述べることができる。(2)

この協力的な傾向がヒト進化のいったいどこでどのように出現したのかは、ここではそれほど重要ではない。しかしその意味合いはどうあれ、トマセロら（Tomasello et al., 2012）は、ホモ属の出現後まもなく、二〇〇万年前頃ではないかと推測している。この時期には、ヒヒなどの地上性のサルの大規模拡散が起こっているが、このことは、通常の果実などの植生をめぐってヒトを打ち負かしただろう。あらたな採食ニッチが必要になったのだ。最初はスカベンジング〔死肉あさり〕から始まり、それにはおそらく、先に獲物を仕留めていた動物を追い払うために個体間でのなんらかの連合が必要だったろう。しかしどこかの時点で——互いの行動をどうにかうまく調整できたなら——どちらの個体も協働による利益を期待しうる、いわゆる互恵的スタグハント的状況において、もっと能動的なかたちでの大きな獲物に対する狩りや食用植物の採集が始まった。これこそがここで我々が想像している協働的な生物であり、明確を期すならば、約四〇万年前のホミニンにおいてその極致に達すると考えていいだろう——ネアンデルタール人と現生人類との共通祖先、謎に包まれたホモ・ハイデルベルゲンシスだ。古生物学的な知見からは、武器を使って、一個体ではとても首尾よくはいかないような大きな獲物を対象とした協働的狩猟に組織的に従事し、ホームベースに獲物を持ち帰ることさえあった最初のホミニンだ（Stiner et al., 2009）。この時期はまた、脳のサイズと集団サイズが急速に増大した時期でもある（Gowlett et al., 2012）。これらの協働採食者は、協働の相手となりうる者同士で、事実上の緩やかなバンドを形成して生活していた。

しかし、成立時期よりも重要なのは成立過程だ。トマセロらの仮説（Tomasell et al. 2012）では、無条件的な協働採食が初期人類にとっての進化的に安定な戦略になったのは、相互に絡み合ったふたつのプロセスによる――相互依存性と社会的淘汰だ。第一の、もっとも基本的な点は、ヒトが単体では日々の糧が生み出せず、採食活動において相互依存的であるような（ということは、協働して採食をおこなうスキルと動機づけを発達させなければ飢えてしまうような）生活様式を開始したことだ。そこにはつまり協働活動をともにおこなうことに向けたスキルや動機づけ（志向性の共有）への、直接的で即時的な選択圧があったのだ。第二点は、この相互依存性から生じた自然な帰結として、個体が、潜在的な協働のパートナーとして他個体に評価を下すようになったことだ――できの悪いパートナーを選択すればありつける食物が減るのだから、社会性に関して選択的になる。詐欺師や「鈍い」個体には負の淘汰がかかり、乱暴者は乱暴を働く力を失うのだ。忘れてはならないのは、この時点で初期人類は、ある意味で他の大型類人猿には見られないようなかたちで、協働のパートナーとしての「他者に対する評価」と「自分が他者にどう評価されているか」（つまり自己イメージへの関心）とを絶えず気にしなくてはならなくなったということだ。

これら初期人類が直面した状況は、ゲーム理論のスタグハント・シナリオ（Skyrms, 2004）によってもっともうまくモデル化できるだろう。二個体ともが、実入りの悪い「ウサギ」（低カロリーの草本）なら簡単にアクセスできるのだが、そこに、実入りはいいが狩るには難しく、二個体ともがウサギをあきらめて協働しないと手に入らない「雄鹿＝スタグ」（大きな獲物）が現れる。かれらの動機づけはこうして連動する。両者にとって「一緒にやっていくこと」が共通の関心事になるからだ。ここでのジレンマは純粋に認知的なものだ——協働には裁量の余地がなく、わたしは自分のウサギを失うリスクを冒しているのだから、あなたもやってくれさえすれば、わたしも雄鹿に向かう。しかし、あなたが雄鹿に向かおうとするのは、わたしもそうしようとする時だけだ。わたしたちはどうやったらこの潜在的な相殺効果を協調させられるだろう。このジレンマを乗り越えるシンプルな認知的手立ては複数あるが（チンパンジーが用いるリーダー／フォロワー戦略については Bullinger et al., 2011b を参照）、そこには不釣り合いなリスクを被る個体が常に一個体含まれるために、どこかの状況下で不安定化してしまう。たとえば、もしもウサギがほとんどいなくて、一羽一羽の価値が高く、さらに雄鹿狩りがそうそううまくいかなくないのであれば、コスト／ベネフィット分析からすれば、各々がウサギに向かってしまう前に、潜在的なパートナーが雄鹿に向かおうとしていることをそれぞれが確信しようとすることが必要になる。

シェリング（Schelling, 1960）やルイス（Lewis, 1969）によるもともとの分析では、このようなかたちでの協調には、なんらかの相互知識と再帰的な読心が必要になる——わたしが出ていくには、あなたがそう期待していることをわたしが期待していることをあなたが期待していることをわたしが期待していなくてはならない……。シェリング、ルイスのどちらにとっても、このプロセスは重要ではあっても注意をひくほどのものではなかった。その後の研究者たちがこの点を問題視し、相手の思考についての思考をわたしたちが無限に往復することは実際にはありえないし、そうでなければいかなる決断も下されないことになってしまうと指摘した。クラーク（Clark, 1996）は、より現実的な解釈として、ヒトは単に他者と共有している「共通基盤」（たとえば、わたしたちはどちらもが雄鹿に向かおうとしていることを知っている）を認識しているのであって、それさえあれば共同のゴールに向かう決断の接続には十分なのだと提案した。トマセロ（Tomasello, 2008）は、人々が実際に駆動しているのは共通基盤的なものだが、なんらかの逸脱が起こるとその逸脱を「かれが〇〇と考えているとわたしが考えているとかれは考えていて……」（大抵は二、三回の反復にすぎないが）と推論し、その根底にある再帰的構造を考えることで解釈しがちなのだと提唱した。我々の立場は、ヒトは他者との共通基盤を感じ取ってはいるが、このことは必ずしも、再帰的な読心を含むわけではない。しかしそれでも必要となれば、自分たちの共通基盤を数層の再帰性まで分析して「かれがどう考えているとわたしが考えているとかれが考えているか」といったことを問うこともできる、というものだ。

いずれにせよ、自分たちの共通基盤を感じ取り一定のレベルでの再帰的な読心をおこないうる個体に「どんな時に自分のウサギで我慢し、どんな時に他者と一緒にもっと実入りのいい雄鹿を目指すべきか」を戦略的に決定する上で大きな利点があることは、想像に難くない。その上、さらに洗練されたかたちでの協力的コミュニケーションまで発揮できたなら、いっそう大きな利点があったことだろう。かくして我々の、ヒト独自の思考の自然誌の最初のステップは、志向性の接続という認知メカニズムということになる。これこそがヒト最初期の種特異的な小規模協働の様式と、それに続く協力的コミュニケーションを協調させるべく進化したものなのだ。

共同のゴールと個別の役割《ロール》

共同のゴール（あるいは志向性の接続）の成り立ちをさらに詳しく述べるなら、以下のようになるだろう（Bratman, 1992を参照）。あなたとわたしが共同のゴール（志向性の接続）を形成して一緒に雄鹿を追いかけるには、(1)わたしには、あなたとともに雄鹿を捕まえるというゴールがなくてはならない。(2)あなたにも、わたしとともに雄鹿を捕まえるというゴールがなくてはならないし、さらに決定的なことに、(3)わたしたちには、「わたしたち二人ともが互いのゴールを認識している」という相互知識なり共通基盤がなくてはならない。

ここで重要なのは、わたしたちのゴールとは、ただ単に雄鹿を捕まえるということではなく、むしろ、他者と一緒に捕まえることなのだ、という点だ。わたしたちのひとりひとりが雄鹿を捕まえたいと個別に望んでいる（それが相互知識だとしても。Searle, 1995を参照）のであれば、ふたりが並行して狩りをしているのであって、「共同」ということにはならないだろう。もうひとつ重要なのは、わたしたちに互いのゴールに関する相互知識があるということ、つまり、めいめいのゴールはわたしたちの概念的な共通基盤の一部だということだ。ひとりひとりが、相手とともに雄鹿を捕らえたいと思っても、お互いが実際にそう思っているのだと分かっていなければ、協調がうまくいくはずがない（特に、ルイスとシェリングがまとめ上げたような理由から考えれば当然だ）。というわけで志向性の接続は、わたしたちひとりひとりのゴールあるいは意図に関する行為内容——わたしたちは一緒に行為する——と、わたしたちどちらもがそれを意図しているということをわたしたちどちらもが理解しているという相互知識あるいは共通基盤との両方に有効なのだ。

幼い子どもたちは、生後一四〜一八ヶ月、ほとんど言葉の話せない時期から、共同のゴールの存在をうかがわせるようなかたちで他者と関わるようになる。ヴァルネケンら（Warneken et al., 2006, 2007）は、この月齢の子どもを、それぞれが装置の片面ずつを操作することでおもちゃを手に入れるといったおとなとの共同活動に臨ませた。その後おとなが、まったく理由もなく自分の役割を中止してしまう。子どもはそこで喜ぶはずもなく、さまざまなことをして自分のパートナーにふたたび関わらせようとする。（他にやらなくてはならないことがあったとか、彼女がやめたのにちゃんとした理由があるのなら、子どもたちはこんなことをしなかった（Warneken et al., 2012)。）興味深いことに、ヒトに育てられたチンパンジーを同じ状況に置くと、かれらは手に負えないパートナーを単純に無視して、なんとか自分だけでゴールを成し遂げようとするのだ。相手をふたたび関わらせようとすることだけで子どもがパートナーとの共通基盤にまったくおとなと同様の共同のゴールを据えているということには必ずしもならないが、どんなに低く見積もっても、障害となるものさえなければ、この共同活動に関わっているわたしのパートナーは中断の後にふたたび関わるくらいのことはしてくれるだろうという期待を示している——同様の行為に関わったチンパンジーではまず見られないような期待を。

三歳を迎えるまでには、子どもたちはもっとはっきりと共同のゴールが存在する証拠を見せてくれるようになる。というのは、かれら自身が、妨害や誘惑を前にして共同活動へのコミットメントを示すようになるのだ。たとえば、ハマンら（Hamann et al., 2012）は、三歳児同士のペアに、階段状の工作物の頂上まで、一緒に報酬を運ぶように仕向けた。重要なのは、一方の子どもには、驚いたことに、行程の途中で報酬が手に入ることだ。にもかかわらず、報酬が手に入っても、幸運だったほうの子どもは、もう一方の子どもがその子の分を手に入れるまで自分の報酬を食べるのを（協働抜きで個別に振る舞う似たような状況におけるパートナーへの援助と比較すると）遅らせて取っておいていた。パートナーへのこのようなコミットメントは、子どもたちが、「わたしたち」が賞品を手に入れるという共同のゴールを最初から描き、その共同のゴールを実現するのにいったいどんな協調が必要か見積っていることを示している。これまた、大型類人猿ではこのようなことは見出せない。グリーンバーグら（Greenberg et al., 2010）は、共同活動を通して、二頭ともが報酬を手に入れるまでやり遂げるといった、ヒト的なコミットメントの兆候を見出さなかった。（さらにハマンら（Hamann et al., 2011）によれば、ヒトの三歳児は、協働を終えた時点で戦利品を参与者間で等分もしたが、チンパンジーではそのようなことは見られなかった。）

重要なのは、これと同じ年齢の子どもが、協働相手との共通基盤として「それぞれを当てにしている（わたしたちは相互依存的なのだ）」ということを心得ており、両者ともが互いに義務を負っているように感じていることだ（Gilbert, 1989, 1990 を参照）。そういうわけで、グレーフェンハインら

(Gräfenhain et al., 2009) は、未就学児に、おとなと一緒にゲームをすることにはっきりと同意させた上で、別のおとながもっと面白そうなゲームのほうに誘ってみた。二歳児は、大抵の場合新しいゲームのほうにすぐさま駆け出したが、三歳児以降になると子どもたちは、その場を離れる前にためらいを見せ、言語的なり、一緒に遊んでいた道具をおとなに手渡すなりの「いとま乞い」をした。この子どもたちは、共同のゴールに共同のコミットメントが伴っていて、それを破るには断りを入れるなり、謝るなりしなくてはならないことを認識しているようだった。このタイプの研究はチンパンジーではこれまでにおこなわれていないが、公刊された報告の中には、チンパンジーが共同のコミットメントを破る際にいとまごいをしたり、言い訳をしたり、謝ったりした報告は一件もない。

共同のゴールだけでなく協働活動にも、分業と役割分担が必要になる。ブラットマン (Bratman, 1992) は、共同での協力的活動では、それぞれの個体は共同のゴールに向けてそれぞれのサブ・プランを「かみ合わせ (mesh)」、必要に応じて個別の役割についても互いに助け合わなくてはならないと述べている。先に引用したハマンら (Hamann et al., 2012) の研究では、幼い子どもが必要に応じて動きを中断し、相手を助けた。このことは、パートナー同士がお互いに、お互いのサブ・ゴールに気を配り合い、そしておそらくは、パートナーがそれらのことに気を配っているかどうかに気を配り、等々……ということを示している。実際、また別の複数の研究によれば、ヒトの子どもは、協働をおこなっている際にパートナーの役割にとって重要な新奇事象を学習する (が、チンパンジーではこのようなことは見られない)。たとえばカーペンターら (Carpenter et al., 2005) は、幼い子どもは、ある役割を協働の中で学習した後に、速やかに別の役割にも切り替えられることを見出したが、チンパンジーではこのようなことは不可能だった（Tomasello and Carpenter, 2005）。フレッチャーら（Fletcher et al., 2012）が、協働に参与して最初に役割Aを受け持った三歳児は、その後「役割Bをどうやって受け持てばよいか」を、前もって協働していなかった場合よりもはるかによく理解していたと示したことはとりわけ重要だ。

幼い子どもは、このように、協働活動における役割というのは多くの場合、個体間で相互互換が可能であることを理解し始めている。つまり、自分自身のものも含めたさまざまな役割がすべて同一の表象フォーマットに概念化された、協働に対する「俯瞰的な視点」が示唆されるのだ（Hobson, 2004を参照）。個々人が、同じ協働の中で、さまざまな主体／行為者たちが類似していたり相補的であったりする活動に同時に取り組むことを想像するという、この種に独自の理解が、自他の等価性に関する深い認識というものを支えているのかもしれない。大型類人猿の思考をめぐる我々の議論が示してきたように、自他の等価性の理解は、思考における多様でかつ統制のとれた柔軟性の鍵となる構成要素となる。（また同時に、自他にとどまらないありとあらゆる行為者を包含した上での行為者中立性を十全に認識する上で土台ともなる。この中立性は、文化規範や制度、より一般化すれば「客観性」の鍵となる特徴だが、これは第四章で検討することにしよう）。

就学前の子どもたちは、我々が描き出そうとしている初期人類のよきモデルとは言えない。かれらは現生人類であって、最初から文化と言語に浸りきっているからだ。しかし、一歳の誕生日を迎えた直後から、三歳の誕生日頃までの間に、子どもたちは他者とともに、種独自の構造を持ちつつも明白なかたちでは文化的慣習や言語の影響を受けないような協働に携わるようになる。これらの幼い子どもたちは共同のゴールに協調し、自分たちの報酬が手に入るまで共同のゴールに肩入れをし、他者も同じようにその共同のゴールに肩入れすることを期待し、協働によって得られたふたりの獲物を等分し、コミットメントを破らなくてはならない時にはいとま乞いをし、共同活動における自分や相手の役割を理解し、必要とあらば相手の役割を肩代わりさえする。非常によく似た状況下でも、ヒトに最も近い霊長類である大型類人猿は、こういった志向性の接続に基礎づけられた協働活動の能力を一切示さない。重要なことに、子どもとチンパンジーそれぞれが「同種の個体と協働して一定量の食物を引き寄せる」のと「同じ量の（あるいは、より多い／少ない量の）食物をひとりで引き寄せる」のとを選択しなくてはならない最近の研究が示すように、幼い子どもたちには、協働に向けた種独自の動機づけも備わっているようだ。ヒトの子どもは協働の選択肢を強く好んだのに対し、チンパンジーは、協働の機会とは無関係に、食物が多いほうの選択肢を取ったのだ(Rekers et al., 2011; Bullinger et al., 2011a)。

この時点での要点となるのは、初期人類は、あらたな認知モデルを創出していたらしい、ということだ。共同のゴールに向けて協働することが、あらたなかたちでの社会的関与、「「わたしたち」が一緒にレイヨウを狩るのだ」といった、個々のパートナーが独立した役割を果たすような志向性の接続を生み出す。この、共有性と個別性を同時に備えた二層構造——共同のゴールはひとつだが個別の役割は別——は、種独自の認知スキルと動機づけの傾向とを前提とした、二人称的な関与の接続に関するヒト独自のかたちと言える。これにはまた、ここでまず注目した点をはるかに超えるような、ヒト認知のさまざまな側面への驚くべき波及効果があるのだ（一例としてＢｏｘ１を参照）。

Ｂｏｘ１　関係的思考

ペンら（Penn et al., 2008）はヒトの認知を他の霊長類のそれと異なるものにしているのは諸々の関係、特に高次の関係に関する思考であると提案している。この主張を支持するために、かれらは認知のさまざまな領域からの証拠を総説している——関係の類似性判断、異同判断、類推、推移的推論、階層的関係、等々。

研究に関するかれらの見解は、このタイプの同様なスキルがヒト以外の霊長類に備わっていることを示すさまざまな知見を取り扱おうとしていない点で、あきらかにバランスを欠いている。たとえば、ヒト以外の霊長類は、いくつかの関係性を明白に理解しているし（絶対的なサイズではなく、ふたつのうちからたとえば「大きな方」を一貫して選択するように）、個体によっては、これまた絶対的な特徴ではなく関係的な特徴に基づいて異同判断をおこなう（Thompson et al., 1997）。スケールモデルを利用する際に類推的な推論とも思えることをおこなうチンパンジーもいるし（Kuhlmeier et al., 1999）、多くの霊長類は推移的推論をおこなっている（総説として Tomasello and Call, 1997 を参照）。

しかし同時に、ヒトが、関係的思考について特に秀でているのも確かだ（Gentner, 2003）。このデータを説明しうる仮説は、関係的思考は実際には二種類ある、というものだ。ひとつめは、空間と質量を持つ、具体的な物理的世界に関するもので、これによってわたしたちは大・小や明・暗、多・少や高・低、さらには異同といったさまざまな特徴や強度を比較することができる。ヒト以外の霊長類にも、こういった類の物理的関係や関係の強度を取り扱う一定のスキルはある。かれらがまるで理解してくれない――直接的な検証はほとんどおこなわれていないのだが――のは、ふたつめのタイプの関係だ。具体的にはヒト以外の霊長類は、より幅広い活動における役割で定義されるようなモノの機能的カテゴリーを理解していないようだ。ヒトは、ペットや夫、歩行者、レフェリー、消費者、客、店子、などといった、マークマンとスティルウェル（Markman and Stillwell, 2011）が「役割ベースのカテゴリー」と呼ぶカテゴリーを生み出す点において、例外的なのだ。こういったカテゴリーは、ふたつの物理的存在を比較するといった意味で関係的なのではなく、むしろ、ある存在と、それが役割を果たすより大きな出来事やプロセスとの関係を評価する、という意味において関係的なのだ。

ここでの仮説はご想像のとおり、「この第二のタイプの関係的思考は、共同のゴールと個別の役割とを備えた協働活動についてのヒト独自の理解の仕方に端を発している（おそらくその後、あらゆる種類の社会活動――それ自体が協働的ではないとしても――へと一般化される）」というものだ。こういった類の活動を築き上げる中で、ヒトは、誰がこなしてもいいような、多かれ少なかれ抽象的な「スロット」あるいは役割を生み出してきたのだ。これらの抽象的スロットが、獲物をしとめる時に使う道具（すなわち武器、Barsalou, 1983）といった役割ベースのカテゴリーや、主人公、被害者、復讐者といったより抽象的な物語上のカテゴリーを形成したのだ。さらに推測を進めるなら、これらの抽象的スロットのおかげで、ヒトはどこかの時点で、そのスロット自体に関係的な素材を挿入することさえできるようになったのかもしれない――たとえば、ある文化的な活動で役割を果たすことができるのは既婚のカップルだけ、といったように。これこそが、ペンら（Penn et al. 2008）が、ヒトの思考を特徴づける上でとりわけ重要だと強調していた、高次の関係的思考的なものの基盤となっているのではないだろうか。

　いずれにせよここで提案したいのは、どう低く見積もっても、より大規模な社会的現実におけるさまざまざま役割を含む、より広範で柔軟な関係的思考、そしておそらくより高次の関係的思考をヒトがおこなうことを協働活動が（可能にするとまでは言わなくとも）促進するのを支える上で、さまざまな二層的な認知モデルを構築することが必要であったということだ。

注意の接続と個別の視点

生命体は、自身のゴールに関わってくるさまざまな状況に関心を払う。それゆえ、二人のヒトが一緒に共同でなにかをするにも、自然と、自分たちの共同のゴールに関わるさまざまな状況に一緒に共同で関心を払うことになる。別の言い方をするなら、ヒトは、互いの行為を協調させる際には

（効果的にこなそうとするならば）、同時に、自分たちの注意を協調させる。この協調の基底にあるのは、ふたたび、共通基盤に関するなんらかの観念であり、それによってひとりひとりが——少なくとも潜在的には——自分のパートナーの注意、自分の注意にパートナーが向けている注意、などに注意を向けることができる（Tomasello, 1995）。行為の接続、共同のゴール、そして注意の接続はかくして一致するし、ともに共進化してきたに違いないのだ。

ここでの提案は、他者とともに注意の接続——幼い子どもが概念的な共通基盤、つまりは他者と共有された現実を作り出す筆頭にしてもっとも具体的な方法だ——に参与する能力の系統発生的起源は、協働活動の中にこそある、ということだ。これは「共同のゴールの支配下にある」という意味で、注意の接続の「トップダウン」バージョン、とトマセロ（Tomasello, 2008）が名づけたものにあたる。（もう一方は「ボトムアップ」的注意の接続であり、たとえば、大きな音がわたしたちの注意を引いた際に、ふたりともが互いに、相手の注意も同様にそこに向いたに違いないと考えるといったもの）。個体発生的には、幼い子どもたちは、注意活動の接続とも呼ばれる九〜一二ヶ月齢頃の視覚的な注意の接続を介して、他者との注意の接続を構築しはじめる。物のやり取り、ボールの転がし合い、ブロックで一緒に塔を作る、一緒におもちゃを片づける、あるいは一緒に本を「読む」といった活動のことだ。トマセロとカーペンター（Tomasello and Carpenter, 2005）は、ヒトに養育されたチンパンジーを対象に、このような注意活動の接続を、確認、また引き出そうと試みたが一切うまくいかなかった（これに限らず、ヒト以外の霊長類での注意の接続を見出した、信頼性のある報告は存在しない)。

共同での協働活動においてひとりひとりに自分の役割があるのと同様、注意の接続をおこなう際にもひとりひとりに自分の視点がある——そして、相手には相手なりの視点があるのだということを理解している。これ以降あらゆることの基礎となるであろう重要な点は、視点という概念においては「注意の接続の対象となる単一のターゲットを、わたしたちが異なる視点から眺めていること」が想定されている、ということだ(Moll and Tomasello, 2007, in press)。もしもあなたが家の窓から外を眺めていて、わたしが別の窓から反対側を眺めていたとしたなら、わたしたちの間に異なる視点というものは存在しない——ただ、まったく異なるものを見ているというだけだ。このように、個別に異なる視点という概念を取り扱うことができるのは、(1)わたしたちふたりともが「同じ」ことに思いを巡らせていて、(2)相手が別なふうにそれを注意を向けていることを互いが理解している場合だけなのだ。わたしがなにかをなんらかのかたちで理解して、その後で角を曲がったら別のかたちで理解することになったとしても、あるひとつのものについてのふたつの視点が得られたことにはならない。なぜならば、わたしが、比較のための複数の視点を同時に持ったことにはならないからだ。けれども、ふたりが同時に同じものを注意を向け——そしてそうしていることがふたりの共通基盤となっていたならば——(デイヴィドソンのメタファーを用いれば(Davidson, 2001))異なる視点が立ち上がったことを理解するための「場が生み出された」ことになる。[3]

幼い子どもは一歳の誕生日直後頃から、最初期の注意活動の接続とともに、他者が自分とは異なる視点を持つことを認識するようになる。たとえばある実験では、おとなと子どもとが、三つの異なる物体でそれぞれ短時間ずつ、一緒に共同で遊んだ（Tomasello and Haberl, 2003）。その後、このおとなが部屋を留守にしている間に、子どもと研究補助者が、第四の物体で一緒に遊んだ。この後に最初のおとなが戻ってきて、四つの対象が並んでいるのを見て「わあ、かっこいい、あれ見てよ！」と興奮して声を上げる。ひとが興奮するのは（古いものでなくて）新しいものに対してだけだという想定のもとで、生後一二ヶ月の子どもも――自分自身にとっては同じだけ見慣れたものでも――どの物体が「新し」くておとなを興奮させたのか割り出すことができる。新しいもの、というのは、わたしたちがさっき一緒に注意を向けなかったものだ。

これは、一部の研究者がレベルⅠの視点交替（パースペクティブ・テイキング）と呼んだものだ。というのは、これは他の人がなにかを見ているか見ていないかにだけ関わるもので、いかに見ているかに関わるものではないからだ。レベルⅡの視点交替においては、子どもは、誰かが同じものを自分とは別の見方で見ているということを理解する。たとえばモール（Moll et al. 2013）は、子どもにとっては青く見えていなくて、色つきのフィルター越しに眺めているそのおとなにとってだけであっても、おとなが「青いの」と呼んで指示しようとしたものがどれかを三歳児が理解していることを見出した。このように子どもたちは、他者の視点を、それが自分のとは異なったものであっても取得することができる。とはいえ、同じ子どもたちが、子どもたち自身とおとなたちとが同じものを同時に違ったふうに見ているのか尋ねられると正しく答えられない。実際子どもたちは四～

五歳になるまで、一緒に注意を向けた状況に関して同時的に視点間の葛藤が生じると、何通りかの場合において大変な思いをすることになる（Moll and Tomasello, in press）。かくして四～五歳以前の子どもは、二重命名課題（「これ」はウマであると同時にポニー）や、見かけ‐実体課題（「これ」は石であると同時にスポンジ。Moll and Tomasello, 2012）、誤信念課題（「それ」はキャビネットの中にあるかもしれないし箱の中かもしれない）が苦手だ。一緒に注意を向けているものに関して互いに対立する視点間の葛藤を解消するには――とりわけ、どちらの主張も「現実」を叙述したものである場合には――客観的現実と、その現実に異なる複数の視点とがいかに関連づけられるかを処理する、ある程度特別な技術が必要となり、このことがまた、我々の進化のストーリーにおける次のステップ（注6参照）の、前触れとなるのだ。

かくして切っ先までやってきた。初期人類は、共同のゴールに向かう行為や注意を他者と協調する能力を基盤として、同じひとつの状況や物体に対してそれぞれの個体がそれぞれの視点を持ちうることを理解するようになった。対照的に、大型類人猿（ヒトとの最後の共通祖先も含む）は、このようなかたちでは行為や注意を他者と協調しないし、同じ状況や物体に関して、同時に複数の視点があるということをまったく理解できない。わたしたちはここでふたたび、共同性と個別性の同時的併存という二層構造に直面することになる。協働活動に共同のゴールと個別の役割という二層構造があるのとまったく同様に、注意活動の接続には注意の接続と個別の視点という二重構造がある。つまり注意の接続は、人々が他者との間主観的な世界――共有されつつ異なる複数の視点――を構築するプロセスの第一歩となる。このプロセスもまた、ヒトの協力的コミュニケーションの基礎となるだろう。このように、ごく幼い子どもにも顕著に見られる共同での協働活動における注意の接続は、ヒトの進化における（初期人類からすでに備わった）社会的に共有された認知のもっとも基礎的なかたちであり、この、社会に共有された認知の原初的バージョンが、遠近法主義的に構築された認知表象の同じく原初的バージョンを生み出した、と考えることができる。

社会的自己モニタリング

協働採食者として生きざるをえなかった初期人類は、社会性をまた別の方向でもさらに深化させたことだろう。志向性を接続するさまざまなスキルがヒト的な協働採食に欠かせないことには違いないが、それだけでは十分ではない。よきパートナーも見つけなくては。チンパンジーでもある程度の経験を積みさえすればどちらのパートナーがよくて（成功に導いてくれて）どちらがそうでないかを学習できることを考えれば、これは、表立ってはそれほど難しくなさそうに思えるかもしれない（Melis et al. 2006b）。しかしこれに加えて、パートナー選択が重要になるような状況下では、選択する側も、自身が協働のよきパートナーでなくては（少なくともそう見えなくては）ならない。他者にとっての魅力的なパートナーとなるには、つまり協働の機会から排除されないようにするには、よき協働のスキルを身に着けているだけでなく、自分の役割分担をこなし、必要とあらばパートナーの分担を助け、協働に片がつけば獲物を分配する、といったことができなくてはならない。

かくして初期人類は、集団の他のメンバーたちが自分を潜在的な協働のパートナーとしてどう評価しているかについての関心を発達させ、その上で、外部からの社会性判断を好ましいものにすべく自身の行動を制御しなくてはならなかった——社会的な自己モニタリングと呼んでもいい。他の大型類人猿ではこのような社会的自己モニタリングをおこなっている様子はない。たとえば、エンゲルマンら（Engelmann et al., 2012）がグループの仲間と食物を分け合うか、掠め取るか選ぶことのできる機会を類人猿に与えても、かれらの行動は、そのプロセスを観察可能なグループメンバーの有無にまったく影響を受けなかった。対照的に、幼い子どもは、同じ状況下で他の子どもが観察していると、他者と分け合うことが増え、掠め取ることが少なくなった。

動機の上では、社会的評価への関心は、協働のパートナーとの相互依存性から生み出される——わたしの生存は、あたながわたしをどう見定めるか次第だ。認知の上では、社会的評価への関心は、また別のかたちでの再帰的思考を伴う——わたしには、あなたがわたしの意図状態についてどう考えているかが気にかかる。このように社会的自己モニタリングは、（類人猿がゴール指向的行動で見せるような）直接的になにが得られるという成功への期待でなく、重要な他者から下されるだろう社会的評価への期待によって自身の行動を制御するヒトの傾向への最初のステップとなる。ここで見られるような関心は、特定の他者からの評価についてのものであるため、二人称的な現象と考えてよさそうだ。かくしてこれらが、原初的な意味での社会規範——「なにをわたしのなす／考えるべきことで、なにをそうではない、と他者が考えているか」への関心——つまりは、集団の期待に沿おうとする規範的な自己統制に向けた最初のステップを示すものであり、我々のストーリーの次のステップにおいて現生人類を特徴づけることになる（第四章参照）。

要約――二人称的な社会的関与

大型類人猿には他者の志向的行為を理解するさまざまな社会‐認知スキルがあるが、それらが、どのようなかたちであれ志向性の接続に関わってくることはない。大型類人猿は、他者がゴールを持つことを理解し、時には他者がゴールを達成するのを助けさえもするが（Warneken and Tomasello, 2009）、共同のゴールに基づいて他者と協働することはないのだ。同様に大型類人猿は、他者がなにかを見ていることを理解し、他者の視線を追ってかれらがなにを見ているのかを理解することができるが（Call and Tomasello, 2005）、他者とともに注意の接続に関わることはない。また、大型類人猿は自己モニタリングをおこなった上で個別の決断を下しはするが、他者の社会的評価を介して共同で決断を下したり自分たちを自己モニタリングすることはない。ここでの解釈で言えるのは、初期人類においてはじめて現れたものこそが、二個体が互いの志向的状態に接続的に、また再帰的に、関与する「わたしたち」志向性だということだ。

この関与の接続のあらたなかたちは、二人称的なもの――「わたし」と「あなた」の関与――だ。二人称的関与には、少なくともふたつの特徴がある。⑴当該個体は、外から観察しているわけではなく、直接的に社会的インタラクションに参与していること。⑵集団といったより一般的なものとでなく、二者的な関係を持つ特定の他個体とのインタラクション（複数の人が存在しているのなら、そこにあるのはたくさんの二者関係であって、集団ということにはならない）であること。二人称的関与が持ちうるそのほかの特徴についてはそれほどコンセンサスはないのだが、ダーウォル（Darwall, 2006）はこれに加えて、(3)この種の関与の本質とは、等価な個体としての一定の尊重――パートナー同士の根源的に協力的な態度――をおのおのが相手に与え、相手から期待されるという「相互認識」であると提案している。

かくして、ここで提案する進化シナリオは、初期人類――おそらくは四〇万年程前のホモ・ハイデルベルゲンシス――は志向性の接続スキルと動機とを進化させ、大型類人猿の並行的な集団活動（あなたとわたしはそれぞれに並行してサルを追いかけている）を真に共同的な協働活動（わたしたちはともにサルを追いかけていて、それぞれがわたしたちの役割を担っている）へと変容させた。このスキルと動機はまた、大型類人猿における並行的な注視行動（あなたとわたしはそれぞれにバナナを眺めている）を真の注意の接続（わたしたちはともにバナナを眺めていて、それぞれがわたしたちの視点で眺めている）へと変容させた。しかし初期人類は、これらのことを、恒久的な文化的慣習や制度において相対的に際立っている現代の人類と同じように成し遂げていたわけではない。むしろ、かれらの原初的な協働活動は、特定の人物と一緒の特定の状況下で特定のゴールに向かう場当たり的な協働であり、注意の接続も、こういった二人称的なかたちで同様に構造化されたものだった。つまり、パートナーとの間に二人称的な関与の接続はあったかもしれないが、協働が終わってしまえば、そ

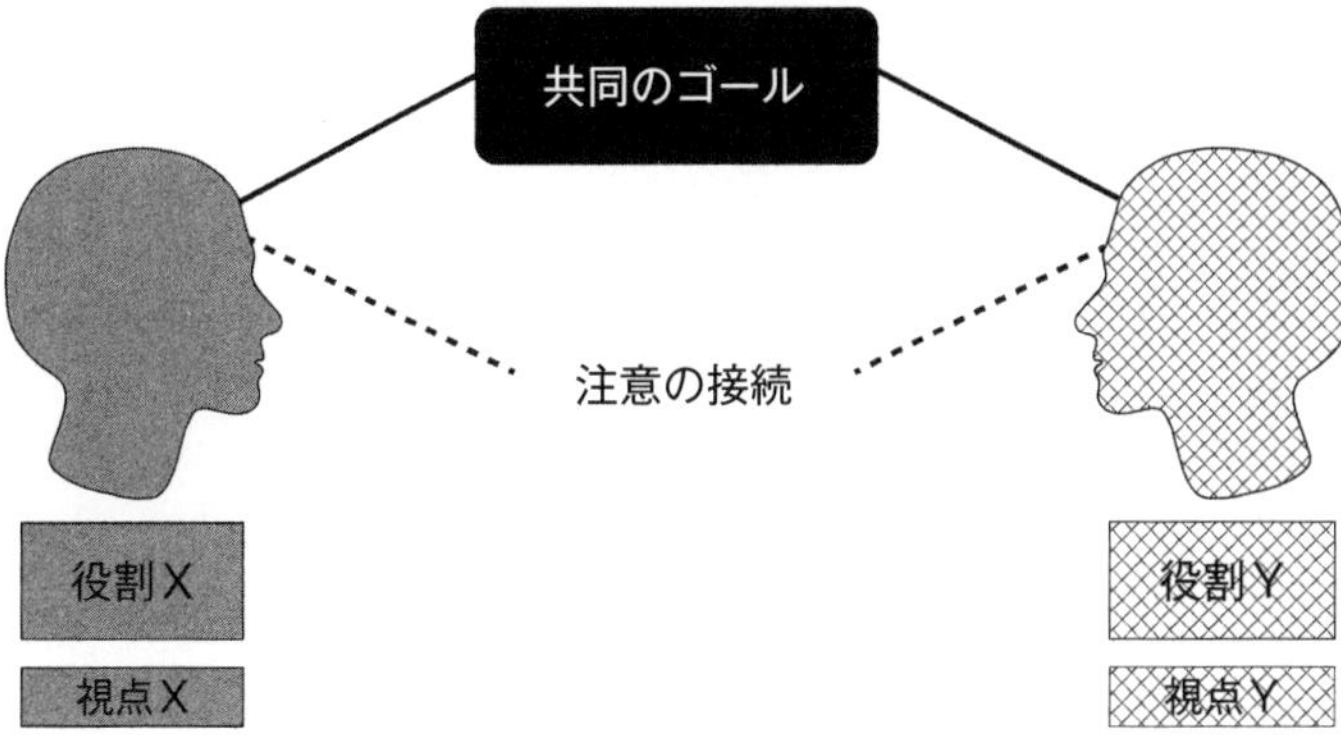

図3－1　共同での協働活動における二層構造

の「わたしたち」志向性は一緒に終わってしまったことだろう。

このように、この種の経験を繰り返すことからスキーマ化される認知モデルは、共有性と個別性とを同時に示す二重構造を持ち、特定のパートナーとの直接的な社会的インタラクションにおいては、ある種の共通基盤と再帰的な読心とを基底に持ち支えられている（図3－1参照）。この「二人称的・二層的な社会的関与」という認知モデルは、ヒト独自であるほぼすべてのものの基礎となっている。これが、志向性の接続にとっての、さまざまな視点に関する意図や推定を伴う、ヒト独自なかたちの協力的コミュニケーション（後の章で検討する）のためのインフラとなり、究極的には、ヒトという種を現生人類的世界へと送り込む文化慣習、規範、そして制度――次章で検討する――の基礎となるのだ。

あらたな協力的コミュニケーションのかたち

初期人類は自分の行為や注意を共通基盤に基づいて協調させていた。しかし、もっと複雑な協調——たとえば、協働に不測の事態が色々と押し寄せる中で特定の役割を立案する場合や、複数の行為の接続を系列的におこなおうとする場合など——には、あらたなタイプの協力的コミュニケーションが必要になってくる。旧来の大型類人猿的なジェスチャーや発声では、この調整作業は成り立たなかっただろう。なぜなら、まず第一に、それらは完全に自身のためのゴールに適応したもので、単純に、共同のゴールに向けた互恵的協働にはかみ合わないから。第二に、それらは他者の行動を直接制御するためにのみ用いられるもので、協働採食で求められるような、外的な状況や物体を参照しながら行為と注意とを調整しなくてはならないという要請にもかみ合わないからだ。

トマセロ（Tomasello, 2008）は、ヒト独自の協力的コミュニケーションの最初のかたちは、指差しと身振りという自然発生的ジェスチャーで、関連する状況を他者に伝える援助的情報提供だったと論じ、その根拠を提示した。指差しと身振りはヒトに普遍的であり、慣習的言語を共有しない人同士でさえも、ある程度の共通基盤さえあればさまざまな文脈で使用して有効なコミュニケーションを成立させることができる。しかしこれには、この共通基盤の文脈下に、きわめて豊かで深い個人間の意図や推論が揃っていなくてはならない。もしわたしが、ある木のほうを指差した、あるいは木の手ぶりをしたとしても、共通基盤がなければ、なにを、どうして、わたしが伝えようとしているのかをあなたが推論する手がかりにはならない。かくして指差しと身振りは、初期人類に、社会的協調のあらたな問題——他者と行為を協調するだけでなく、志向的状態も協調するという——を生み出し、このあらたな協調問題には、あらたな思考の方法が必要となったのだ。

コミュニケーションのあらたな動機

互いが依存しあっている共同での協働活動においては、相手が相手の役割を果たすのを援助することが個々の利益につながる。これは、他の霊長類では見出せない（とはいえ、例外となりうる事例については Crockford et al. 2011 を参照）、ヒトのコミュニケーションのあらたな動機、すなわち、「その相手に関連する状況を教えることによって援助しようとする動機」の基礎となる。この動機の出現は、共同での協働活動の文脈では、指示的コミュニケーションと情報的コミュニケーションとが明瞭には区別できない——パートナー同士の個別の動機があまりにも絡み合っているので——という事実に支えられている。かくして、わたしたちが一緒に蜂蜜を採っていて、あなたが自分の役割をこなすのに苦労しているとしたら、わたしは棒きれを指差して、「それを使え」というあなたに向けた指示を意図してもいいし、あるいは、棒きれの存在を知らせることだけを意図したっていい——あなたが棒きれに気づいたら使いたがるに違いないことをわたしは知っているから。共同のゴールに向けて一緒に働いているのならば、わたしたちの利益は密接に連動しているため、これらのうちどちらであっても用はなせるのだ。

かくして提案される進化プロセスとは「初期人類における協力的コミュニケーションの第一幕は共同での協働活動での指差しジェスチャーであって、それを支えていたのは要求と情報とがまだ未分化のコミュニケーションへの動機だった」というものだ。しかしどこかの時点で初期人類は、協働の最中だけでなく、もっと一般的なかたちで、他者との相互依存性を理解するようになった――わたしの最良のパートナーが今夜お腹をすかせているのなら、明日の採食活動がいい状態でできるように助けてやらなくちゃ。そして、協働活動の枠外で、自分の利益のためにあなたに援助を求めるわたしと、あなたの利益の為にあなたに援助的にものごとを教えるわたしとの差異も、くっきりとしたものになっていく。初期人類に、直示コミュニケーションにおける、はっきりと異なるふたつの動機――要求と情報――が立ち上がり、それらを誰もが理解し生成できるようになったのだ。

実験場面で大型類人猿がなにかを一緒におこなう場合には、志向的なコミュニケーションの兆しは一切見られないと言っていい（e.g., Melis et al., 2009; Hirata, 2007; Povinelli and O'Neill, 2000）。他の文脈で類人猿が互いにコミュニケーションをおこなう場合には、それは常に指示的なものになる（Call and Tomasello, 2007; Bullinger et al., 2011c）。まったく対照的に、幼いヒトの子どもたちは、意味のあるかたちで他者と協働できるようになる一四～一八ヶ月頃には、指差しジェスチャーを使って共同での活動を協調できる（e.g., Brownell and Carriger, 1990; Warneken et al., 2006, 2007）――その動機が要求的なのか情報的なのかについては、これまたまったく曖昧なままなのだが。しかし、協働活動の枠外では、一二ヶ月児ですら、探している対象のありかなどを他者に知らせるためだけに指差しをおこなうことがある。たとえばリッコウスキーら（Liszkowski et al., 2006, 2008）は、おとながなんらかの理由で対象の位置を勘違いしたり見失ったりして、探索を始めるという（複数のさまざまな）状況に一二ヶ月児を置いた。これらの状況では乳児たちは（統制刺激として用いられた、同様に置き場所は変わっているがおとなは必要としていないものと比較してより頻繁に）「探しているもの」のほうを指差した一方で、指差している間に、自分がその対象を欲しがる様子（むずがったり、手を伸ばしたり）はまったく見せなかった。乳児たちはただ、探しているもののありかを教えることでおとなを助けようとしたのだ。

大型類人猿的な指示への動機と並んで、情報的コミュニケーションへの動機が出現したことが、ヒト独自の思考の進化に三つの重要な帰結をもたらした。第一に、情報的な動機は、コミュニケーションの当事者たちに、他者にものごとを正直・正確に、つまりは誠実に伝えさせるようになる。まずは協働活動の最中に、しかしその後（ヒトの相互依存性が協働活動の枠外に拡張されるにしたがって）もっと広い文脈においても、協力的に見られたいのであれば、他者と正直にコミュニケーションをとることに常に本腰を入れておかねばならない。もちろん、嘘をつくことだって可能だ。なにか利己的な動機の下で、好きなところを指差して、ほんとうはありもしないところでわたしが落とした槍を探させることだってできる。しかし、嘘が機能するのは、協力と信頼という相互の仮定が最初に成り立ってこそのことだ――あなたが嘘をつけるのは、わたしがあなたの情報を誠実なものと信じて、それに応じて振る舞うことを知っている場合だけなのだ。かくして、言語による発話の「客観的」特性である真理へと至る道筋は他にもないわけではないものの（第四章参照）、私心なしに世界を正確に描こうとするヒトの姿勢の起源をあきらかにしたいと思うならば、ものごとを、かれらではなくわたしたちの利益のために、正直に知らせようとすることこそが、その出発点になる。つまり、真理という観念は、「個別の志向性の出現と、取得する情報の正確性への意識とともに」ではなく、むしろ「志向性の接続の出現と、他者と協力的にコミュニケーションすることへの意識とともに」ヒトの心理に入り込んできたのだ。[4]

　コミュニケーションを協力的におこなうこのあらたな方法がもたらした第二の重要な帰結は、あらたな種類の推論、すなわち、関連性の推論が生まれたことだ。協力的コミュニケーション行為の受け手は自分に問いかける——かれがわたしを助けようとしていることをわたしたち双方が理解しているとすれば、どうしてかれは、わたしに向けて指し示している状況がわたしの関心に関連していることがわたしに理解してもらえると考えるのだろう。大型類人猿を思い出してみよう。地面にある食物をヒトが指差して見つめれば、かれらは、その指差しや視線を追って食物を手に入れるだろう——ここでは推論の必要はない。しかし、ふたつのバケツのうちのひとつに食物が隠されて（かつ類人猿にはどちらかひとつにしか食物が入っていないことが分かっていて）、ヒトがどちらかのバケツを指差したとしたら、類人猿にはわけが分からない（総説として Tomasello, 2006 を参照）。類人猿は、ヒトの指差しや視線を追ってそのバケツを見はするが、「そのヒトがそちらに注意を向けているのは、自分がいま探している食物になにかしら関連すると考えているからだ」というような、見るからに直接的な推論をおこなうことはない。かれらがこの関連性推論をおこなわないのは（類人猿のコミュニケーションは常に指示的であり）ヒトが援助的に知らせようとしてくるなんてありえないことで、つまり、かれらにとって退屈なバケツのうちのひとつをどうしてヒトが指差しているのかなど、関心の持ちようがないことになるからだ。はっきりさせておかなくてはならないが、ヒトの行動に基づいて推論をおこなうことが類人猿にまったく不可能なわけではない。ヒトが、類人猿との間に競合的な状況をセッティングし、一方のバケツへとしゃにむに手を伸ばせば、その中に食物があることを大型類人猿は即座に理解する（Hare and Tomasello, 2004）。かれらは「かれがあのバケツを欲しがっているということは、食物が中にあるに違いない」という競合的な推論はおこなうが、「かれはそっちのバケツに食物が入っていることをわたしに知らせたいのだ」というような協力的な推論はおこなわない。

この行動パターンは、ヒトの乳幼児とは大きく異なる。同様の状況下で、前言語期のわずか一二ヶ月児でも、おとなはいま自分が探しているものとなにか関連があるものを自分に向けて指差していると信じて——情報的な動機を理解して——おり、そのため、指差されたバケツに報酬が入っていることをすぐに理解する（Behne et al., 2005, 2012）。このような状況下での協力という相互仮定はヒトにとってあまりに自然であるため、一連のシグナルのセット——アイコンタクトや他者への声かけなどの直示（ostensive）シグナルなど——が発達してきた。これらによってコミュニケーション始発者は、自分が、受け手に関連するなんらかの情報を持っていることを受け手に強調するのだ。進化上の事例として、わたしたちが協働して採食している最中に、わたしがあなたに対して、アイコンタクトと興奮した発声によって藪の中のベリーの実を指し示したとしよう。あなたは藪を眺めてみるが、最初はベリーを見つけられない。そこであなたは自問するのだ。こいつは、どうして藪がわたしに関連すると考えているんだろう――おかげであなたは、実際に関連のありそうななにかをもっと本腰を入れて探すことになる――そして、ベリーを見つけるというわけだ。コミュニケーション始発者であるわたしは、受け手であるあなたが、協力的にあなたの注意を向けようとしているわたしに気づきさえすればあなたがこのプロセスに乗ってくるだろうことを知っているので、自分がこうしていることをあなたに知ってほしい。つまり、わたしがあなたに知ってほしいのは、ここにベリーがあるということだけでなく、わたしがあなたにそれを知ってほしがっているということでもある――つまりは、結論に至る推論プロセスを完遂してほしいのだ（Grice, 1957; Moore, in press）。わたしは、直示的にあなたをアドレスしわたしたちの協力への相互期待に基盤を置くことで、実質的には「あなたはこれを知りたくなるだろう」と言っていて、たしかにあなたも知りたいと思っている。というのもあなたは、わたしがあなたの興味をこころに描いていることをあてにしているからだ。

この協力的コミュニケーションのあらたな方法が生み出した第三の、最後の帰結とは、（要求的・情報的なインントネーションで明示的に表明されるような）コミュニケーションの効果（force）と

(指差しジェスチャーで示されるような) 状況的あるいは命題的な内容との区別が、少なくとも萌芽的な意味で生じたことだ。(注:ということは、この時点までに初期人類が、類人猿では見られないようなかたちで、自発的な情動音声の発声をコントロールできるようになっていなくてはならないことになる。) そうして初期人類は、ふたつの異なる動機を、「受け手が自分の為にベリーをいくつか採ってきてくれることを期待しながらの、執拗で要求的なイントネーション」と「受け手自身が自分で採れるようにベリーのある場所を知らせるだけの、中立的なイントネーション」というふうに、声の抑揚で発し分けながら、藪の中のベリーを差し示せるようになったのだ。かくしてここで、コミュニケーション効果とコミュニケーション内容とを明確に区別できるようになる――コミュニケーション内容とはベリーが存在することであり、コミュニケーション効果とは要求的あるいは情報的である、ということだ。これらはもちろんすべて非明示的なものであって、慣習化された言語コミュニケーションにおいてきわめて重要になる、慣習化されつまりは明示的なかたちでのコミュニケーション効果とコミュニケーション内容との区別に至るにはまだ道のりを要する(第四章参照)。とはいえ、ここでのブレークスルーは、参照的(状況的、命題的)内容と、内容への注意を参照するコミュニケーション始発者の動機や意図とが相対的に独立した点にあるのだ。

かくして、初期人類における共同での協働活動は、かれらのコミュニケーションにとってのインフラとなる動機を生み出した。ものごとを援助的にかつ正直に知らせ合う協力的動機だ。そうなるとこれが受け手に、「このコミュニケーション始発者はどうしてある方向を見ることが自分たちの関心に関連すると考えているんだろう」という重要な推論作業をおこなう動機を与え、さらにはそれが、コミュニケーション始発者に、受け手に関連するものを見つけた際にそれを公然化するコミュニケーションへの動機を与える。さらに、ふたつの異なるコミュニケーション動機——要求的動機と情報的動機——が存在したという事実は、コミュニケーション行為の状況的（命題的）内容が、コミュニケーション始発者の特定の意図状態とは独立に概念化されつつあったことを意味している。

コミュニケーションのための、あらたな思考のありかた

コミュニケーションにおいて援助的・協力的であろうとするということは、認知的な観点から見れば、「ある特定の場面において受け手に関連しているのはどの状況なのか」をコミュニケーション始発者が見極められなくてはならない、ということだ。逆に受け手の側は、本質的には、場面において指差しジェスチャーが示す方向にあるどの状況を「自分たちにとって関連性があり興味深い」とコミュニケーション始発者が考えているのか、なぜそう考えるのか、を見極めることによって、意図された状況やそこでの関連性を特定できなくてはならない。ここで本質的な問題となるのは、コミュニケーション始発者が受け手に指摘したがっているもの——コミュニケーション（情報伝達）意図[5]——は、事実と思われる状況全体（たとえば「木にバナナが実っている」「木には捕食者はいない」）だということだ。しかし、指差しという行為はどんな場合でも同じ——指を伸ばすだけ——だ。不思議なのは、知覚的には同じ光景を見せることで、受け手にさまざまな状況を指摘する

ことがいかにして可能なのだろう、という点だ。

この謎の鍵となるのは、コミュニケーションの参与者同士が、受け手にとってのコミュニケーション行為の関連性を互いに想定し（Sperber and Wilson, 1996）、またこの関連性が常にわたしたちの共通基盤（Tomasello, 2008）となにがしかの関わりを持っていることだ。状況というものは、コミュニケーションとは独立に、あなたなりの理由から、あなたにとっての関連性を持つ。しかし、コミュニケーションにおいて、わたしがうまくあなたの注意をその状況へと向けるには、その状況があなたに関連性を持つとわたしが理解していることを、あなたが理解していなくてはならない。さらに言えば、わたしたち自身の共通基盤として、その状況があなたに関連性を持つことをわたしたちがともに理解していなくてはならない。すなわち、もっともシンプルな状況は、共同のゴールが生み出した即時的な共通基盤によってわたしたちが協働活動をおこなっている時、ということになる。例を挙げれば、日がな一日バナナを探しても見つからない中で、わたしがバナナの木に向けた指差しジェスチャーは、「あの木にバナナが実っているという事実をあなたに示そうとするものだ」と、あなたは考えるに違いない。一方で、数分前一緒にバナナを探しに行ったら木のところに捕食者がいたので待っていたのだけれど、ようやく立ち去ったらしいという場合には、「（わたしは）あなたに対してもう捕食者は木のところにいないという事実を示しているのだ」とあなたは考えるに違いない。共通基盤と関連性の相互仮定とによって（類人猿は単にこの種の協力的コミュニケーションをおこなわないため、これらは不可能だ）、伸ばした指が差す方向でこころとこころとが出会うことが可能になるのだ。

第二章での分析に従えば、関連性のある状況とは、目標をかなえ価値を維持する上でのさまざまな機会や障害を個体にもたらす状況を指す。ふたりで果物を探している最中にわたしが遠くのバナナの木を指差したとしたら、あなたは、もしもその時点でバナナの葉っぱしか見えていなかったとしても、わたしが葉っぱを指差しているなんて思ったりはしない。葉っぱの存在は、わたしたちが取り組んでいることとなんの関連性も持たないからだ。むしろあなたは、たとえば葉っぱに隠れたバナナを見つけるまで見つめつづけるだろう。そちらのほうが、わたしたちが取り組んでいることに高い関連性を持っているからだ。このプロセスのもうひとつ重要な側面は、その時点ですでに共有されている状況には指摘される必要性がなく、「あらたな」状況のみがコミュニケーションに関連性を持つことだ。かくして先程述べた事例では、わたしは、捕食者が木を去った後で、「捕食者がいない」という状況を示す意図を持ってバナナの木を指差し、あなたはそれを難なく受け止める。では、バナナの存在にも同じくらい高い関連性があるとしたら、どうやってわたしは捕食者の不在を意図し、あなたはそれを推論できるのだろう?　「バナナの存在はすでにその時点でわたしたちの共通基盤になっていて、わたしがこの状況をあなたに指し示すのは余分なことになるから」だ。援助的であろうとするならば、わたしはあなたにとってあらたな状況を指し示す。そうでなければ、そんな余計なことをするもんか。かくして、ヒトの協力的コミュニケーションでは、コミュニケーション始発者と受け手の両者が、互いの共通基盤に「コミュニケーション始発者は受け手に関連性を持ち、かつ新奇な状況を指し示す」という仮定を据えるのだ。

驚いてもよさそうなことだが、幼い乳児さえ、特定の他者との共通基盤の動向をつかみ、指差しジェスチャーの理解および生成における関連性を同定するのに利用することに長けている。たとえば、リーバルら（Liebal et al. 2009）は、一歳児とおとなのペアに、一緒におもちゃをバスケットにしまう「お片づけ」をさせた。ある時点でおとなは片づけを中断し、ターゲットのおもちゃを指差す。すると、乳児はそのおもちゃをバスケットに片づけた。しかし、その乳児とおとながまったく同じように片づけている最中に、文脈を共有していない第二のおとなが部屋に入ってきて、まったく同じようにターゲットのおもちゃを指差しても、乳児がそのおもちゃをバスケットに入れることはなかった――第二のおとなはお片づけゲームを共通基盤として共有していないために、たいていの場合おもちゃを手渡したのだ、と考えられる。乳児がおこなった解釈はこのように、その時点での自身の行為や興味（これ自体はどちらの場合でも同一になる）に基づいているのではなく、指差しをしているおとなそれぞれと共有している経験に基づいていたのだ。（別の研究では、リーバルら（Liebal et al. 2010）は、同じ月齢の乳児が受け手との共通基盤に基づいて指差しを変化させることを見出している。）

同じ月齢帯の乳児は、指差ししているおとなが自分たちになにが関連すると考えているのかを見定める際にも、新奇性に関する相互仮定を用いている。モールら（Moll et al. 2006）は一八ヶ月の乳児を対象とし、おとな一名とおもちゃのドラムで遊んでもらった。その部屋にまた別のおとながやってきて興奮してドラムを指し示したところ、その子は、おとながかっこいいドラムについて話しているのだとみなした。しかし、さっきまで一緒にドラムで遊んでいたおとなが、まったく同じように興奮してドラムを指差したところ、その子は、おとながドラムに興奮したのだとはみなさなかった——わたしたちにとってすでに古びたニュースに、興奮したりできるはずがないじゃないか。むしろ子どもは、おとなが興奮したのは、ドラムに関して、それまでに自分たちが気づいていなかったなにか新しいことがあったためではないかと考え、たとえば、ドラムのおとな側に向いている側面など、なにか新しいものに注意を向けたのだ。指差しをおこなう際にも、乳児は、共有されている情報とあらたな情報との見極めを利用している。たとえば、一四ヶ月児が、母親に、ダイニングのテーブルに自分の椅子を寄せてほしい際には、椅子を指差す場合（テーブルの空きスペースについての注意は本人と母親の間ですでに共有されているため）もあったし、テーブルの空きスペースを指差す場合（椅子についての注意は本人と母親の間ですでに共有されているため）もあった（Tomasello et al., 2007a）。どちらの場合にも求めていることはまったく同じ——自分の椅子がテーブルに寄せられること——だったが、乳児は、効率的にコミュニケーションをおこなうために、自分と母親とが注目していることはすでにかれらの共通基盤の一部であるとみなし、母親が気づいていないであろうあらたな状況を指し示したのだ。(6)

こういったタイプの協力的（直示 - 推論的）コミュニケーションをおこなうには、あらたなタイプの思考がいく通りか必要になる。要するに、表象・推論・自己モニタリングという思考プロセスの三つの構成要素すべてについて、社会化されることが不可欠なのだ。

表象に関して言えば、ここであらたな鍵となるのは、コミュニケーションにおける参与者双方が状況とその要素に関する互いの視点を表象し合わなくてはならないことだ。そのためコミュニケーション始発者は、その時点での知覚的光景に内在する、可能性となりうる沢山の状況――事実とおぼしき表象――のうちのひとつ（たとえば「木にはバナナが実っている」対「木には捕食者はいない」、のように）に対する受け手の注意に焦点を合わせようとする。コミュニケーション行為はこのように、受け手にとっての光景を遠近法主義化する。また、個々の要素も遠近法主義化するのだ。たとえば、わたしたちが火を起こしていたとして、わたしがあなたに丸太があるのを指し示すのは、薪としての丸太と解釈できる。しかし、わたしたちが洞穴を片づけていて、わたしがあなたにまったく同じ丸太を指し示したとしたら、それはがらくたと解釈できる。対象選択課題において、コミュニケーション始発者は、バケツを、物理的な物体や水を運ぶ容器として（qua）ではなく、場所として（qua）指差したのだ――「わたしは、報酬がその中にあることを知らせてるんだよ」。協力的指差しはこのように、事物についてのさまざまな概念化や解釈を生み出すことになる。これらのことは、ヒトの概念的思考の旗印のひとつである、単一・同一の存在をさまざまな「記述」や「見え方」のもとに置くという言語的生物の能力の前兆となる――しかし、明晰な意味論的内容を伴った慣習的・シンボル的な媒体を用いているわけではない。

推論に関して言えば、鍵となるのは、協力的コミュニケーションで用いられる推論は社会的な文脈で再帰的だ、という点だ。つまりここでおこなわれるのは、わたしの意図状態に対する相手の意図を互いに推論する／されるという行ったり来たりのようなことなのだ。対象選択課題の例を挙げれば、受け手は、コミュニケーション始発者は受け手が食物があのバケツに入っていることを知ることを意図しているのだろうと考える――類人猿では決して見られない社会的な再帰的推論だ。この推論には例外なく、仮説形成上の跳躍（abductive leap）が伴う――もしも報酬のありかをわたしが知ることを意図しているのならば、そうでもなければただのつまらないバケツへのかれの指差しは、道理にかなう（共通基盤、関連性、そして新奇性と合致する）だろう。コミュニケーション始発者は、かれの立場からすれば、受け手がこの仮説形成上の跳躍をうまくおこなえるように手助けをしたがっている。このためには、少なくともよくある状況では、コミュニケーション始発者はなんらかのシミュレーションなり思考なりをおこなって、特定の方向への指差しがどうやって受け手に特定の仮説形成的推論をおこなわせるかをこころに描かなくてはならない――わたしがこっちを指差したら、かれの志向状態に関するわたしの意図についてかれはどんな推論をおこなうだろう？　さらに受け手も、「コミュニケーション意図に関して受け手がどんな推論をおこなっているとコミュニケーション始発者が考えているか」について、仮説形成的推論をおこなう際に考えているかもしれない。さらに……（以下繰り返し）。

最後に、自己モニタリングに関して鍵となる点は、コミュニケーションにおいてこんなふうに協力的でありうるためには、それぞれの個体（人）が、あらたなかたちの自己モニタリングをおこなえなくてはならない。このあらたなかたちとは、類人猿の認知的自己モニタリングとは対照的に、社会的なものだ。すなわち、ある個体が相手とコミュニケーションをとる際には、その個体は同時に、かれを理解しようとする受け手の立場にいる自分を思い描いているのだ（Mead, 1934）。かくして、コミュニケーション始発者が受け手の視点をシミュレートし、コミュニケーション行為がうまく組み立てられ理解してもらえるかどうかある種のチェックをするという、あらたな自己モニタリングのかたちが生まれた。これは、自身の協力性が他者がどう判断されるかを個体がシミュレートするという、初期人類が持つ自己像への関心（協働に関する議論ですでに述べた）とまったく異なったものではない――異なるのは、「この場合に評価されているのは包含性である」という点だけだ。注目すべきは、これらの自己モニタリングはどちらも、二人称的な意味では「規範的」である点だ――行為者は、「他の社会的行為者たちがどう評価するか」という視点から、自身の行動を評価しているのだ。このプロセスに関してレヴィンソン（Levinson, 1995, p. 411）は、「わたしたちの行為は互いに協調されなくてはならないと意図しつつ振る舞うようになった時点で、わたしたちの思考には並外れた変化が訪れた――明快で自明なものになるように自らの行為をデザインせねばならないのだ[7]」と述べている。この、協力的コミュニケーションにおける明瞭性に向けた社会的な自己モニタリングが、社会的合理性という現生人類の規範の基礎に据わっており、そのおかげで、社会的合理性が「パートナーがコミュニケーションの意味を理解すること」を意味することになるのだ。

協力的コミュニケーションに内包される、これらのあらたな思考のプロセスは、幼い子どもを対象にしたふたつの研究に見事に示されている。まず、コミュニケーション始発者の視点からのものが、リッコウスキら（Liszkowski et al., 2009）が一二ヶ月児を対象におこなった研究だ。この研究では、おとなが乳児と一緒にゲームをするのだが、そのゲームでは乳児は、繰り返し、いつもプレートの上の同じ位置に置かれた、ある特定の種類のモノを使わなくてはならなかった。しかしどこかの時点で、またそのモノが必要なのに、ひとつも見当たらなくなる。するとそれを手に入れようと、乳児の多くがおとなに向かって空《から》のプレート、つまり、かれら双方がその種のモノが通常あるべきことを共通基盤として知っている場所を指差すという戦略に行きついたのだ。このコミュニケーション行為をとるには、乳児は、おとなの理解のプロセスをシミュレートしなくてはならない――わたしがプレートを指差したら、彼女は（彼女の志向状態に向けたわたしの意図について）どんな仮説形成的推論をするだろう？　ここで起こっているのが単純な連合にすぎないわけではないことは、連合学習を完璧にこなす能力を持つチンパンジーが、まったく同じ状況設定でも（同一研究の別の文脈では指差しを使おうとすることは実際にあったにもかかわらず）、ヒトの注意を空のプレートに向けようとしなかったという事実からも示唆される。乳児は、おとな自身の志向状態に関する乳児の意図に関しておこなわれるおとなの推論をシミュレートしていたのだ。

このプロセスをもっと劇的に、理解の視点から描くために、「顕著性（markedness）」という現象について考えてみよう。コミュニケーション始発者は、場面次第で、コミュニケーション行為中のなにかあるものを「通常から逸脱したもの」として（音韻的に強調して）マークすることができ、おかげで受け手は通常の推論をせず、いつもと異なる推論をおこなうことができる。例を挙げれば、リーバルら（Liebal et al., 2011）はおとなと二歳児に（ここでもまた）大きなバスケットにおもちゃを片づけてもらった。通常の成り行きであれば、おとなが中くらいのサイズの箱を指差せば、子どもはそれを「この箱もバスケットの中に片づけて！」ということだと受け止める。しかしある場面でおとなは、子どもに向けて目配せをしたり、しつこく指差しを続けたりと、あきらかにいつもとは違うやり方でその箱を指差した。おとなはあきらかに、いつもとは異なるなにかを意図していたのだ。この場合、子どもたちは困惑した様子でおとなを見ていたが、やがてその箱を開けて中になにがあるのか確かめた（そして、中身を片づけたのだ）。この行動をもっとも素直に解釈するなら、「おとなは、子どもが通常どんなふうに解釈するのか予期しているが、その解釈をおとなは望んでいない。だからこそおとなは子どもが別の解釈を探る気になるように自身の指差しジェスチャをマークしているのだ」ということを子どもが理解している、ということになる。これが、おとなの思考についての子どもの思考についてのおとなの思考についての子どもの思考なのだ。

かくして、ヒトの協力的コミュニケーションにおいて繰り広げられるこの種の思考は、遠近法主義的で社会的に再帰的である、という点において進化的に新しいものだ。個体は、どんなに低く見積もっても、自身の考えについてのコミュニケーション相手の考え（シミュレーション、想像、推論）について考え（シミュレートし、想像し、推論し）なくてはならない。大型類人猿にはこの種の推論をおこなっている兆しはなく、たとえば対象選択課題において（同じ課題セッティングで非‐再帰的な推論はおこないつつも）協力的指差しというもっともシンプルな行為さえ理解していないという事実は、かれらがこの種の推論を実際におこなっていないことのあきらかな証拠となる。協力的コミュニケーションにおけるヒトの思考には、あらたなかたちの社会的自己モニタリングも含まれており、コミュニケーション始発者は、自身が受け手の意図に対して抱く意図について、受け手がどんな視点を取っているか、またこれから取りうるか——つまりは受け手がどういうふうに理解するか——を思い描く。まとめると、この時点で、ヒトのコミュニケーションの進化のストーリーにおいて、互いの志向状態そして行為を互いにとって新奇で関連性を持つ状況を指し示すことによって協調しようとする個体が登場したことになる。これには、一定程度の量と質とを備えた共通基盤への依存と、さらに、インタラクション参与者同士が、互いの視点と志向状態について連動しつつ社会的再帰性を備えた一連の推論をおこなうことが不可欠だ。

身振りをシンボル化する

指差しジェスチャーに加えて、ヒトが手にした「自然な」コミュニケーション様式のふたつめが、自発的に生成された、非慣習的な映像的ジェスチャー、あるいは身振りだ。これらのジェスチャーは、そこにない存在、行為や状況に他者の想像を向けるために用いられる。映像的ジェスチャーは、存在、行為や状況を目に見える映像として実際にシンボル化することで、指差しのように注意を直示的に状況へと向けることの先へと踏み出している。映像的ジェスチャーを「自然」とみなしているのは、もともと効果的な志向的行為を、特別なかたちで利用したものにすぎないためだ。受け手は、観察に基づいて、コミュニケーション始発者が身振りで表している実際の行為や事物を思い浮かべ、かれらの共通基盤の文脈で、始発者のコミュニケーション意図を適切に推論する。映像的ジェスチャーの情報提供的使い途の実例をいくつか挙げるなら、這うような動きを手で表して近くのヘビについて注意を促すとか、水飲み場にシカがいたことを自分の頭の上で角の身振りをして（鳴きまねをしてもいい）伝える、ある友人がどこにいるかをかれが泳いでいる身振りをすることで示す、などだ。適切な共通基盤さえあれば、このようなジェスチャーでの伝達は、実在しない状況がなんであれ効率的だ。

ヒト以外の霊長類で、映像的ジェスチャーや発声を利用するものはいない。大型類人猿も、ヒトと同じように食べることや飲むことを身振りでたやすく表せそうなものだが、そんなことはしない。(8) それどころか、映像的サインを理解することもない。改変を加えた対象選択課題では、実験者が、食物が下に隠してある対象のレプリカを持ち上げた。ヒトの二歳児はこれが「よく似た対象のところを探すこと」を意味していると理解したが、チンパンジーやオランウータンはそうではなかった（Tomasello et al. 1997; Herrmann et al. 2006）。現在遂行中の研究では、類人猿に、そうすることが利益になりそうな状況（たとえば、類人猿だけが操作法を知っている装置からどうやって食物を取り出すかをヒトに見せるような場面）で、映像的ジェスチャーを生成させようとしているが、いまのところ首尾よくいってはいない。大型類人猿が映像的ジェスチャーを理解できないのはおそらく、かれらには「あなたに」（協力的に）マークされた直示的なコミュニケーションが理解できないからだ。誰かがナッツを叩き割っているのを見れば、類人猿は、その誰かがなにをしているのか完璧に理解できるのだが、石もナッツもないところで叩き割っている動きだけを見ても、ただ困惑するだけなのだ。映像的ジェスチャーを理解するには、通常の道具的な文脈の外でおこなわれる志向的行為がコミュニケーションであると認識できなくてはならない――（たとえばアイコンタクトのような）さまざまな直示シグナルを介してコミュニケーション始発者によってそういうふうにマークされているのだから。ふりに関するレスリー（Leslie, 1987）のアナロジーを拡張するなら、風変わりな行為は、「コミュニケーション専用」のものとしてマークされ、道具的な行為としての直截な解釈から「隔離」されなくてはならないのだ。

個体が映像的ジェスチャーを生成するもうひとつの前提条件が、自分の体を使って本当の行為（や対象）に「似た」行為を生成できることだ。この能力はおそらくは模倣能力からもたらされるもので、この能力に関してヒトは他の類人猿と比較して飛びぬけて秀でている（Tennie et al., 2009）。初期人類はどういうわけか、そこにない行為を直示的なコミュニケーション意図をもって「模倣する」ことが、受け手に、その時点で知覚されている光景になくても参照すべき状況を思い描かせるということを理解するようになった。このつながりにおいて重要となる社会的文脈が「教えること」だろう。これには、おとなが子どもに指図する様子を原光景にするような進化上の利点がある。

チブラとゲルゲイ（Csibra and Gergely, 2009）は、「天賦の教授法（Natural Pedagogy）」と名づけた説を展開し、協力的コミュニケーションとの密接なつながりを指摘している。天賦の教授法のもっとも基礎的な形態がデモンストレーション（demonstrating）だ——実際に、あるいは、なんらかの身振りを使って、どうやるかやって見せる。コミュニケーションと同じく、行為が本来の目的をかなえるためでなく、観察者／学習者の利益のためになされるのだ。このように、映像的ジェスチャーを用いたコミュニケーションには、直示的コミュニケーションの理解と行為を模倣するなんらかの能力とが必要とされる。

注意しておかなくてはならないのは、参照すべき対象や行為を映像的ジェスチャーが誠実に叙述しうるのは確かだが、指差しと同じく、基底にあるコミュニケーション意図との間には大きな推論上の飛躍があることだ。つまり、このギャップを埋めるには、指差しの場合と同じく、協力と関連性という共通基盤と相互仮定とが必要になる。ふたりで洞窟に近づきながらわたしがヘビの動きの身振りをしたとしても、もしもあなたが洞窟にはよくヘビがいることを知らなかったとしたら、あなたは、どうしてわたしが手をそんな風に動かしているんだろうと思うだろう。現代社会でも、我々は最近、幼い子どもが空港の保安検査を受けているのを目にした。その子を検査していた保安員は、棒状のスキャナーを円を描くように動かして、背中側を検査するので廻ってくれるよう指示した。その子は、保安員を見つめると、ゆっくりと自分の手を円を描くように動かしだした——その子は、彼の手の動きが自分の体の動きを意味していることが分からなかったのだ。空港の保安検査の手続きという共通基盤が、かれらにはあきらかに欠けていたのだ。

指差しジェスチャーはたったひとつしかない一方で、[9] 映像的ジェスチャーは無数にある――いわば「離散無限性」を持つ。映像的ジェスチャーには、（身振りで表されるのが、参照すべきだと意図された状況の一側面だけであることがふつうではあっても）ジェスチャーと意図された指示対象との間にほぼ一対一の対応がある（少なくともありうる）。つまり、映像的ジェスチャーは、慣習的なものでなくても、ある種の意味論的内容を備えているのだ。原理的には、指差しによっても、わたしはあなたに一枚の紙のかたちやサイズ、素材まで、適切な共通基盤の範囲内であれば知らせることはできる。しかし、それぞれの場合に特有な視点が、差し伸ばされた指そのもの「に」包含されているわけもない（ウィトゲンシュタイン（Wittgenstein, 1955）の、この問題に関する、謎めいているが鋭い論考を参照）。しかし映像的ジェスチャーを使えば、わたしはあなたに一枚の紙のかたちやサイズ、素材を――あるいは、あなたにその紙になにか書いてほしいのか、放り投げてほしいのか、まで――さまざまなアイコンを使ってそれぞれの側面を描き出すことで、知らせることができる。映像的ジェスチャーの革新的な新しい特徴とはつまり、指差しにおいては非明示的にすぎなかったものごとや状況のさまざまな視点が、意味論的内容を持つ外的なシンボル的媒体によっていまやはっきりと表現されるようになった点にある。

これに関連して、自然言語におけるコミュニケーション慣習の大多数は、カテゴリー語だ。つまり、普通名詞やおおかたの動詞は、イヌや噛むのように事物のカテゴリーを参照するよう慣習化されており、特定のイヌや噛む事例を参照するにはなんらかの語用論的な共通基盤化（名詞の場合なら the をつけたり、わたしのイヌ、隣のイヌ。動詞の場合なら、噛んでいる、噛んだ、のように時制や相マーカー）をおこなわなくてはならない。映像的ジェスチャーは、受け手に「〜のようなもの」を想像するよう求めているという意味ですでにカテゴリー語だ。（たとえばその人物の風変わりな癖をまねることで、ある人物を映像的ジェスチャーで表すことも可能であり、ということは、このモダリティ内で普通名詞と固有名詞とを区別することも少なくとも原理的には可能だ。）カテゴリーの次元は視点と絡み合っている——ある人をビルと呼ぶのかスミス氏と呼ぶのかは、これらはカテゴリー語ではないため遠近法主義的問題ではないものの、同じ人を父と呼ぶのか、男性、あるいは警察官と呼ぶのかは、遠近法主義的と言える。かれを「ある叙述のもとに」置く、つまり、異なるコミュニケーション上の目的を持つ異なる場面に「遠近法主義化」することになるのだから。

このように映像的ジェスチャーは、シンボル的で、意味論的内容を備え、少なくとも潜在的にはカテゴリー的であるという点において、言語的慣習への道筋における重要なステップなのだ。この点をさらに補強する興味深い事実は、幼い子どもは発達早期から一定の映像的ジェスチャーを生成するものの、その頻度は、言語を学習し始める生後二年目にかけて低下し、一方で同じ時期に指差しの頻度が上昇することだ。指差しが増加するのは、言語と競合せず、異なる機能を果たして補完的に作用するからなのかもしれない。意味論的内容を備えたシンボル的な媒体として、映像的ジェスチャーは言語的慣習と競合し、敗北を喫する——理由はあきらかで、いくつかの例外的な状況を除けば、その場での自発的ジェスチャー生成の機会を奪ってしまうからだ。進化的に似た状況を思い描くならば、コミュニケーションの慣習的な様式があらかた映像的ジェスチャーを引き継いだが、指差しは残っているというのに近い。つまり、進化と個体発生とのどちらにおいても、実在しない状況を身振りで表現する能力は、たとえば、ふりや、他のフィクションのかたちで、他の機能においても再出現する可能性を秘めているのだ（Ｂｏｘ２を参照）。

映像的ジェスチャーはつまり、ヒトのコミュニケーションおよび思考において、概念レベルでの共通基盤の文脈での他者に対する情報提供的・遠近法主義的な指差しと、慣習的な言語コミュニケーションとの橋渡しとなる、いわば中間段階にあたる。この中間的ステップには、外部化されたさまざまなかたちのシンボル的表象が伴う。とはいえ、映像的ジェスチャーにはほぼ例外なく、視点の曖昧性という問題が潜むことになる。わたしが槍を投げる振りをしたとしたら、投げるべきは誰になるのだろう――わたし、あなた、それとも他の誰かだろうか？　もちろん普通は、これはわたしたちの共通基盤によって文脈的にあきらかになることだ――わたしがあなたにそうしろと要求しているのか、わたし自身の願望を表明しているのか、わたしたちの友人の行動を報告しているのか、大抵の場合ははっきりしている。しかし状況によっては――たとえば、その朝の狩りの様子を述べる場合には――槍を投げているのが誰かが、はっきりしなくなることもあるだろう。この曖昧性を解消するには、それが叙述的だろうが映像的だろうが、さらなるコミュニケーション行為をおこなうしかない。そして、これこそが、初期人類が慣習的言語以前に自然発生的ジェスチャーでおこなっていたもっとも複雑なコミュニケーションのとり方へと我々を導いてくれるのだ。

Box2　空間における想像としての身振り

映像的ジェスチャーや身振りでコミュニケーションをすることには、ふたつの大きく重要な認知的帰結が伴うだろう。ひとつめは、想像力とふり（pretence）が緊密に関与して、またそれゆえに両者を刺激することから生じる。映像的ジェスチャーは指差し以上に、時間的・空間的に離れたものごとの指示を可能にし、だからこそ、コミュニケーションの時点でその事物が想像されなくてはならない。わたしが、視界には入らないけれども丘の向こうに一頭レイヨウがいるとあなたに知らせるジェスチャーをする時、いま入ろうとしている洞窟にはヘビがいると警告しようとする時、あるいはいま終わったばかりの狩りでわたしたちになにが起こったか伝えようとする時、わたしは、鍵になるプレイヤーがそこにいなかったり、かつ、指示したい行為が遠い過去のことか、予測にすぎない中で、それらのシナリオのすべてを体現しなくてはならない。

そこで提起したいのは、映像的ジェスチャーをおこなうことが、既存の想像をめぐるさまざまなスキルに依存しつつも、そうしたスキルをあらたな場へと至らせた、ということだ。チンパンジーだって、水飲み場でなにが自分を待っているのか想像するかもしれないが、わたしたちはいまや、そのような想像上の光景を、ある種の演技によってだれかのために描写して――

わたしたちの共通基盤を前提に、その聞き手の知識と興味とに合わせて——語っているのだ。その聞き手が理解しうるように、また理解する気になるように。ということは、ヒトが、一段と強力なかたちの想像力を——いわば想像力の接続の中で——他者のために光景を演じうるよう進化させたと考えるのも不合理ではない。実際わたしたちは、この行動を、ごく幼い子どもたちの日常に見出せる。子どもが親や友だちと「この棒は馬だ」、「自分はスーパーマンだ」というふりをする時に。ふり遊びの進化的起源は——その機能がそれほど明白でないためにややミステリアスに見えるかもしれないが——このように、我々の説明においては、真剣な（「遊び」ではない）コミュニケーション上の行為としての身振りに見出される。現生人類においては、コミュニケーションのための身振りは、慣習的言語にとってかわられた。子どもたちが慣習的言語を学ぶ過程で、ジェスチャーによって架空のシナリオを作り出して他者とコミュニケートしようとするかれらの傾向は、言ってみれば行き場を失う。そのためかれらは、この能力を使って遊ぶことになり、他の動機を伴わないふりをする行動として、架空のシナリオを他者とともに作り出しているのだ。現実のXを表象するためにわたしが虚構のXを演じる際にも、また事実に反する思考一般に関しても（Harris, 1991）、ふりをおこなうことは、見かけと現実とを区別することの源のひとつであると多くの研究者も主張している（e.g., Perner, 1991）。

かくして、映像的ジェスチャーの第一の驚くべき効果は、ヒトの進化におけるその出現が、架空のシナリオを他者とともに、そして他者のために演じるスキルをもたらしたことで、それが、自身が中に入りこんであらゆる「想像上の」状況や制度をヒトが創造することの基盤となったことなのかもしれない。さらに、我々のストーリーを少しだけ先取りするなら、サール（Searle, 1995）が文化的「地位機能」と呼んだもの、たとえば、大統領だとか夫――そしてお金となる（実際にそうみなされる）紙切れ――を創造することは、その系統発生的かつ個体発生的ルーツを、ふり遊びに持つのだ。子どもたちは、あるひとを大統領として任命するのと非常によく似たやり方で、一本の棒を一頭の馬として聖別し、それに特別な力を与えている（Rakoczy and Tomasello, 2007）。もしも思考が、その根本において、想像することの形態のひとつであるならば、ヒト独自の思考の進化と発達にとって、映像的ジェスチャーにおいて具体化されるような「他者のために物ごとを想像すること」の重要性が過大評価されすぎることはない（Donald, 1991）。

映像的ジェスチャーと身振りがもたらした第二の認知的効果は、さらに推測的なものになる。ヒトの認知を学んだ人ならほとんど誰もが、空間的概念化が決定的に重要であることを知っているだろう。そこには疑いの余地もなくさまざまな理由があり、そのうちのいくつかは、霊長類の認知一般にとって空間が重要だから、ということのみに端を発する。たとえば衆知のとおり、エピソード的記憶には空間的認知と緊密なつながりがある。

ところが、もっと最近になって、この関係に一層深く踏み込む理論家たちが出てきた。レイコフとジョンソン（Lakoff and Johnson, 1979）のパイオニア的研究に始まり、ヒトは、抽象的諸状況や存在について、きわめてしばしば具体的な空間的関係を用いてメタファー的あるいは類比的に語ることがよく知られるようになった。数例だけ挙げておこう、わたしたちは講義にものごとを盛り込んだり引き出したりすることについて話すし、恋に落ちる。成功への途上にあったりもするし、自分たちのキャリアではどこにも行き着けなかったりする。あるいは、わたしは気持ちがどこかに行ってしまったり、彼女は意識が戻ってきたりなどなど、いくらでもある。ここで論じたいのは単なる表面的なメタファーではなくて、複雑で抽象的なさまざまな状況を概念化する、きわめて基本的なやり方のことだ。ジョンソン（Johnson, 1987）は後続の研究で、わたしたちの思考に浸透していると思われる数々のいわゆるイメージ・スキーマを特定した。たとえば、包含 containment（講義に盛り込み・引き出す）、部分 - 全体 part-whole（わたしたちの関係の基盤）、リンク link（わたしたちは結びついている）、障害 obstacle（わたしの教育の欠如が社会生活を妨げる）、経路 path（わたしたちは結婚への途上にある）である。

諸言語の文法においても、多数の学者が尋常でない空間の突出を指摘しており、中には「空間文法 space grammars」などといったものを作り出す人までいるほどだ。統語論的な格の関係性に関する初期の研究の中にも、格標識の多くが歴史的にはまず、空間的関係を示す語（さまざまな接置詞（adposition））から出現したことを強調しているものがある。タルミ（Talmy, 2003）は、非常に強力な空間的要素を介して文法を構造化するヒトのイメージ・システムを提案した。タルミの中心的スキーマのひとつは、行為者が他の存在に効果を引き起こす（たとえば、投資家の不安が株式市場を暴落させた）ような力動的スキーマ（force dynamic schema）で、もうひとつは、さまざまな経路に沿った多様な架空の動きだ。タルミは、多くの複雑な関係は空間的に表現され、トポロジー的関係性が際立って優勢であることも指摘している。さらに力強いことに、慣習的手話は、前方照応支持から格の役割に至るまで、あらゆる種類の文法的関係性を、空間を利用して描写する（e.g., Liddel, 2003）――ヒトの最初期の言語的慣習が（ここでそういう仮説を立てているように）ジェスチャーのモダリティに属するのであれば、これは重要な点だ。

個体発生の観点からマンドラー（Mandler, 2012）は、子どもたちの最初期の言語は、たとえば生命体の動き、原因のある動き、動きの経路、動きの障害、包含など、主には空間的なイメージ・スキーマのセットによって可能になることを論証している。これらのセットが、行為者がなにかをすること（Slobin, 1985 の操作的活動場面）や、なにかがどこかへ行くこと（Slobin, 1985 の、対象が経路に沿って動く図 - 地の場面）についての子どもの初期の語りにとっての概念基盤となるのだ。これらは、子どもたちが最初に話すことであり、経路に沿った動きにおける基礎的な空間的関係が、あらゆる段階において突出した役割を果たしている。

したがってここでの推測は、ヒトの認知にとって空間が重要であることに関する、その他無数の理由に加えて決定的に重要となる理由は、「その進化の初期段階でヒトは、架空の行為者と行為を伴う架空の空間の中でのジェスチャーによるコミュニケーションにおいて、多くのものごとを他者に向けて概念化したから」というものだ。基本的に、多くのものごとを自発的で非慣習的なジェスチャーによって描写するには、空間の中で、指示対象と出来事とを実演すること以外にすべがない。かくして、ヒトの思考がコミュニケーション——他者に向けてものごとをいかに概念化するようになったか——と緊密に結びついていると考えるのならば、わたしたちがそれを、歴史のうちのしばらくの間、空間における身振りでおこなっていたという事実が、ヒトの認知における空間の際立った重要な役割を説明する長い道のりに貢献することになるかもしれない。

ジェスチャーを組み合わせる

大型類人猿はジェスチャーを組み合わせたり、発声を組み合わせたり、ジェスチャーと発声とを組み合わせることであらたなコミュニケーション上の機能を生み出したりはしない（Liebal et al., 2004; Tomasello, 2008）。しかしヒトは違う。コミュニケーション発達の最初期段階にある幼い子どもや、音声言語・手話に関わらず、慣習的言語に一切触れたことのない子どもでさえも違う（Goldin-Meadow, 2003）。

さまざまな指差しジェスチャー同士を紡ぎ合わせる——場合によってはそうしてもよいのに——何者かがどうして現れなかったのか、理に適った理由は見出せないのだが、これはあまり観察されない。初期段階の音声言語学習者は、自身の初期の言語的慣習を指差しや他の慣習と組み合わせるし、初期段階の手話学習者は映像的／慣習的サインと指差しと組み合わせて生成する（繰り返しになるが、慣習的言語に一切触れていない子どもたちも同様だ（Goldin-Meadow, 2003））。進化的起源の文脈で見れば、個体がなにか——「食べること」など——を身振りで表し、その直後にちょっと考え直して、特定の食物——たとえば、向こうのほうにある果物——を指差した状況を容易に思い描くことができるだろう（要するにこのプロセスは、言語発達初期の「連続的な一語発話」や、ピジン言語の「ブロークンな」発話とよく似ている）。しかしその後、「心的結合」（Piaget, 1952）のプロセスを通して、これらの連続的な思考内容や意図は単一の思考内容や意図へと統合され、単一のイントネーションの輪郭内に収まった単一の発話として表出される。最小限のカテゴリー化スキルさえあれば、たとえば、食べることを表す映像的ジェスチャーの後で自分自身なり他者なりが食べられるなにかを標識的に示すことで成り立つスキーマを形成できるだろう。このように、思考における生成可能性は、この公然化されたコミュニケーション・スキーマに支えられ、増強されているのではないだろうか。

一方で、子どもの言語と同様、初期人類のコミュニケーションにおいても、同一の意図を参照する多様な表出の間に（内部の複雑性に関わらず）機能的連続性があったはずだという点は強調しておかなくてはならない。たとえば、洞窟にヘビがいることを伝えるならば、相手とふたりで洞窟に近づきながらヘビの動きをしてもいいし、（洞窟に近づいていないのならば）ヘビの動きと洞窟への指差しとを組み合わせてもいい——コミュニケーション意図や機能はどちらも同じだ。シンボル的媒体と叙述的媒体とを組み合わせることは、一義的には、あらたなコミュニケーション意図を生み出すのではなく、むしろ既存の意図を構成要素へと分解することなのだ。これは、組み合わせの中で、ひとつのジェスチャーがある状況の一側面だけを典型的に示しているということだ。つまり、洞窟に近づきながらおこなう「ヘビの動き」は、「洞窟にはヘビがいる」ことを伝えようとするものだが、洞窟を指差すこと（あるいは洞窟が映像的に叙述すること）と組み合わされると、状況の他の部分は、他のコミュニケーション装置によって示されることになるため、この「ヘビの動き」は「ヘビ」を示すだけ、ということになる。こういった、機能への焦点化と、状況をさまざまな下位機能を持つ複数の構成要素へと分解することとが、ヒトのコミュニケーションの階層的構成を担っているのだ。

わたしたちは、ジェスチャーを組み合わせることで、正規の命題が備える主語‐述部構成の特性へと向かう道を進み始める可能性をも手にすることになった[10]。そこにはふたつの成分が必要となるが、それらはどちらも、協働活動における指差しに萌芽的なかたちですでに備わっている。第一の成分は、出来事と参与者とを認知上明確に区別することだ。ヒト的なコミュニケーション様式を学習した類人猿でも、サインを組み合わせることで出来事と参与者との区別をつけることができる（証拠として、Tomasello, 2008 を参照）。第二の成分は、共有された（所与の）情報とあらたな情報とを区別することだ。すでに述べたように、指差しにおいてすら、非明示的には、共有された共通基盤（これは通常、指差しジェスチャーによって明確に示されたりしない）と、新奇で言及するに足る状況（叙述的に示される）との区別はついている。しかしこれはあくまで、暗黙のものだ。ジェスチャーを組み合わせる際にしばしば起こるのは、ひとつないしそれ以上のサインが共通基盤に触れるために――そして典型的には、共通基盤を視点あるいは「トピック」として用いるために――使われ、もう一方のサインが新奇な、興味を引く情報を示すために用いられることだ。「誰かがその場で知覚できる指示対象を指差し（て、共有されていることを確認し）、受け手にとって新奇で言及するに足ると考えるその対象のなんらかの側面を映像的なサインで表す」といったことが当てはまる状況は、いくつも思い浮かべられるだろう。

このような全体像を俯瞰して見ると、初期人類は、指差しや映像的ジェスチャーを――単独、組み合わせの両方で――使用して、類人猿よりもはるかに豊かで強力なコミュニケーションをおこなっていたことになる。このあらたなかたちでのコミュニケーションは当初、協働活動の枠内で始まり、インタラクションの当事者たちは、必要となる概念的な共通基盤と、役割や視点をパートナーと交換し合う機会との両方を手にすることになった。我々は共同での協働活動を二層で概念化したが、自然発生的ジェスチャーを用いた初期人類の協力的コミュニケーションには、つまりは、二層のどちらもが必要だったのだ――共有の側面としては、共同のゴールと注意の接続、個別の側面としては、個別の役割と視点。そしてここには言語は必要ではないのだ。コミュニケーション始発者がパートナー次第でものごとの概念化や遠近法主義化のやり方を（共通基盤、関連性、新奇性についての判断によって）さまざまに変え、受け手が社会的な再帰的推論を通じて意図された視点を理解することは、言語が使えるようになった結果ではなく、むしろ言語の前提要件なのだ。

二人称的思考

文化や言語という文脈のもとで現生人類の客観的‐反省的‐規範的思考が花開くまでを追ってきた。道のりの半分まで来たところだ。ここで描き出してきたように、初期人類を再構成することによって、わたしたちは、大型類人猿のように食物や繁殖相手を他者より多く、巧く、早く手に入れる戦略を組むだけでなく、進化的に新しい協働活動や協力的コミュニケーションの様式を介して行為や志向状態を他者と協調しようとする生物を前にしている。かれらは、個別の志向性を介して互いの行為を協調するだけではない。志向性の接続によってもそれを成し遂げる。そしてこのことが、世界に関するかれらの想像のあり方を、思考という行為の中で世界を操るようなものに変えたのだ。

遠近法主義的・シンボル的表象

大型類人猿は、生活の中で繰り返され重要になるさまざまなタイプの状況の認知モデルをスキーマ化している。同様に初期人類も、協働採食をおこなわざるをえなくなった際に、個別の役割を持つ共同のゴールと、個別の視点を持つ注意の接続からなる二層構造の協働の認知モデルをスキーマ化した。協力的コミュニケーションによって、初期人類はそれぞれの個体が、共同活動における相手の個別の役割や視点を前提に、関連性が生じる状況をその相手に向けて公然と示し、シンボル化するようになったのだ。これを実現するために、進化的にあらたなかたちの自然発生的ジェスチャー――指差しと身振り――が生み出された。これらを使うことが、あらたな、革新的な特徴を備えた三つの認知表象へとつながったのだ。

遠近法主義的　ものごとをさまざまな視点から概念化するのはヒトにとってごく自然なことであり、ほとんど避けがたいことに思える――認知は、まさにこんなふうに作用するものなのだ。認知科学においては、通常、さまざまな概念が語によって特徴づけられ、車、乗り物、誕生日プレゼントなどのように、必要に応じて、車道に停められた同じ物体にさえ適用できる。かといってこのやり方が避けがたいわけではない――それどころか、他の個体と同時に同じ物体を「三角測量する」ことができない生物には、可能なことですらないのだ。大型類人猿では、単一の物体に異なるスキーマ的表象を適用することも時にはあるかもしれない――ある場面ではあの木は逃げ道になる、でも別の場面では寝場所になる、というように。しかし、これらの概念化の違いは、その個体のその場でのゴール状態に結びついている――その木について色々なことを知ってはいるのかもしれないが、それらを同時に存在する解釈の選択肢として考慮したりはせず、つまりこれらの選択肢は、ここで我々が定義したような意味での、相互に関連する視点の集まりとはならない（これは、類人猿が、実在しない事物や状況を思い描きながら課題を解決しようとしている場合にも当てはまる。この場面でも、その場での自身の問題状況に狙いを定めていることに変わりはないからだ）。

対照的に初期人類は、他者と協力的なコミュニケーションをはじめると、かれら自身がすでに注意を向けていた状況や事物に対する相手の視点を絶えずとり続けていた（かれらは互いに三角測量をおこなっていたのだ）。さらにかれらは、コミュニケーションをおこなうたびに、ゴールや価値、共通基盤、既存の知識や期待に照らして、受け手にとって関連性を備えた新しいコミュニケーション行為をとらなくてはならなかった。自分のコミュニケーション行為が受け手の生活にどのように組み入れられるのかを考える際、コミュニケーション始発者は、同時に存在する、視点となりうるいくつかの選択肢を検討し、その上ではじめて、そのうちのひとつを具現化すべくコミュニケーション行為を選択する。例を挙げれば、危険を知らせるために洞窟に近づきながら身振りで表すのは、ヘビかもしれないし、脚に噛みついているヘビ、あるいは、単に一般的な危険のサインかもしれない（洞窟に関する共通基盤に照らせば、受け手にはヘビのことだと分かるだろう）。

認知表象の観点から鍵になるのは、コミュニケーション始発者は、自身のゴールや視点に縛られているわけではなく、動能的（conative）・認識的状態を推し量るしかない他者がとりうる、別の視点を考慮していたという点だ。受け手の側からすれば、コミュニケーション始発者のコミュニケーション意図を把握するのに欠かせない仮説形成上の跳躍をおこなうためには、（少なくとも）受け手の視点に関する始発者の視点をシミュレートしなくてはならない。視点におけるこの処理は、初期人類が（類人猿のように）世界を、ただ自身のものとして経験するにとどまらず、少なくともある側面では別の社会的視点から見た同じ世界も同時に経験していたことを意味している。この三角測量プロセスが、いわゆる主観と客観との間に、はじめて、小さいが強力な楔《くさび》を打ち込んだのだ。

シンボル的　映像的ジェスチャーや身振りは、互いの行為を模倣する能力を持ち、通常の道具的文脈の枠外で過去の行為を模倣したりシミュレートしたりさえできるヒトにとってはありふれたものにも見える。しかし、ありふれているなんてとんでもない。これらは、あらゆる霊長類（おそらくはあらゆる動物種）が、受け手が思い描けるようなかたちで出来事や事物を公然化された行為として表象＝再現 *re-present* しようとする際の、第一幕となることなのだ。また、映像的ジェスチャーでは、（我々のストーリーでは、指差しの理解でもすでにそうだが）受け手がコミュニケーション意図を理解する必要があり、つまり受け手は、「実際の道具的行為ではなくコミュニケーション行為」として映像的ジェスチャーを「隔離」できなくてはならない。

意図した指示対象になぞらえたコミュニケーション行為（例：木に登るサルのまねをする）を生成することは、その行為によって、意図された指示対象（「サル」、「木登りという行為」、あるいは「木に登るサル」）が想像の中で呼び覚まされるべきシンボリックな関係を生み出し、この関係は、受け手にコミュニケーション始発者のコミュニケーション意図（「さあ、サルを狩りに行こう」）を推論させることを期待されている。指差しと同様、映像的ジェスチャーも状況を遠近法主義化するが、映像的ジェスチャーが指差しと異なるのは、シンボル的媒体そのものによって分節的に遠近法主義化をおこなう点だ。例を挙げるなら映像的ジェスチャーでは、異なる場面で、まったく同じサルに用いたとしても「サル」と「食物」について異なる映像を当てはめることになる。一方指差しでは、意味論的な重みづけをもたらす協働活動（土地に暮らす動物たちを愛でているのであれ、食物を探しているのであれ）という共通基盤さえあれば、行為（指を伸ばす）は、どちらのケースでも同じものだ。映像的ジェスチャーのもうひとつの重要な特徴は、大部分がカテゴリカルな性質を持ち、いわば、「こんな感じの」ものごとや出来事、状況を、概念化したり遠近法主義化するのに用いられることだ。つまり、どんな身振りで他者に見せるかを選択する際に、コミュニケーション始発者は、他の視点の可能性を排して、ある特定の視点から、カテゴリカルに状況を解釈しているのだ。

疑似‐命題的　ジェスチャー同士を組み合わせてひとつのコミュニケーション行為に仕立てることによって、指示される状況は「出来事‐参与者」のような構造に解析され、このことが個々のジェスチャーの意味論的領域を限定する。つまり「槍への指差し」と「サルの身振り」とを組み合わせることは、願望である「狩りに出かけること」を、それまで以上に分節的に表すことになるが、そうすると「サル」のジェスチャーは、「狩りに出かけること」全体でなく、「サルそのもの」だけを限定してシンボル化することになる。この解析は、「共通基盤（トピック）の知識を背景に用いる」および「新奇の情報（焦点）について明示的にコミュニケーションをおこなう」というすでに確立済みの傾向を組み合わせることで、コミュニケーション行為における萌芽的な（完成形に至る過渡的なものとなる）主語‐述部構成を生み出す。（興味深いことに、ヒト的なコミュニケーション・システムを用いながらヒトに育てられた大型類人猿は、出来事‐参与者の区別は普通におこなうが、トピック‐焦点の区別はしないし（注意やトピックの焦点を共有するという観念はかれらにはないので）、複数のユニットからなるコミュニケーション行為を主語‐述部で組み立てることもない（Tomasello, 2008を参照））。はっきりと区別されたふたつの動機（要求と情報伝達）にお誂えの、あらたな協力的コミュニケーションへの動機が加わることで、情報伝達の力と内容との萌芽的な区別が生まれたのだ。

初期人類の協働と協力的コミュニケーションとの出現によって、今度は、（大型類人猿にもあるような）タイプ‐トークン様式での経験の認知表象が「協力主義化」されることになった。注意の接続と共通の概念基盤とによって、インタラクションをおこなう個体同士は、同一の出来事や事物、状況を、さまざまな視点から同時に概念化することができた。カテゴリー的映像的ジェスチャーや、トピック‐焦点構成を伴うジェスチャーの組み合わせの中でこれらの視点をシンボル化することは、力‐内容の区別の兆しとともに、視点自体をまた、原初的なかたちで命題的にもした。このプロセスは、世界に関する個体の経験を効果的に脱文脈化する（協力主義化する、あるいは自己中心性を弱める）ように思える。というのも、このプロセスのもとで個体は、コミュニケーション相手にとっての状況を表象するシンボリックな叙述を決定することになるからだ。経験という卵に入ったこの遠近法主義的なヒビによって、わたしたちは、ある意味で「客観的」な思考を内に抱くことになる。

社会的な再帰的推論

社会的な再帰的推論――わたしがなにを考えていると相手が思っているかがわたしには気になる――は、（繰り返しになるが）ヒトにとってあまりに自然なものでありすぎて、ほとんど耳目を集めない。大型類人猿は経験に関する推論をおこなう――物理的・社会的状況の原因と結果についてシミュレーションをおこなう――ものの、「（大型類人猿）自身が考えていること」について他者が考えていることを推論したりはしない。そのような推論は、初期人類がゴールや注意の接続を伴う協働活動において他者と行為や注意を協調しようとすることで始まったが、完全に花開いたのは、初期人類が、協力的コミュニケーションにおいて志向状態と視点とを他者と協調しようとするようになってからのことだ。

共同での協働活動に際しては、初期人類のコミュニケーション始発者は、（全般に協力的であろうとすることから生じる）正直さとコミュニケーションの効力とをゴールとしつつ、受け手に向けた自身のコミュニケーション行為をいかにうまく定式化するかについて考える（シミュレートする）ようになった。正直さに関心を持つことは――特に、受け手が「認識的に用心深く（epistemically vigilant）」（Sperber et al., 2010）なってきたことを考慮すれば――、わたしたちをコミュニケーション行為の真理値へのコミットメントに向けて導くことになる。コミュニケーション効力に関心を持つには、コミュニケーション始発者と受け手との双方が相手の視点を予期することが不可欠であり、このことで、パートナーの一方の志向状態をもう一方の志向状態の中に埋め込む社会的な再帰的推論が不可欠になった。加えて、他者に向けてジェスチャーを公然と組み合わせて生成することは、いったん組み合わせがスキーマ化されると、目の前にない、さらには事実に反する営為の状態に関してまで実りある推論をおこなう、これまでにないあらたな可能性が切り拓かれることになった。初期人類の推論はこうしてふたつの革新的な特性をあらたに示すようになったのだ。

社会的に再帰的　初期人類のコミュニケーション始発者たちが社会的な再帰的推論を始めたのは、そもそもどうしてなのだろう。簡潔に答えるならば、初期人類は、コミュニケーション始発者は協力的な動機を備えているという共通基盤を共有し、受け手の理解という共同のゴールに向けて協働したのだ。これに関連して、かれらは——共同での協働活動では常にそうであるように——互いに援助し合おうとし、ということはつまり、自身の考えていることについて他者が考えていることをシミュレートしていた。また、指差しや身振りは単体ではコミュニケーションの媒体としてかなり脆弱なため、コミュニケーション始発者のコミュニケーション意図を再構成するには、常に、少なくともある程度の推論上の跳躍をおこなわなくてはならない——そのためほぼ常になんらかの援助がどうしても必要だった。

かくして、受け手が（自身の利益のために）ある程度のことを理解していることをコミュニケーション始発者が前提とするようなコミュニケーションの形式が生まれたのだ。受け手もこれを理解しているため、たとえば、バナナがそのバケツに入っていることをわたしが知ることを始発者は意図していいるということを理解できた。コミュニケーション始発者の側も、自分がそのような意図を持っているという事実を知らせて手助けすれば、受け手はそういった推論をおこなうだろうこと（コミュニケーション始発者が自分になにかを知ってもらいたがっていることに受け手が気づいている、というグライス的コミュニケーション意図）を理解していた。これはグライス的な分析にあるような単一の多層的に埋め込まれたコミュニケーション意図というわけではなく、むしろ、ムーア（Moore, in press）が論じているような、単層で埋め込まれたふたつの意図だ――このコミュニケーション行為があなたに向けられていることにあなたが気づいてくれるように、とわたしは意図している、そしてまた、バナナはバケツの中にあることをあなたが理解することを、わたしは意図している。とはいえ、この第二の意図における単層の埋め込みはすでに、大型類人猿に可能な範疇を超えており、再帰的推論のあらたな様式（コミュニケーション始発者が、コミュニケーション行為を受け手が十分に理解可能なものに定式化する――ボールを投げつけるのではなくパスする――ために受け手の志向状態をシミュレートする際に生まれる生成バージョン）ということができる。

組み合わせ的　公然化されたジェスチャーを用いてコミュニケーションをおこなうこと、とりわけ、複数のジェスチャーを組み合わせてより複雑なコミュニケーションをとることで、生成的な思考のあらたなプロセスが可能になった。大型類人猿だと、自然発生的コミュニケーションを交わす際に複数のジェスチャー（や音声）を組み合わせてなにかあらたにコミュニケーションをとったりすることはない。かれらの思考は、一部をあらたに組み替えた過去の経験を使って新奇の状況を想像するにとどまるのだ。しかし初期人類は、ひとたびジェスチャーを組み合わせてコミュニケーションをおこないその組み合わせをスキーマ化するために他者の視点から状況を想像するようになると、自身の経験を超えて、他者が経験しうることや、実際には不可能なことについてさえ考えを巡らせる可能性を手にした。例を挙げれば、わたしが、ある場所を指差した後で「旅」を示す映像的ジェスチャーを生成したとしよう。これは、どんな場所にも一般化できる。このスキーマを通したなら、わたしたちの子どもが太陽へと旅する——わたし自身は因果的に不可能だと考えている——ことを想像したり伝えたりすることも可能だろう。こんなふうに抽象的スロットがついたコミュニケーションの構文をスキーマ化しはじめた時に、ヒトは、ほぼ無限の組み合わせの自由度を生み出したのだ。コミュニケーション行為におけるスキーマ形成と、コミュニケーション意図を別個の構成要素へと解析する作業とは、慣習的言語における現生人類の思考の「推論のごった煮」的とも言える特性に向けた大きな一歩だ。

外的なコミュニケーション媒体を経由することは、これまでにない、現実に反しさえする思考が生み出される可能性を拓くだけではない。多くの理論家はこの外的媒体が、個体が自身の思考を再帰させる上でも不可欠な役割を果たしていると強調してきた（e.g. Bermudez, 2003）。公然化されたコミュニケーション行為を立案し、生成の際に自分で知覚・理解するのだから、事実上それは、自身の思考を再帰（内面化され、公然とコミュニケートしうるものごとについて思考を巡らせることができるようになるプロセス）させていることになる。この時点でのジェスチャーの組み合わせの意味論的内容は限定されたものでしかない（論理的な語彙でもなければ命題的態度を示す語彙でもない）ため、初期人類が自身の思考について再帰できたのは、かなり限られた範囲でしかなかった。

さらに、初期人類の協働と協力的コミュニケーションの出現によって、大型類人猿の因果推論は、認知表象と同じように「協力主義化」された。つまりコミュニケーション始発者の推論は「受け手の視点から見た状況はどんなものだったか」についてであり、受け手の推論は「コミュニケーション始発者の視点を受け手がどのようにシミュレートしているとコミュニケーション始発者がシミュレートしているか」というものだということだ。シンボル同士の公然化された組み合わせは、特にそれがスキーマ化されると、新しく多様なこと、さらには現実に反することについてさえも思考する可能性を導き、また、ごくささやかとはいえ、自身の思考を再帰させることをはじめて可能にした。これらのあらたな推論がすべて可能になったおかげで、真の意味で反省的で熟慮的な思考プロセスへの道が拓かれることになったのだ。

二人称的自己モニタリング

大型類人猿は自身のゴール指向的行動を、記憶や意思決定といったものに関わる心理学的土台まで含めて自己モニタリングする。かれらは「道具的圧力」を経験している。例を挙げれば、あるものを食べたいというゴールがあってその食物は場所Xにあることが分かっていたとすれば、場所X

に「行かなくてはならない」ということになる。しかしこれは、個別の志向性による制御システムの働き――ゴールと知覚された現実とのミスマッチが行為を動機づける――にすぎない。対照的に初期人類は、他者の視点からの自己モニタリングをおこなうようになり、他者がどのように評価するかをこころに抱きながら自身の行動上の決断を自己制御した。ここに至って我々は、社会的に制御されたもの、つまり（行為者中立的ではなく）二人称的ではあるが社会規範的なものについて議論ができる。ここで発現したものはふたつある。

協力的自己モニタリング　第一に、初期人類の協働活動は相互依存的でパートナー選択で成り立っていたため、個体それぞれが（最優位な個体であっても）、他の個体それぞれの力を（最劣位個体であっても）考慮して、協働の機会から排除しなくてはならなかった。初期人類はこのようにして、協力にあたっての他者の性向に評価判断を下すだけでなく、他者が自身に下しているであろう評価判断をシミュレート、つまりは見越す能力を発達させたのだ。ヒトの子どもは、就学前から、他者が下す社会的評価を気にして、自分の印象を能動的に操作しようとする（Haun and Tomasello, 2011）が、チンパンジーはそれほど気にしないようだ（Engelmann et al., 2012）。

初期人類が、協働のパートナーからどう見えているかについて抱いていた関心――およびこの印象を能動的に管理しようとする企図――は、潜在的なパートナーが下しそうな評価を調整しようとする、あらたな動機を生み出した。こうして個体は、自分自身よりも二人称的な他者の評価に重きを置くようになった。これらの評価が将来的な協働の機会を決めることになるからだ。規範性の観点からすれば、行動の決断ににあたってヒトは、個別的な道具的圧力だけでなく、社会的に関わっている相手からの二人称的な社会的圧力も経験していたということだ。本書においては、これが、後に道徳性という社会規範になるものの起源のひとつになる。

コミュニケーション的自己モニタリング　第二に、初期人類のコミュニケーション始発者は、受け手の理解を促進せんがために、受け手にどのように理解・解釈されるのかを見越しつつ、自身がとりうるコミュニケーション行為についての能動的な自己モニタリングをおこなわなくてはならなかった。つまり、受け手の視点から、とりわけ分かりやすさの観点から、コミュニケーションプロセスの自己モニタリングをおこなったのだ。

ミード（Mead, 1934）は、公然性がここでの鍵であることを指摘した。公然化された行為（直示的であれ象徴的であれ）によって他者とコミュニケーションをおこなう際、初期人類は自身のその行為を見たり聞いたりする。そして、それらの（他者の視点で遠近法主義化された）行為を受け手として理解することになったのだ。コミュニケーション始発者はこのようにして、協力的コミュニケーションという協働行為へのコミットメントの一環として、自身のコミュニケーション行為を調整し、受け手の理解を最大化した。このような調整をおこなうには、自己モニタリングとコミュニケーション行為の分かりやすさについての評価とを、具体的なコミュニケーション相手の視点からおこなうことが必要で、それぞれが、相手固有の知識と動機、そしてコミュニケーション始発者との共通基盤に基づいていなくてはならない。本書においては、これが、後に合理性という社会規範になるものの起源のひとつになる。

ここで我々が描いている初期人類は、二種類の、協力的でコミュニカティブな自己モニタリングをおこなうことができたことだろうが、これは大型類人猿には見られない――そういった社会的自己モニタリングを生じさせる共同での協働活動や協力的コミュニケーションといったものがないのだから。初期人類は、他者が自身に下してくる評価判断を、協力上の性向に関しても（道徳性規範の先駆体だ）、そして自身のコミュニケーション行為の分かりやすさに関しても（合理性規範の先駆体だ）、シミュレートしていた。重要なのは、ここで論じている評価は、特定の個体（たち）によって下されるものであって、現生人類が他者や自分自身を評価する際の行為者中立的で「客観的」な規範に至るにはまだ隔たりがある点だ。とはいえ、個体の思考が社会規範化されるプロセスの緒には就いたことになる。

遠近法性――ここからとそこからの眺め

認知について言えば、ヒト以外の霊長類と他の哺乳類とをもっともはっきりと分かつのが社会的認知の複雑なスキルであるということは、いまでは広く受け入れられている。たとえばダンバー

(Dunbar, 1998) は、霊長類の脳のサイズ〔大脳新皮質率〕は、物理的な生態環境でなく、(社会の複雑性の近似としての) 社会集団サイズともっとも強く相関することを立証した。しかし霊長類が持つ社会的認知の特殊なスキルは主に競合に的を絞ったもの (つまりマキャベリ的知性) であり、集団内の (食物や配偶相手をめぐる競合に影響しうる) ありとあらゆる優劣関係や親和的関係の動静を追うものだった。

かくして、ここで我々があきらかにしてきたヒトに独自の認知と思考のスキルも、やはり競合に向けて出現したのだろうか、という疑問が生じてくる。進化的機能 (究極要因) のレベルでは、進化上の成功とは他個体よりも多くの子を残すことなのだから、答えはほぼ当然のこととして「イエス」だ。しかし近接メカニズムのレベルでは、遠近法主義的な認知表象や社会的な再帰的推論、社会的自己モニタリングが、競合的文脈から直接出現したようには思えない。理論上は、ある種の読心における軍拡競争で競合的状況に対処していると考えることは可能だ。競合においても個体は、わたしと競合者がどちらも同じ資源に同時に注目している (注意の接続？) ことに気づき、わたしが考えていることについて相手が考えていることについて考えることでその資源に関して相手を打ち負かそうとはできるだろう。しかし、競合からだけではどうしても引き出せないのが、ヒトがおこなう、独自のかたちをとるさまざまな協力的コミュニケーションだ。他の霊長類と異なり、ヒトはコミュニケーション行為を使って、他者に自分の思考を認識させようとする。さらにヒトのコミュニケーション始発者は、他者の視点を取得して相手のゴールや興味を見定め、そのおかげで助けになるようなことを知らせることができる。かたや他者の側もこの有用な情報を必要としているので、コミュニケーション始発者がゴールや興味を認識できるように、そして始発者が受け手の知識や期待を認識してコミュニケーション行為を理解しやすく組み立てられるように、最大限の援助をする。大型類人猿では見られないが、ヒトだけは、コミュニケーションにおいて協働し、自身の視点を他者が取得し、必要とあらば、他者が操作することさえできるようにするのだ。

似たような協力的プロセスでとりわけ教えられるところのある事例は、ヒト独自の身体的特徴に関するものだ。二〇〇種類以上の霊長類中、視線方向がきわめて視認しやすいのはヒトだけだ（白い強膜が特に露出しているためだ。Kobayashi and Koshima, 2001）。そしてヒトだけが、この情報を利用する。頭部方向と視線方向とを対比したさまざまな条件でテストした結果、ヒト一二ヶ月児は他者の頭部方向よりも視線方向を追視したのに対し、大型類人猿は頭部方向のみを追視したのだ（Tomasello et al., 2007b）。ヒトが視線という顕著な手がかりを進化させるには、自身の視線方向を他者に「公示する」個体になんらかの利益があったはずだ。つまり、この情報を競合的／搾取的ではなく、協働的／援助的に用いて他者に頼るような、大部分が協力的な状況があったと考えられる。重要なのは、同様に、ヒトのコミュニケーション行為も個体の内的状態を「公示」していることであり、つまり、同タイプの協力があった（たとえば「果物が欲しいな」といった協力的要求は、願望というわたしの内的状態の「公示」であり、「あそこに果物があるよ」といった情報提示的発話は、役立つ情報を公的に提供していることだった）と考えられる。このタイプのコミュニケーションは、根本から協力的な文脈でない限り、適応的に安定にはなりえないし、また、「志向性の接続」における真にヒト的なスキルは、競合の文脈のみからは進化しえない。

ヒトとヒト以外の霊長類との最後の共通祖先が、ほとんどの場合、価値ある資源をめぐっての集団の他メンバーと競合するために、個別的に思考し、個別的なゴールを追っていたことには疑いの余地がない。この過程で、そういったゴールに関連性を持つ状況へと注意を向けることになったのだ。初期人類は――採食生態の変化に伴い――共同のゴールを求めて他個体と二項的に連携し合うようになり、その共同のゴールに関連性を持つ状況への注意を接続し合った。協働への参与者は各々が、インタラクションのユニットの一部としての状況について個々それぞれの役割と視点を持っていた。この二層構造――接続性と個別性の共在――こそが、我々が志向性の接続と呼ぶものの規定する構造であり、これに続くヒトでの志向性の共有発現の基礎を築くものなのだ。

問題になるのは、共同のゴールの捌き方と個々に異なる役割調整との両方について、協働活動がさらに複雑になった際にこれらをどうやって協調させるのか、という点だ。それを解決するのが協力的コミュニケーションなのだ。初期人類は指差しによって、自身の協働相手の注意を関連性のある状況へと向けさせたが、これには、その相手の視点を取得し思考をシミュレートする必要があった（仮説形成上の跳躍という意味では、相手はさまざまな任意のコミュニケーション行為をとりうるだろう）。理解する側としても、受け手は、受け手自身の視点を取得しているコミュニケーション始発者の視点を取得しなくてはならなかった――このことが、社会的な再帰的推論のあらたなかたちとなったのだ。初期人類の、相手が自身を分かってくれているかどうかという関心が、コミュニケーション行為の理解可能性について相手が下すであろう評価を介しての社会的な自己モニタリングを導くことになった。

これらすべてを通じて認知の面で乗り越えなくてはならない大きな課題が、自身の視点を協働相手の視点と協調することだ。かくして初期人類は、強い協働性を生み出すべく取引と交換をおこなううちに、インタラクション相手とのコミュニカティブな視点の取引と交換——そこには自身の視点もある程度再帰的に含まれる——をおこなうようになった。そしてこれが、ヒトの認知表象と推論に、あらたな柔軟性と力をもたらしたのだ。初期人類は、自身から見た世界だけでなく、同時に他者の視点からも世界を見ることができるようになった。そこには、相手の視点から見た自分の視点も含まれていたことだろう。初期人類には、大型類人猿的な「ここから」の眺めだけでなく、「ここから」と「そこから」が共在する眺めが備わったのだ。

この初期人類が何者だったのかははっきりとは分からないが、約四〇万年前に、緩く構造化されたバンド〔原初的な社会的組織〕や協働を繰り返すパートナーのプールを作って暮らしていたホモ・ハイデルベルゲンシスを考えてみてもいい。ハイデルベルゲンシスは、十全な客観的・反省的・規範的な思考を現生人類のようにおこなっていたわけではない。かれらの思考は「客観的」というよりは、まだ「わたし」「あなた」の二人称的視点に縛られたものだった。思考の再帰性もごく弱く、志向状態や認知上の操作をコミュニケーション媒体によって外部に表現することもほとんどできなかった（同様に、意味論的内容を生成したり理解したりというのも、ごくわずかしかできなかった）。社会規範についても、かれらの思考はパートナーがどのように自身の協力行動を評価し、コミュニケーション行為を理解してくれるかに関心を払うという意味に限ってのことであって、集団の規範に照らしてということではなかった。現生人類の集合的志向性や、そこに備わる客観的‐反省的‐規範的な思考とはまだある程度の道程があったことは疑いの余地がなさそうだ。しかし我々としては、初期人類における志向性の接続と、そこに備わる遠近法主義的‐再帰的‐社会的にモニターされた思考という「中間的な」ステップが、現代的段階に至る上で必要であったことは主張しておきたい。というのも、現生人類への移行とは、すなわち文化的諸慣習を生み出すことに尽きるのだ。もしも文化的慣習に協力的な方向性があったとしたら（実際のところ、ほぼ例外なくそうだった）、なんらかのきわめて強い協力傾向が、慣習化を進めた個体たちにすでに存在していたとみなさなくてはならない。

というわけでまとめよう。初期人類における協働活動と協力的コミュニケーションとは、ある意味では、大型類人猿的な生活様式・思考の二人称的な「協力主義化」にほかならない。しかしこれらの、進化的にあらたなかたちでの二人称的インタラクションには、特定の場面に限定された特定の他者との関与の接続が見出され、またその特性は、協働活動そのものとかけ離れたものではなかった。かくして、志向性を接続した生活・コミュニケーション・思考が示す大幅な跳躍によって前に進みはしたものの、次のステップでは、この「協力主義化」された認知と思考を引き受けて（ほぼすべてを慣習化、制度化――そして規範化、客観化――することで）「集合化」しなくてはならないことになる。

第四章　集合的志向性

わたしが実際なにを考えているかと誰かがこう考えるはずだという思考を関連づける、共有される基準としての正しさや関連性と無関係の思考は存在しない。

ウィルフリド・セラーズ *Philosophy and the Scientific Image of Man*

現生人類の社会はふたつの次元から描き出せそうだ。ひとつは、その共時的な（synchronic）社会的組織だ――そもそも、協調的な社会的インタラクションの集まりが、ひとつの社会を可能にしている。これまで見てきたように初期人類は、協働採食の行為を、緩やかに構造化された協力者プール内の特定の他者との間で協調してきた。しかし現生人類となると、はるかに複雑な社会的組織を伴う、はるかに大きな社会集団、つまり十全な文化的組織へと規模を拡大する必要が生じる。現生人類は特定の自文化集団に同一化し、集団の仲間とともに多様な文化的慣習や、規範、個人的レベルではなく文化的な共通基盤に立つ制度を創り出すことによって、文化的な存在になった。現生人類はこうして、徹底的に集団指向性を持つ個体の集まりになったのだ。

現生人類社会が持つふたつめの側面は、世代間に渡る通時的な（diachronic）スキルと知識の伝達だ。初期人類の生活においても、発明の難しい、道具を基盤とした生存のためのさまざまな活動がより一層複雑化し生存に不可欠になっていく中で、いろいろな社会的伝達が（ある種の類人猿の生活の中でと同じく）重要だったことに疑いの余地はない。しかし現生人類となると、累積的文化進化を支える、成熟した文化的伝達へと規模を拡大する必要が生じる。これには、現生人類が、（初期人類においてそうだったのと同様に）他者を観察することで道具的行動を獲得するだけにとどまらず、その集団の行動と諸規範に能動的に従い、さらには、教えることと社会規範の強要とを通して、他者に同調を強要することすらも必要となった。

ヒトの社会性をめぐるふたつの側面におけるこれらの変化が組み合わせが、まったく新しい文化的現実をいくつか創り出すことになった。その変容プロセスこそが規範化であり、これには、個体同士があるひとつの首尾一貫したやり方をすることに暗黙裡に「同意する」（他のみんなもそうしている限り、誰もが、これをこういう風にやりたがる）といった協調的（coordinative）要素と、このやり方が、同じように協調したがっている他者にコピーされる前例になるという伝播（transmitive）の要素とがどちらも備わっていた。その結果を、文化的習慣（cultural practices）と呼んでもいいだろう。そこでは各個体が、集合的に記憶されている文化的慣習・規範・制度を通じて、事実上、自文化集団全体との相互調整をおこなう。コミュニケーションにおいてはこれはもちろん言語的慣習ということになり、協調的機能が果たされるのは、ひとえに、言語的慣習がその集団の文化的共通基盤における「合意」として存在するからこそなのだ。

思考について言えば、初期人類は、遠近法主義的認知表象、社会的な再帰的推論、社会的自己モニタリングを通して、思考の中で操作すべく世界を思い描き、これが、特定の他個体たちと相互調整をおこなう前提となった。しかし、集団指向的で言語能力を持つ現生人類は、自集団の誰とでも、つまり、ある種の包括的な他者との相互調整をおこなう用意ができていなくてはならかった。これは、現生人類ひとりひとりが、「客観的」表象（誰のものでもありうる視点）、（誰に対しても説得力のある）論拠を備えた反省的推論、規範的自己統治を通して、思考の中で操作すべく世界を思い描き、集団の（誰にでもあてはまる）規範的な期待との協調をおこなうようになったことを意味していた。そして、これらの集団指向的な操作と思考は、ただ単に特定の一時的な協働的インタラクションの瞬間だけに存在したのではない。むしろ、現生人類が個体発生の過程で文化集団の有能な成員になる中で、ヒトのマインド・セットに永続的に刷り込まれることになったのだ。

では、まず、ヒトの文化的組織の中であらたなかたちでの協働、そして、文化的生活を協調するためのあらたなかたちでの慣習的言語コミュニケーション、さらにその結果として、文化的生活が求める、あらたなかたちでの行為者中立的で規範に支配される思考、を、もういちど眺めてみよう。

文化の発生

クジラからノドジロオマキザルまで多くの動物種が、なんらかの社会的学習を必要とするような、さまざまなかたちでの社会的伝達をおこなっている。ヒト以外の動物でもっとも文化的な種は間違いなく大型類人猿、特にチンパンジーとオランウータンだ。野生環境での観察から、この二種についてはかなり多くの集団特異的な行動が記録されており、それらは集団内で長期間存続していて、また、社会的学習が関与している可能性がきわめて高い（Whiten et al., 1999; van Schaik et al., 2003）。実験研究でも、この二種では、たとえば新奇な道具使用の学習などである程度の社会的学習のスキルが示されており、このスキルが、野生においてもその集団特有の文化的パターンを生み出していると考えていいだろう（総説としてWhiten, 2010を参照）。

とはいえ、大型類人猿の文化はヒトの文化とは違う。トマセロ（Tomasello, 2011）は、類人猿の文化を、主として「搾取的」なものだと述べた。個体が、自分が観察されていることに気づいてもいない他の個体から社会的な学習をおこなうからだ。対照的に、現生人類の文化は、根本的に協力的だ。おとなたちは利他的で、積極的に子どもたちに教えるし、子どもたちは積極的におとなたちに同調し、それがその文化集団に協力的に順応するひとつの道筋になっているからだ。仮説となるのは、この協力的な文化としての形態が、初期人類の高度に協力的な生活形態という中間ステップによって可能になったものであり、大型類人猿的な社会的学習を真に文化的学習に変容させたのだ、というものだ。教えることは、他者に役立つよう情報を提供するという協力的コミュニケーションから基本的構造を借用しているし、同調は、自集団の規範的期待と協調しようとする欲求に裏づけられた模倣と言える。現生人類は、なにもないところからすべてをはじめたわけではなく、初期人類の協力からスタートした。ヒトの文化は、初期人類の協力の大規模版なのだ。

集団への同一化

初期人類に特徴的な、小規模の場当たり的な協働採食は、ひとつの安定的適応戦略だった——しばらくの間は。トマセロら（Tomasello et al. 2012）の仮説では、それが不安定になったのは、ふたつの、本質的には人口統計学的な要因による。

第一の要因は、他のヒトとの競合だ。つまり、協働する者同士のゆるやかな集まりが、侵入者たちから自分たち自身の生活を防衛するために、真っ当な社会集団へと変わらなくてはならなかった。初期人類のゆるやかな社会集団は、集団の生存を目指すという共同のゴール（集団の各成員が、採食、闘争の双方において協働的複数のパートナーとして、自集団内の他者を必要とする）と、この目的に向けた労働の役割分担とを備えた、凝集性のある協働的集団へと変容するという圧力のもとにあったのだ。初期人類の小規模の協働では、これは、集団の各成員が互いに助け合うよう動機づけられることを意味していた。というのもいまやかれらは、常に互いに相互依存的になっていたからだ

——「わたしたち」は一緒に「かれら」と競合し、「かれら」から「わたしたち」自身を守らなくてはならない。こうしてひとりひとりが、集団全体を取り囲む「わたしたち志向性」に基づいて、自らを、ひとつの特定の集団的アイデンティティーを持つ、ひとつの特定の社会集団——ひとつの文化——の成員だと理解しはじめたのだ。

第二の要因は、集団サイズの増大だった。個体数が増えるにつれて、ヒトはより小さな集団へと別れていく傾向にあり、多数の異なる社会集団が、単一の超・集団あるいは「文化」に属するようないわゆる部族組織へと至った。すると、自文化に属する他者たちを認識することが些細なことではなくなり——また当然ながら、わたしたちにもその他者たちがわたしたちを同じように認識してくれることを担保する必要が生じた。このような双方向的な認識は重要なものだ。というのも、自文化集団のメンバーだけが、わたしたちのスキル、価値観等々を共有する相手として当てにできる、つまりは、よき、信頼の置ける協働のパートナーたりうるからだ。現代の人類には、集団アイデンティティーを示すための多種多様な手段があるが、もともとのかたちは、主に行動上のものだっただろうと考えることができる。わたしたちとおなじように話し、わたしたちと同じように食物を用意し、同じならわしで網漁をする人々——つまり、文化的習慣をわたしたちと共有している人々——は、まず間違いなく自文化集団のメンバーと考えてよいのだ。

かくして、初期人類のさまざまな模倣スキルは現生人類の能動的な同調へと変わり、より効率的に内集団の見知らぬ他者と活動を協調するとともに、知識があって信頼の置けるパートナーとして他者が自分を選んでくれるように集団的アイデンティティーを示すことにもなった。他者、特におそらく自身の子どもたちにものごとのやり方を教えるのは、かれらが集団内で機能を果たすのを補助するよい手段になったし、そのプロセスにおいてより一層の同調を担保する手段にもなった。そして、教えることと同調とは、「ラチェット効果（ratchet effect）」（集団内での文化的習慣が変更されると、新しいよりよい技術を誰かが発明するまではかなり忠実に維持されるが、ひとたびあらたな技術が生み出されると、また別のあらたな改革がラチェットとなってことを動かすまで、そちらが教えられ、遵守されるようになる）（Tomasello et al., 1993; Tennie et al., 2009; Dean et al., 2012）によって特徴づけられる累積的文化進化へとつながる。トマセロ（Tomasello, 2011）は、大型類人猿の社会にはラチェット効果や累積的文化進化が見られないと指摘した。なぜなら、類人猿の社会的学習は本質的に搾取的なものであって、ヒトで見られるような、教えることと同調とを介して、それが逆行してしまうのを防ぐラチェットになるような、協力的な構造を持つものではないからだ。

現生人類に特徴的な、あらたな集団アイデンティティーの感覚は、このように、自集団内の他者に空間的に拡張されるだけにとどまらず、集団の先祖や子孫へと時間的にも拡張された――「わたしたち」は常にこうやってきたのだ、これは「わたしたち」のあり方の一部なのだ、と。さまざまな文化的習慣が世代を超えて協力的に（おとなたちは利他的に教え、若者たちは信じて疑わず、さらに同調して）伝えられたことの累層が成し遂げたのが、「わたしたち」が、（過去、現在、未来の）わたしたち皆が関わる（ちょうど初期人類が、その場で起こっている小規模な協働に関わったのと同じように）永続的文化となったことだ。ヒト集団はこうして、協働する者同士の緩やかな構造を持った集まりを超えて、自身の「歴史」を持つ、自己を確立した文化になったのだ。繰り返すが、こういったことが正確にいつ起こったのかは、わたしたちのストーリーにとって重要ではない。しかし、ヒト文化の明確な兆候の数々が現れるのは現生人類であるホモ・サピエンス・サピエンスの出現とともに、古くとも、およそ二〇万年前以降のことだ。

ヒトが、自身の集団を相互依存的な個体群から成る「わたしたち」であるとみなすこと――ヒトが、自集団と同一化すること――は、確立された心理学的な事実だ。根源的なこととして、ヒトは著しい内集団／外集団心理を備えているが、これは、あらゆる可能性を鑑みても、この種に独自のことなのだ。数多くの研究が、ヒトがあらゆるかたちで、他のいかなる外集団よりも内集団を好むことを示しており、また、内集団における評判を、いかなる外集団における評判よりも気に掛ける(Engelmann et al. 2013)。さらには、他集団出身の他者を、(類人猿や初期人類がそうするように)単に見知らぬ者と考えるのではなく、相容れない、しばしば軽蔑するようなかたちをとりながら、特定の外集団のメンバーとみなす。集団への同一化をめぐるもっとも驚くべき現象は、集合的な罪悪感、恥辱、プライドだろう。自集団のある個体がなんらかの目立ったことをすると、他の個体たちも、基本的には、もし自分自身が同じことをしていたら感じるであろうように、罪悪感を感じたり、恥じ入ったり、あるいは誇りを感じたりするのだ(Bennett and Sani, 2008)。現代の世界でも、こうした集団的アイデンティティーや集合的罪悪感、恥、誇りといったものは、民族アイデンティティーや、言語アイデンティティー、集合的責任感などをめぐる葛藤の中に、非常に明確に見出すことができるし、スポーツ・チームをファンが支持するといった些細な現象にも見出すことができる。我々の知る限り、大型類人猿にはこの集団アイデンティティーという感覚は一切備わっていないし、初期人類にも備わっていなかった。

つまりここで考えられるのは、集団サイズとヒト同士の競合とが増加するとともに、ヒトの集団の成員は、自身と（既知・未知、現在・過去を問わず）自集団の仲間とを、他のヒト集団との競合を生き抜き繁栄することを目指す、ひとつの大きな、相互依存的な協働活動への参与者だと考えるようになったということだ。集団の成員は、特定の文化的習慣によってごく容易に特定できたし、教えることとその集団の生活様式への同調とは、このプロセスの重要な要素になった。これらのあらたなかたちでの集団指向性が、集団全体にわたる文化的慣習・規範・制度として具現化される、ヒトの社会生活の集産主義化（collectivization）とでも呼ぶべきものを導き——それがまたもや、ヒトの思考のあり方を変容させたのだ。

慣習的な文化的習慣

集団への同一化が意味するのは、ひとつひとつのヒトの集団ごとに、独自の慣習的文化的習慣のセットがあるということだ。慣習的な文化的習慣とは、「わたしたち」がおこなうこと、文化的共通基盤としてわたしたちが皆そうすると知っていること、そして、文化的共通基盤として、わたしたち皆が互いに、適切な状況になればそうするだろうと考えているものごとだ。したがって、協調すべく慣習化された計量方法が存在するような公開の食料交換市場に、わたしが、自分のハチミツを慣習化されていない容器に入れて現れたとしたら、他の商人たちはわたしと、どれだけの量があるか分からないわたしのハチミツとをどうしたらいいのか分からなくなるだろう。慣習化された文化的諸習慣があることで、逸脱はそれ自体が罰せられるのではない。ただ外部に放置され一瞥されるだけなのだ。また慣習の中には、無視することが許されないものもある。この服は着てもよい、あれもかまわない、あるいは全裸でも構わない、が、なにかしら着るのであれば、それは、集団内の他者の期待に同調するか違反するかというひとつの文化的選択になるのだ。

この時点での共通基盤は、初期人類が協働活動をおこなうにあたって互いに構築した二人称的共通基盤とは異なり、クラーク（Clark, 1996）が文化的共通基盤と呼んだもの——つまり、その集団内の者なら誰もが、たとえ個人としては一緒に経験していなくとも、わたしたち皆が知っていると分かっているものごとだ。現にチウェ（Chwe, 2003）は、文化における公的行事の主たる機能とは、族長の戴冠であるとかその娘の結婚式といったようなことが公共の知識になることだ、と論じている。文化的共通基盤の一部として、誰もが知っていると誰もがあてにできること、まことしやかに知っていることを誰一人否定しえず、集団の成員資格としての合言葉として機能する知識だ。興味深いのは、まだ二歳の幼い子どもたちすら、すでに文化的共通基盤に調子を揃えてくることだ。リーバルら（Liebal et al., 2013）は、二歳と三歳の子どもたちを、初めての（あきらかに子どもたちと同一集団の）おとなに会わせた。この未知の内集団メンバーは、サンタクロースのおもちゃと、子どもたちがこのおとなの入ってくる寸前に作ったおもちゃとを、子どもたちと一緒に眺めながらまじめに「それはだれ？」と尋ねる。子どもたちは、新しく作ったおもちゃに名前をつけて答えた。こんなに幼い子どもですら、自文化の中では、それまで一度も会ったことのない相手であっても、サンタクロースが「誰か」と尋ねる必要のある人なんていない、と分かっているからだ。（第二の条件で、未知のおとなが、存在に気がついたらしいおもちゃの名前を聞いてきた場合には、子どもたちはサンタクロースと答えた）。同年代の子どもたちの実験でも、子どもたちは、内集団の未知のひとが慣習的なものの名前は知っているだろうが、その同じものについて、新奇の、恣意的な事実は知らないだろうと考えた（Diesendruck et al., 2010）。

慣習的な文化習慣の中には、明示的な合意の産物もある。しかし、ものごとはそうやって始まったわけではない。社会的慣習の起源についての社会的契約理論であれば、たとえばその合意自体を形成するための高度なコミュニケーションの諸スキルなど、まだまだ説明を要する多くのものを前提にすることになってしまう。そこでルイス（Lewis, 1969）は、それとは異なる起源を提起した。わたしたちは、たとえば「わたしたちの新しい宿営地では毎日何時に集団での漁に出るのに集まればよいか」といった協調問題から始めることになる。たとえば初日はたまたま正午に出発することになったとしよう（その段階でようやく漁に要する人数が集まったからというだけのことだが）。高度なコミュニケーションの諸スキルがないとすると、その翌日、わたしたちはどうするだろうか。シェリング（Schelling, 1960）やルイス（Lewis, 1969）に従えば、わたしたちは、二日目の中で他のあらゆる可能性からたったひとつの時刻を切り出すなにかを探す。そして、そうする上でヒトにとってのひとつの自然なやり方が「前例」だろう——ヒトは以前したこと（以前わたしたちにとってうまくいったこと）をするので、ふたたび正午に姿を現すのだ。かくしてわたしたちはそれに慣れ、新参者は単にわたしたちを模倣し同調する。同調しない者は単に、参与しないのだ。

しかしコミュニケーションの可能性があるならば、他者にわたしたちの慣習を教え、その文化的習慣に従って参与するよう促すこともできる。集合的志向性をめぐるわたしたちの理解において重要なのは、おとなが子どもに文化的習慣のやり方を教える際に、教わる子どもは、いま起こっているエピソード的な事例についてのコミュニケーションとしてではなく、むしろ、この世界におけるなにか一般的なことと受け取って、それに類似したものごとや出来事一般に適用するということだ（「漁は正午におこなわれる」、というふうに）。このように、おとなは子どもに教えずとも、いまこの水中には魚がいるということを伝えることができるだろう。しかし、おとなが教えるモードに入れば、そのメッセージは「こういう種類の魚はこういうところにいる」といったものに近づき、子どもの漁をめぐるスキル一般を促進しうる（Csibra and Gergely, 2009）。協力的コミュニケーションにおけるこの教育的モードが示しているのは、一般的原理に基づいて機能するある種の客観的な現実（「こういう種類の魚」一般、「こういう場所」一般）が存在し、そして、いまこの場の状況は、この客観的現実の単なる一部にすぎないということだ。教えることは、わたしたちの文化集団が培った、ものごとに対するこの集合的で客観的な視点によって暗黙の裡に支えられているのだ。

現生人類の子どもたちはこのように、ものごとはそれなりのやり方でうまく運ぶはずだということをおとなから学んでいる。おとなの教えを暗黙裡に支えている、この「はずだ」が、子どもたちに、我々が完全には理解していない複数のかたちで、教わっている包括的事実をあるひとつの客観的現実――世界をめぐるさまざまな視点のうちで、包括的視点という究極の裁定者――へと客観化し具象化するように仕向けるのだ。このプロセスには、ヒトの思考をめぐる多くの示唆があるが、突出しているのは、誤信念の理解だ（これはあきらかに大型類人猿には見られない。総説としてTomasello and Moll, 2013を参照）。わたしたちは先に、初期人類がいかにして他者が自身のそれとは異なる視点を持っていることを理解するに至ったかを説明するのに、社会的三角測量というデイヴィッドソンの考えに似たものを持ち出した。だが、誤信念を含むさまざまな信念を理解するには、いかなる個別的な視点からも独立した、ある客観的現実についての一般化された視点といった考え方が欠かせない。ある信念が自分のものとは異なるだけでなく、それが間違っていると判断するには、なにかしらそういうものが必要だ――客観的現実が唯一最終の裁定者なのだから。幼い子どもたちが、乳児期後期にかけて、ふたつの視点を伴う注意の接続をおこなうようになった途端に、ものごとについて複数の異なる視点から考えるようになる可能性は高く（Onishi and Baillargeon, 2005; Buttelmann et al., 2009）、初期人類についても同様だったという仮説を立てることができる。とはいえ、子どもが誤信念も含めた信念の完全な理解に至るには、まだ何年も必要だ。というのも、かれらは（そしておそらく現生人類以前のすべてのヒトも）まだ「客観的現実」を理解していないからだ(1)。

社会規範と規範的自己モニタリング

初期人類の小規模な協働的インタラクションの中では、個体同士が積極的になんらかの協働相手を選び、その他は拒絶し、場合によっては相手に報酬や罰を与えさえした。しかし、これはすべて二人称モード、すなわちひとりの個体が別のもうひとりを評価するというかたちでおこなわれた。集団指向性を持つ現生人類に生じたのは、こうした評価が慣習化され、そして行為者中立的で超個人的なモードで適用される、つまり、全員が全員に対して（直接的にインタラクションに関与していない者に対して、やはり直接的に関与していない者が適用することさえある）、客観的で超個人的な基準に照らして適用されるということだった。大型類人猿は自らに対する危害への報復はするが、第三者に対する行為を理由に他個体を罰することはない（Riedl et al. 2012）。対照的に、三歳児は、自分が個人的に関与していない時や、なんら影響を受けていない時であっても、他者に社会規範を強制し、その際にしばしば、一般になにをすべきで、なにをすべきでないという規範的言語を使用する（Rakoczy et al. 2008; 総説として Schmidt and Tomasello, 2012 を参照）。

社会規範とはこのように、人々が一定のやり方で振る舞うという、集団の文化的共通基盤にある相互期待であって、一方で相互期待は、単に統計的なものではなくむしろ、あなたが自分の役割を果たす（さもないと！）と期待されているように、社会的に規範的なものなのだ。この期待の駆動力は、わたしたちの集団のやり方に同調しないような個体はしばしば混乱を引き起こし、それは寛容すべきことではなく、そもそも、あまりに異なる行動を取るような個体であれば、それは、「わたしたちの一員ではない（もしくは一員になりたくない）」というシグナルであって、ということは信頼されえないのだ、という事実から引き出される。集団指向性を持つ個体はこのように、非同調性一般を、集団生活一般にとって有害でありうるとみなす。その結果ヒトは、道具的な理由で（うまく協調するため）、分別を持った理由で（自集団の汚名を避けるため）、そして、（非同調はその機能を阻害しうるので）集団がうまく機能するように（集団指向的理由）、社会規範に従うのだ。

慣習一般と同じく、社会規範は、二人称モードではなく、むしろ行為者中立的、超個人的、包括的モードで機能する。最初の、かつもっとも基本的な社会規範は、個人の行為がそれを基準に評価されるひとつの客観的基準を意味するという点で、包括的だ。初期人類の社会的評価では、個体それぞれに分かっていたのは、誰がしくじったか、非協力的だったかということだけだったが、いまや、それぞれの役割ごとに特定の（そういうものとして教えることが可能な）行為者中立的な基準が存在する。これらの客観的基準は、特定の慣習化された文化的習慣におけるさまざまな機能が、期待する利益をみんなが得る上で、どのように役割を果たしているかに関する相互の理解に根ざすものだ。つまり、ハチミツを採集する際に、ハチを燻り出す人はこの特定の方法でやらなくてはならない、というのが集団の文化的共通基盤であったとすれば、そうしなかった人は手ぶらで家に戻ることになるだろうし、さらにその人の行動は、職務遂行をめぐるこの客観的基準に照らして評価されることになるのだ。

社会規範は、その源泉からして包括的でもある。社会規範は、個人の好みや評価からではなく、そういった事柄について集団が合意した評価から生まれる。ある個人がなにか社会規範を強制する時、その人は実質的に、集団全体の使者として――集団が自分を支持すると知っていて――そうしているのだ。それゆえ、集団指向性を持つ個人は社会規範を強制する。社会規範へのかれらの集合的コミットメントは――かれら自身と、相互依存関係にある自集団内の他者たちとの双方に益するためには――自分たちがそれに従うだけでなく、他者たちも従うとみなすことを意味するからだ(Gilberg, 1983)。誰かが社会規範を強制する際の典型的なやり方は「そんな風にはしないものなんだよ。こういう風にやらなくちゃ」といったもので、それは当然、教える時に使われる包括的モードときわめてよく似ている。(実際、規範を強制することと教えることとは、同じ現象のふたつのバージョンと言える――自集団のものごとのやり方や見方へと誰かを文化化すること (enculturating) なのだ。)規範の強制の前提になっているのは、これが集団の集合的視点であり評価なのだということであり、もしかしたら、これをさらに一般化して、なんらかの神であるとか、宇宙をめぐるなにかしら外的な規範的事実にまで及ぶのかもしれない――わたしたちの世界では、これが正しいやり方でそれは間違ってるんだよ、というわけだ。

そして最後に、社会規範はその目的も包括的だ。集団による非承認は、行為者中立的なかたちで、原理的にはどの成員に対しても――自集団の生活様式と同一化し、わたしたちの社会規範を文化的共通基盤において理解し受け入れたどの成員に対しても——向けられる。(この共通基盤仮説は、わたしたちの社会規範の効力から、他集団の成員、幼い子ども、精神的に十全でない人物を除外している(Schmidt etl al., 2012)。) 行為者中立性が適用されているのがなによりもはっきりするのは、人々が、罪や恥をめぐる自身の行為に対して社会規範を適用するという事実だ。つまり、もしも、他の人たちに必要なハチミツをわたしが取ったとすれば、わたしは、窃盗を非とする規範の力のもとで罪悪感を抱く(おそらくは被害者への共感に縛られながら)。さらにはっきりするのは、もしも、なにかわたしの不正な副業が明るみに出たとなれば、たとえやったこと自体をまったく悪いと思っていなかったとしても、わたしは、集団規範の眼差しのもとで恥じ入ることになるだろうということだ。このように罪悪感と恥は、なされる判断が、ものごとに対するわたしの個人的な感じ方によるものではなく(わたしはハチミツが欲しいし、副業も欲しい)、自集団の感じ方によるものだということを、ことさらはっきりと示してくれる。ことに恥の場合にはそうだ。にもかかわらず、というのも、そこでのわたしは、集団と同意すらしていないかもしれないのだから。わたしは自集団のひとりの使者として、みずからに制裁を加えている。とある個人を傷つけたとか、価値ある他者たちの期待と同調できていないとか感じる点において、罪悪感と恥には二人称的な基盤もいくらかはあるだろうが、完全版には、これに加えて、「自分が集合的規範を破ったことがわたしには分かっている」というのが加わることになる。規範を破るのは、単に、わたしの被害者個人が嫌な思いをした、あるいは、わたしが他の人たちの体面を傷つけたというだけでなく、より重要なのは、わたし自身を含むこの集団が承認していないことなのだ。

ものごとがこういうふうに進むと分かっているから、わたしは自己モニタリングをし、自身の行為に集団的規範を介して自己制御をかけ、集団の期待に協調しようとする。この、規範的自己モニタリングと呼んでもよいだろうものの中で、ひとがしばしば守ろうとするのは評判、集団の協力的成員としての自身の地位だ（Boehm, 2012）。つまり、文化的集合性全体にわたるレベルで展開される現生人類の協働が存在するならば、さまざまの文脈でのわたしの行動は、ある程度は集団全体の文化的共通基盤として知られてしまうかもしれないのだ（たとえば、ゴシップが、慣習的言語の中で一番と言えるほど幅をきかせているために。下記参照）。これは、初期人類が持っていた「判断されること」に対する関心が、現生人類では、評判や社会的地位への関心へと変容したことを意味している。そして重要なのは、評判上の地位というのものは色々な社会的評価を合算したものにとどまらない。それは、サール的な地位機能（次項参照）にほかならず、そこでは、わたしの公的イメージは、集合性によって生み出された具象化された文化の産物だが、スキャンダルにさらされた現代の政治家が証明してくれるように、一瞬で崩れ去るものなのだ。

制度的現実

こういった制限の枠内で、規範的な文化的習慣の中には、成熟した制度へと転じるものもある。その境界線は言うまでもなく曖昧だが、基本的な前提要件となるのは、その文化的習慣が、単独の活動ではなく、はっきりと定義できる相補的な役割を持つなんらかの意味で協働的なものだということだ。しかし、文化的制度を際立たせる鍵は、それらが構成する社会規範が、既存の活動を調整するだけでなくあらたな文化的存在を創造することにある（規範は調整的ではなく構成的なのだ）。たとえばあるヒト集団に、次にどこに移動するか、潜在的捕食者からいかに身を守るか、などについて、集団内で議論を尽くすことで決定する傾向があったとしよう。しかし、決定するにあたって困難が生じる、もしくは、連合間での内輪もめが起こるなら、その集団は、なんらかの統治議会的なものを作って決定プロセスを制度化することになるかもしれない。この議会を作り出すことは、そうでなければまったく普通の人たちに、普通でない地位と力を与えうる。議会はさらに首長を任命し、さらに普通でないものごとをおこなう――たとえば、誰かを集団から追放するような――権利や力を付与する。このように、この議会や首長は文化的に生み出されたものであって、そこに委譲された権利と義務は集団の成員が授けたもので、したがって理論的には、集団の成員には、そういった権利や義務を取り上げ、議員や首長をただの人たちに戻すこともできるのだ。制度におけるこのような役割は、はっきりと行為者中立的と言える。理論的には（現実にはそうでなかったとしても）誰がどの役を果たしてもいいはずなのだから。

このプロセスがどのように機能するのか、もっともはっきり述べてきたのはサール（Searle, 1995）だ。まず第一は、たとえばある人を首長に任命にするには、あきらかに、集団の成員間で相互の合意や共同での受容が必要だ。第二に、そこには、サールの名高い定式「文脈Cにおいては、

Xは Yとなる」（集団意思決定の文脈においては、Xは首長である）を成り立たせるような、なんらかの象徴化能力がなくてはならない。これに関しては、なんらかの実在する物理的シンボル――首長の頭飾りや、錫杖、大統領の印璽のようなもの――が、あらたな地位を公的に示すことになるだろう。その制度が公的なものであるということは、誰もがそれを知っていることを誰もが知っているので、はっきりした象徴的な印を前にして無知を装うことはできないことになる。これが、あらたな義務と権利を備えたあらたな制度や公職者が、非明示的にすませず明示的かつ公的に任命される理由のひとつだ。公的な冠を授かった途端、その首長に悪いことをしておいてかれの地位を知らなかったと言い逃れることはできなくなる。公式に記される規則や法規も同様だ。規則や法規が公的性格を持つことで、本質的に、ひとはそれらを破ってはならず、知らなかったという言い逃れも通らなくなるのだ。

ラコッツィとトマセロ（Rakoczy and Tomasello, 2007）は、文化的制度を理解するためのひとつのシンプルなモデルはルール・ゲームだと指摘した。もちろん、馬のかたちをした木片を市松模様の盤面上で好きなように動かすことだってできる。しかし、チェスをしたいのであれば、チェスというゲームに勝つという目的に向けて、この馬のかたちをした木片は「ナイト」だと認め、ナイトを特定のやり方でのみ動かし、他の駒を他のやり方で動かす。このゲームでは、合意済みの特定の駒の配置によって勝ちが定義されるのだから。駒には、さまざまな規範と規則によってそれぞれの地位が与えられており、その存在は、プレイヤー間の明示的な合意によって、合意のみによって成立している。そこで我々は、このような文化的地位機能の個体発生的ゆりかごは、幼い子どもたちが一本の棒をヘビだと見立て合うような「ふりの接続」にあると考えたい。そうする際に、子どもたちはさまざまな新しい地位を作り出すという根源的な行為に従事しているのだ。この見立ては、自分の遊び相手との社会的、公的合意とも言えるのだから（Wyman et al., 2009を参照）。重要なのは、論じてきたように、ふりをするという能力は、コミュニケーションにあたって初期人類が他者に向けて状況を身振りで表すことで疑似的な現実を作り出したことに進化的起源を持つものの、規範的な側面は、現生人類の文化に特徴的な集団指向性と集合性とが現れてはじめて出現したということだ。

ここでもっとも重要な点は、現生人類の世界には、社会的・制度的な事実が存在するということだ。これらは世界に関する客観的事実でもある――バラク・オバマはアメリカ合衆国の大統領であり、わたしのポケットに入っているのは二〇ユーロ札で、チェスで勝つとは対戦相手をチェックメイトすることである、といった具合に。しかし、客観的であると同時に、これらの事実は観察者相対的なものでもあるのだ――つまり、社会集団の中で人々が生み出したことであって、それゆえに、あっけなく崩壊もしうる（Searle, 1995）。バラク・オバマは大統領だが、わたしたちが大統領だと言う限りにおいてそうなのだし、ユーロは法貨だが、それもわたしたちがそのように振る舞う限りにおいてであって、チェスのルールは、理論的には、いつでも変更されうる。つまり、社会的事実が絶対的に並外れている点は、客観化／具象化プロセスの威力にふたたび触れるならば、客観的な事実でもあり社会的に作られたものでもあるということなのだ。実際、五歳児たちになんらかのものをほとんどなんの教示もなく与えてみれば、かれらはあっという間にそれらでどうやって遊ぶか独自のルールを生み出し、それらのルールを自分たちだけでなく、新参プレイヤーにも客観的事実として適用する。「まずここからやらなきゃいけないいんだよ」「これはこういうものなの」などなど（Goeckeritz et at., 未刊行原稿）。おとなが教えたり規範を強制するのと同様に、ここでの「〜しなければならない」が意味しているのは、ひとつの客観的事実に備わった導きの手であって、特定の個人の視点や願望とは独立したものなのだ。

要約——集団指向性と客観性

初期人類の社会的インタラクションは、完全に二人称的なものだった。現生人類の社会的インタクションは、この上に、自集団への同一化とともに始まる集団指向の層を加えた。ある特定の文化集団に属する個体は、その集団の文化的共通基盤において、だれもがあるものごとを理解していることを理解しているし、他のみんなも同じように理解している、といったことも理解している。集団の一員であろうとするならば、集合的に受け入れられているものごとに対する視点というものがあり（たとえば、森の動物たちをどんなふうに分類するか、自分たちの議会をどうやって構成するか）、また、ある文化的習慣における特定の役割がいかに果たされるべきか——実際には、果たされねばならないいか——という集合的に知られている基準もある。集団にはその集団の視点と評価があり、わたしはそれらを受け入れる――それどころか、わたし自身が、（たとえそれが自分自身に向けられていたとしても）その視点と評価を構成するのに手を貸しているのだ。

重要なこととして、このあらたな集団指向性に伴われる一般性は、単にスキーマ的なものではない。ここで問題にしているのは、どういうわけか一般化・拡大したある個人の視点でもなければ、多くの視点を単純に足し合わせた類のものでもない。ここで問題にしているのは、多くの視点の存在から「どれかひとつのありうる視点」のようなものへの一般化、つまり本質的には「客観」のことなのだ。この「どれかひとつのありうる」あるいは「客観的な」視点は、特定の規範的立場と結びつき、社会規範や制度的取り決めといったものが外的現実の客観的要素であるという結論を後押しする。規範の強制と教授法のどちらもにおけるコミュニケーション意図の包括的性質は、「わたしたち」のものごとのこなし方への「わたしたち」の期待の仕方を支配する、本来的に包括的な集団指向性と社会規範性に由来している。そしてこれが、「この世界一般におけるものごとのあり方、あるいは、あるべき様」へと客観化されるのだ。

初期人類の、接続性と個別性との二層的な認知モデルは、こうして、現生人類によって、客観性と個別性との集団指向的認知モデルへとスケールアップされた。ヒトの集団指向性はつまり、知ることとおこなうこと双方のあり方についての根本的なシフトの賜物なのだ。あらゆるものが、行為者中立的なかたちで集団内の誰にでも適合するように一般名称化され、このことが、ものごとに対するある種の集合的な視点をもたらす結果となり、自分たちで作っておきながら、ものごとの「客観性」の感覚がもたらされる。ヒトの志向性の接続はこんなふうに「集合化される」のだ。

慣習的コミュニケーションの成立

社会的な生活全般を集合的な文化的習慣、規範、制度へと慣習化したのに加え、現生人類は、自然発生的ジェスチャーを集合的な言語的慣習へと慣習化した。初期人類の自発的で自然発生的な、その場限りのジェスチャーも、さまざまな協働活動の協調にとって重要なものだったが、慣習化されたジェスチャーや発声――過去・現在を問わず、わたしたちの文化集団内で育った者全員に集合的に知られているが他集団の者には知られていない――は、文化集団のすべての成員（それまで一度もやり取りしたことがなくても）とのコミュニケーションと社会的協調とを、はるかに脱文脈化的で柔軟なものへと変えたのだ。

言語コミュニケーションの本質についてナイーブな見方をするならば、言語の使用には、コミュニケーションによる志向状態の協調に思考など必要ないと考えられるかもしれない。わたしは自分の「意味すること」を言語にコード化（エンコード）して、あなたはそれを解読（デコード）する――モールス信号を扱う電報オペレーターがかつてそうしていたように。しかし実際のところ、言語コミュニケーションはそういうふうに働いてはいない（Sperber and Wilson, 1996）。たとえば、日常会話における単語のかなりの割合を代名詞（彼、彼女、それ）、副詞（ここ、いま）、固有名詞（ジョン、メアリー）が占めるが、それらの指示対象はコード本で決まるようなものではなく、非言語的に構成された共通の概念基盤のようなものにアクセスしないと決定できない。さらに、わたしたちの日常会話には、一見つながりのないシークエンスが気前よく散りばめられる。わたし「今晩映画に行かない？」あなた「朝、テストがあるんだ」。わたしがあなたの答えを「ノー」と解釈するには、テストには事前の勉強が必要だ、勉強と映画を見ることとを同時にはできない、等々の理解を共通基盤として共有していなくてはならない。この共通基盤が、あなたはその映画には一緒に来ないだろうというわたしの仮説形成上の跳躍を可能にするのだ。

かくして、言語コミュニケーションにおけるもっとも基本的な思考プロセスは、第三章の指差しと身振りに関する第三章での記述と同一のものだ。情報伝達的な言語コミュニケーションの中で、わたしがあなたに知ってほしいと意図していることをあなたが理解してくれることを期待しながら（わたしのコミュニケーション意図）、わたしはあなたがなにかを知ることを意図して、あなたの注意や想像力をある状況へと向ける（わたしの対象指示行為）。するとあなたは、わたしがあなたにこの対象指示的状況に加わって欲しがっているという前提で、わたしたちの（個人的・文化的双方の）共通基盤を頼りに、仮説形成的にわたしのコミュニケーション意図がどんなものか仮説を立てる。たとえば、わたしはあなたのオフィスに入って行ってこう言うかもしれない。「この夏、ライプツィヒ市が二ヶ月間テニスキャンプを開催するんだって」。あなたはわたしの対象指示行為を完璧に理解するが、あなたはなぜわたしがあなたにそんな状況を知らせているのか見当がつかない。ところがそこで仮説形成のライトがオンになる。「ああ、わたしの子どもたちが、この夏なにができそうか提案しようとしている（というのも、わたしたちは前の週にその話をしていたから）のならば、わたしの注意をこの事実に向けることにも完璧に筋が通るな」。このプロセスを予期し、効果的コミュニケーションをおこなう者たろうとして、わたしはあなたの潜在的な仮説形成的推論を前もってシミュレートし、推論を意図した方向へと導くように、わたし自身の対象指示行為を組織化しようとするのだ——指差したり身振りと同じように。たとえば、「この夏」抜きで「テニスキャンプ」とだけ指示すれば、彼女はわたしが、子どもたちの夏の活動ではなく彼女自身のためのテニスキャンプのことを言っているのだと思うだろうとわたしは考えることもできる——これは本質的に、わたしのコミュニケーション行為（それ自体が彼女の志向状態に向けた意図だが）について彼女が考えていることについて考えているわたし、というプロセスなのだ。

言うまでもなく、コミュニケーション慣習は、指差しや身振りと比較するとはるかに明確な意味論的内容をコミュニケーション行為に加えるだろうし、おそらくものごとを簡単にするだろう。しかし、だからといって、ふたりの言語使用者が複雑な状況についてのコミュニケーションを成功させるためにおこなわれねばならないシミュレーションや推論、思考を不要にしてくれるわけではない。それに加えて、基本的なレベルにおいて自発的な身振りの使用とのプロセス上の共通性がこのようにあるとはいえ、言語コミュニケーションは、ヒトの思考に強力かつあらたな資源を提供している。このうちの四つに焦点を絞り、それぞれの節で詳細に述べるとしよう。(1)概念化の継承としてのコミュニケーション慣習、(2)複雑な表象フォーマットとしての言語構文、(3)談話と反省的思考、(4)意思決定の共有と理由の提示、だ。

概念化の継承としてのコミュニケーション慣習

他者の注意と想像力を関連する状況へと向ける、初期人類の、シンボルとしての自発的な映像的ジェスチャーの使用は、いまや、現生人類においては、集団内での慣習になった。つまり、身振りの解釈が以前のようにその場でのコミュニケーション相手との個人的な共通基盤に依存しなくなったばかりか、いまや、この集団内の他者ならこのジェスチャーをどう使い解釈すると集団内のわたしたちが期待しているか（そして他者がわたしたちにどう期待していると期待しているか、等々）に関するなんらかの文化的共通基盤にも依存するようになったのだ。たとえば、わたしたちは誰でも、相手の注意や想像力をヘビが危険な状況に向けたい時には、手をうねらせる身振りを潜在的な危険が潜む方角に向けて生成すればいいことを、文化的共通基盤として知っている。こうした慣習は、個体が、もし他のみんなが同じように使いさえすれば使おうとするという意味で協調の装置にあたる（Lewis, 1969; Clark, 1996）。このように、コミュニケーション慣習は、もしわたしがそれらを慣習的に使用しないのであれば、わたしはそのゲームの内にいないことになるという意味で、制度的規範によって統制されるようになってくる。ウィトゲンシュタイン（Wittgenstein, 1955）がかくも鋭く論じたとおり、慣習的使用のための基準は、個人によってではなく使用者のコミュニティーによって決定される。わたしは反抗したっていいが、それでどうなる？

コミュニケーション慣習のこのような文化的側面――集団内のだれもが文化的共通基盤としてそれらを知っており、それに同調すると期待されること――が意味するのは、我々はいまやヒトのコミュニケーション行為を完全に明示的なものとみなすことができるということだ。初期人類は、自分が他者のために状況を遠近法主義化する方法を公然化した。たとえば、身振りをしながら関連する状況を指し示すといったことだが、受け手は容易に誤解しえたし、誤解したふりをすることだって可能で、そうなればそれでおしまいだった。しかしいまでは、現生人類がコミュニケーション慣習を、たとえばヘビの危険を知らせる身振りを使用した時、相手はそれを知らなかったと言うこともできなければ、通常の状況下であれば、理解できなかったと言うこともできない。文化的共通基盤としてわたしたちの誰もがこの慣習を知っている以上それは明示的であり、したがって、反応しなくてはならない。現生人類はこのように、いまやコミュニケーション上のパートナーからの二人称的圧力だけでなく、ある意味では、コミュニティー全体からの規範的圧力のもとに置かれたのだ。あなたがわたしたちのひとりなら、あなたはこの慣習の操り方を知っている。このコミュニケーション慣習を理解しないなら、わたしたちのひとりではありえない――このことで、コミュニケーション慣習が文化規範的になるのだ。

映像的なコミュニケーション慣習は、すぐに映像的でなくなりうる。手話の誕生時にもこれは確実に起こっている。孤立した聾者で、健聴の両親と自発的な映像的ジェスチャーで生涯やりとりしてきた人々が集まり、そういった「ホームサイン」のいくつかを慣習化する時だ。ここではしばしば、サインの形式化や短縮のようなことが起こる（Senghas et al., 2004 参照）。ヘビの危険を指したくねらせた手は、ほとんどくねりのない指差しにまで省略されうる。これは、コミュニケーション状況下でなにが起こりうるかを、大抵の場合受け手が予期できるからだ。たとえば、ひとつの石をひっくり返そうとしているところであれば、誰かが手を突き出した途端に、ヘビの危険を示すジェスチャーが頭をかすめうるのだ。そして子どもたちや他の新参者たちは、ヘビの危険がある状況に注意を向けさせるのに、この省略された（くねりのない）手の突き出しを模倣し同調するだろう。[2]このように、模倣と同調という強力なスキルは、コミュニケーションにおける映像性を切り崩す。映像性は、特定の状況についてのコミュニケーションにおいてどのジェスチャーを慣習的に使用するかに関する文化的共通基盤を持った集団にとっては必ずしも必要ではないのだから。コミュニケーション慣習は、こうして「恣意的」なものになるのだ。

こういった慣習的・恣意的なものごとのこなし方が、個人や個人の思考のプロセスにもたらしたものは、言うまでもなく、きわめて大きかった。ひとつには、いまや子どもたちは、自分たちの対象指示行為を協調させる上で有益なものとして祖先達が既に見出していたコミュニケーション慣習のセットを使う人々の集団の中に生まれることになり、誰もがそうした慣習を獲得して忠実に使うことを期待されるようになった。ものごとを概念化するみずからのやり方を個人で発明する必要はなくなった——単に他者の用いるものを学習すればよく、それはいわば、長い歴史に渡る文化集団全体の、集合的知性の全体を具現化したものなのだ。個人はこうして、他者に向けて世界を概念化し遠近法主義化する無数の手法を「継承」し、これによって同一の状況や存在を、たとえば、木の実、果物、食物、貿易資源、といったように、同時に異なる解釈のもとで眺める可能性を生み出した。この解釈モードは、現実やコミュニケーション始発者のゴールによるものではなく、コミュニケーション意図を受け手にもっとも効果的に認識してもらうには状況や存在をいかに解釈するのが最善かをめぐる、コミュニケーション始発者の思考によるものだ。

　こういった、まったくあらたな慣習的／規範的で遠近法主義的な認知表象のかたちに加えて、恣意的装置を用いて慣習的なコミュニケーションをおこなうことは、他にもふたつのあらたな認知表象のプロセスを作り出した、あるいは少なくとも、促進することになった。ひとつめは、恣意性が、より高次の抽象性を導くことだ。ジェスチャーが純粋に映像的である場合は、抽象のレベルは基本的に低く、局所的だ。たとえば自発的な映像的サインでは、ドアを開けることはある身振りになるが、一方、ビンを開けることはまた別の身振りになる。このパターンは、個別に作り出された聾の子どもたちのホーム・サインに典型的なもので、それぞれのサインが、映像的でありつづけなくてはならない圧力のもとにある。ともにサインを慣習化すべき使用者のコミュニティーがそこにはないからだ。しかし、コミュニティーにおいては、新規学習者たちのために映像性が薄れ、恣意的な慣習が台頭し、高度に抽象的でどんな特定の開け方とも似ていない、より様式化された開けるの描写が出現する。この抽象性は、慣習的手話で使用される多くのサインの特徴であり、そして当然、音声言語の特徴でもある。慣習化は、恣意性へと向かった後に、抽象性を生み出す。恣意的なコミュニケーション慣習を数多く獲得することで、ある種の一般的洞察がもたらされることは想像できるだろう――わたしたちの使用しているコミュニケーション上のサインの多くには、それらが意図する指示対象と単に恣意的なつながりしかない。それなら、ほらわたしたちだって、必要に応じてあらたに作ることもできるわけだ。

恣意的なコミュニケーション慣習が生み出した（あるいは少なくとも促進した）認知表象のあらたなプロセスのふたつめとして、また違ったタイプの抽象性が挙げられる。現代の言語において、概念化されたもののうち特に抽象性が高いものの多くは、時系列の中で複数のことをおこなう複数の行為者が絡むきわめて複雑な状況を指し示す単一のアイテムだ。例を挙げれば、正義という言葉を定義づけようとすれば、ある種の物語（ナラティブ）でこなすのがもっとも自然だろう――「正義というのは誰かが……で、その際に誰かが……な時のこと」。正義のような複雑な状況や出来事をどうやったら身振りで他者に示せるか、思い描くのは難しい。祝典や葬儀といったもっと具体的で物語的な出来事でさえも同様だ。系列全体を身振りで示さなくてはならなくなるだろう。しかし恣意的なサインならば、これらの複雑な状況をたったひとつのサインで簡単に明示することができる。つまり本質的には、恣意的サインが――木や食べるのようにシンボル化された、直截にカテゴリー的／スキーマ的な構造に加えて――ヒト認知の関係的、主題的、あるいは物語的な組織化のさまざまな側面をシンボル化するあらたな可能性を拓き、ヒトの思考の幅や複雑性を無限に拡張することになるのだ。Ｂｏｘ１（第三章）で論じたように、この――いまやシンプルなサインによって示された――関係的・主題的・物語的組織化にヒトが概念的にアクセスすることの源となるのが、共同のゴールとそれを構成する多様な役割を持つ複雑な協働活動だ。マークマンとスティルウェル（Markman and Stillwell, 2001）は、役割スロット（狩りにおける勢子など）に対する「役割ベースの概念」、そして活動全体（狩りに出ることそのもの）に対する「スキーマ・ベースの概念」について述べているが、ヒト以外の生物が、このような経験の主題的な次元を概念化しているとは考えにくい。

恣意的なコミュニケーション慣習もまた――「臨界質量」を超えると――推論のあらたなプロセスをふたつ生み出すことになる。ひとつめとして、ヒトのコミュニケーションはさまざまな目的で、場面ごとにさまざまなレベルの抽象度でおこなわれるため、慣習的コミュニケーション始発者のコミュニティーの一員となるには、互いに複雑に絡み合ったさまざまなコミュニケーション慣習の長大な目録を受け継いでいなくてはならない。例を挙げるなら、ある文脈ではある身振りや発声がガゼルを指し示すものとして慣習化され、また別の文脈ではある身振りや発声が動物全般（どの種であれ、潜在的な獲物ということかもしれない）を指示するものとして慣習化されるのを想像してもいい。この文化の子どもたちは、これらの表現をどちらも、それぞれの文脈で学習するだろう。このことが、因果推論にとどまらない形式的推論の可能性を拓くのだ。わたしが「丘の向こうにガゼルがいる」ことを示したとしたら、あなたはものごとに関する知識に依って立ちながら「丘の向こうに潜在的な獲物がいる」ことを推論できる。しかし、動物全般からガゼルへといった逆方向の推論を同じようにおこなうことはできない。さまざまな一般性のレベルでの自発的な身振りを備えることも理論的には可能だが、それも、慣習化されたサインが周知され、「形式的推論をおこなえるだけの慣習的意味を受け手が知っている」という確信をコミュニケーション始発者が持つことができて――そして自身のコミュニケーション行為を組み立てる際にこれらの推論を当てにできて――このことだ。

ふたつめとして、恣意的なコミュニケーション慣習は、まさにその恣意性ゆえに、ある慣習の指示する範囲が、同じ「意味論的場」(Saussure, 1916) において他の慣習が指示する範囲によって限定されるような、ある種の「システム」を形成するようになる。つまり、わたしたちの文化的共通基盤を踏まえて、わたしは、「わたしが使いうる」とわたしたちが互いに知っている慣習的表現のうちのひとつを選択するのだ。たとえば、わたしが友人に、かれのきょうだいが「女性」と食料採集をしているのを見たと報告したなら、そこで推論されるのは、それがかれの妻ではなかったということになる(かれの妻も女性であるというのに)。なぜならば、もしそれがかれの妻だったのなら、わたしは「妻」と言い、「女性」とは言わないだろうからだ。あるいは、もしわたしが、うちの子どもが「あの肉をいくらか」食べたと言ったとすれば、そこで推論されるのは、全部は食べなかったということだ――少なくとも、ふたりともかなり空腹だという文脈においては――もしうちの子どもが肉を全部食べたのなら、わたしはそう言ったはずだ。こういった語用論的含意は、「わたしたちは互いに、コミュニケーションの目的に沿って選択可能な一定の慣習的言語表現の目録のようなものを持っている」という文化的共通基盤に基づきながら、同時代の言語使用者間での談話に浸透している。（こうした推論の一部は、反復を伴うことで、議論は呼びながらもしばしば慣習的含意と呼ばれるものになる（Grice, 1975; Levinson, 2000）。）このタイプの推論は、自発的身振りや、他のあらゆる種類の慣習化されていないサインと同じ道筋で生じるものではない。なぜならこれらのケースでは、「誰もがすべての選択肢を理解した上で、コミュニケーション始発者の選択について推論をおこなうだろう」ということが集団の文化的共通基盤にないからだ。

かくして、コミュニケーション慣習の到来をもって、わたしたちはいまや概念化のあらたな形式を備えることになった。現生人類は、さまざまなコミュニケーション慣習を文化的共通基盤として集団内の他者から「継承」し、それら慣習の使用は、そこからの逸脱が使用者をその文化的習慣の外部に追いやることになるという意味で、規範的に統治されている。コミュニケーション慣習が恣意的であることは、そういった慣習が、役割関係的、主題的、物語的スキーマを含めて、ほぼ無限の抽象性を備えた状況や存在を概念化するのに使用しうることを意味している。つまり、コミュニケーション慣習によって、わたしたちはいまや、形式論的にも語用論的にも、概念化されたもの同士の推論的結びつきを集合的に理解するようになったのだ——自然発生的身振りでは同じようにはなりえなかった。

複雑な表象フォーマットとしての言語構文

単一ユニットの（一語文的な）コミュニケーション慣習の小さな目録を備えた初期の現生人類を思い描くならば、かれらが、あらたな心的結合を生み出す一般的認知能力（これは類人猿すべてに備わっている）とともに、複数ユニットから成る言語的結合を生み出しているのも容易に思い描くことができる。そう、たとえば、開いた口に手を持っていくことで食べることを要求するといったコミュニケーション慣習もあったことだろう。ベリーを採りに行くことを要求する（摘み採る動きを身振りで表現する）ような、関連を持たないコミュニケーション慣習だってあったかもしれない。誰かがなにか、食べても不味いものを差し出してきたような状況で、「ベリー」に続けて「食べること」をジェスチャーで表すのに、際立った創造性など必要ないのだ。ということは、スキーマ化という既存の能力（類人猿や初期人類にも備わっていたが、いまや慣習に適用されている）を前提とすれば、この個体が、「食べる」の慣習的ジェスチャーを、他の「食物」の慣習的ジェスチャーへと一般化するのも想像に難くない。最初は「ジュースもっと」などと言っていたタドラー期の幼児がすぐに、「ミルクもっと」「ベリーもっと」等々、「Xもっと」のパターン（いわゆるアイテム・ベースのスキーマ。Tomasello, 2003a）を身に着けるようなものだ。

言語構文は、このようにシンプルなアイテム・ベースのスキーマから始まるが、談話インタラクションを通して彫琢され複雑なものになる。このプロセスに関してここで注目すべき側面は、受け手からもたらされるコミュニケーション圧力——十分な情報を求められること——だ。このことが、コミュニケーション始発者に、そうでなければ非明示的なままにされていたものごとを明示化させるのだ。コミュニケーション始発者は一連のさまざまな発話を、口ごもりながら、ピジンのようなスタイルで紡ぎ出し、受け手は推論によってそのすき間を埋めなくてはならない。しかしコミュニケーションの失敗が起こると、受け手たちは手がかり同士をどうやって関係づけるのかに関するさらなる情報を求め、コミュニケーション始発者たちは自身のコミュニケーション意図をさらに明示的なものにしなくてはならなくなる。このプロセスが――系列同士を統合し自動化するスキルと組み合わさって――「わたしレイヨウ突いた……そいつ死んだ」といったものを「わたしはレイヨウを突き殺した」に変えるのだ。よく似たスキーマ（たとえば「わたしは瓢（ヒョウタンの容器）を飲み干した」）が他にも生み出されると、結果として、慣習化された言語構文、この例では、結果構文が生まれる（Langacker, 2000; Tomasello, 1998, 2003b, 2008）。ギヴォン（Givón, 1995）の言葉を借りれば「今日の構文法は昨日の談話」なのだ。(3)

かくして完全に抽象的な言語構文が生まれ、それ自体がゲシュタルトにも似たシンボル的慣習となり、さまざまなタイプの状況を指し示す抽象的なコミュニケーション上の意味を備えるようになる。たとえば、幼い英語話者の子どもは、原初的な抽象的構文を学習する――(1)直接的な因果的状況（他動詞構文：XがYに【動詞】した）、(2)作用を受けた対象の視点から見た因果的状況（受動構文：YがXに【動詞】された）、(3)対象の動きの状況（場所句自動詞構文：XがYに／の中に／の上に【動詞】した）、(4)所有の移動に関する状況（複他動詞構文：XがYにZを【動詞】した）、(5)主体が作用対象なしに行為する状況（非能格自動詞構文：Xが微笑んだ／泣いた／泳いだ）、(6)主体や原因がはっきりしないまま対象の状態が変化する状況（非対格自動詞構文：Xが壊れた／死んだ）、などなど（Goldberg, 1995）。重要な点は、これら抽象的パターンのコミュニケーション機能は、ここでのスキーマ的な叙述が示しているとおり、そこで使用される個々の語とは独立であるということだ。

ある構文を使用する際、コミュニケーション始発者は、受け手に、特定の視点から状況を見せよう、あるいは想像させようとしている。したがって慣習的言語には、誰が行為をおこない誰がその作用を被っていようが、遠近法主義的なトピックとして主語を指定するさまざまな方法がある。というわけで、単一・同一の行為が、その使用場面において、聞き手にとっての状況をどのように概念化したいと話者が考えるかによって「ジョンが窓を割った」「窓がジョンによって割れた」「ジョンの投石が窓を割った」「ジョンの投石によって窓が割れた」「石が窓を割った」「窓が石によって割れた」などなどと、言及されうることになるのだ。また別の構文は、コミュニケーション始発者が受け手の知識や期待をどう判断するかに基づいて状況を遠近法主義化する。たとえば「It was John who broke the window（窓を割ったのはジョンだ）」のような英語の分裂構文は、誰か別の人物が窓を割ったと受け手がその時点で信じている時に、ジョンがやったのだということを示すために使われる――すなわち、誤った信念への修正として使われる（例：あなた「ビルが窓を割ったんだ」。わたし「違うよ、窓を割ったのはジョンだよ（It was John who broke the window）」。マクウィニー（MacWhinney, 1977）は、これらの異なる解釈は、認知的な意味で出来事に入り込む際の

「出発点」や「視点」としてコミュニケーション始発者が選択したものに由来し、そしてそれが文法上のトピックや主語へと慣習化されると論じている。

認知的な観点からすれば、ヒトは抽象的な構文を通して、抽象的で統辞的に組み立てられた、認知表象を表すあらたな種類の慣習フォーマットを手にする。これらの抽象的構文が言語アイテムを使用可能にし、さらにさまざまな構文の中で、さまざまな場合でのさまざまな役割を果たしながら再使用することをも可能にするのだ。重要なのは、アイテムがいかに使用されるかについて柔軟性があるために、さまざまなアイテムが果たす役割を明示的に標識する必要性が生じているということだ。わたしが「ひと」「トラ」「食べる」とジェスチャーしたり発声したとしたら、誰が主体で誰が食べられるのかを理解するのは重要になる。現在の言語には、格標識や語順の対照のように、これを実現するさまざまな方法がある。参与者の役割を示す標識は、より大きな構文の中で参与者が果たしている役割に関するものであるため、ある種の二次的シンボルとみなすこともできる(Tomasello, 1992)。(4) ここで注目すべきこととして、クロフト(Croft, 2001)は、発話内の諸アイテムがコミュニケーション上の機能を持つのは、他のアイテムとの統語的関係を通してではなく、発話／構文全体の中で諸アイテムが果たす協働的な統語的役割からであると論じている。言語構文は、ある意味では、シンボル間の協働とみなしうるのだ。

というわけで抽象的構文は、慣習的言語の生産性、ひいては思考における概念の生産性をもたらす主たる源と言える。個体はそれぞれがスキーマ化や類推を通してさまざまな抽象的構文を生み出し、これらの構文のスロットのコミュニケーション上の役割にそれなりにふさわしければ、そのスロットにあらたなアイテムを容易にはめ込むことができる。それどころか、ある構文のスロットにアイテムを用いることは、そのアイテムにとって典型的とは言えない解釈を強いる――例を挙げれば、わたしたちは頻繁に、「He treed the cat（かれはその猫を追い詰めた）」「He ate his pride（かれのプライドはぼろぼろだ）」「He coughed his age（かれは歳を白状した）」などと言うが、これらは、一部のアイテムについて非典型的な解釈を強いている。このような比喩的・類推的な思考は、構文そのものがコミュニケーション上の――いわばトップダウン的な――機能を備えているという事実の証左であり、アイテムは、限界こそあれ、その中に組み込まれざるをえないのだ（Goldberg, 2006）。まとめると、この、慣習化された抽象的構文群――そしてさまざまな構文内で何度も使用可能なアイテム群――というシステムが概念の創造的な組み合わせを可能にし、それによって、「空飛ぶトースター」から「猛然と眠る色のない緑の思考たち」まで、あらゆるものについてヒトが考える――少なくとも考えようとする――ことが可能になるのだ。

これはすべて、コミュニケーション始発者が、進行中の二人称的なコミュニケーション相互作用において、いかにして自身と受け手とがコミュニケーションの題材とすべき言及対象となる状況を特定するかに関することだ。加えて、現生人類のコミュニケーション始発者はしばしば、自身のコミュニケーション動機に関するものごと、進行中の二人称的なコミュニケーション相互作用におけるこの言及対象と動機との様相的あるいは認識的関係を特定するためにも言語を使用する。重要なのは、これは、コミュニケーションのプロセスの中でまったく新しいものだと言って差し支えないということだ。初期人類も、世界の中のものごとにさまざまなかたちで言及はしたが、かれら自身とその言及の素材との関係は非明示的なままだった――非志向的に（手続き上）表情や発声で表出されることはあったとしても、意思決定においてコミュニケーション始発者の随意的な制御下にあるコミュニケーション行為の意図的な要素ではなかったのだ。

しかしいまや、現生人類のコミュニケーション始発者は、個々のコミュニケーション慣習における自身のコミュニケーション動機を明示的に表す。たとえば、大多数の言語では、要求や情報提供（断定）といった発話行為ごとに異なる構文がある。こころと言葉の哲学者たちは、「同一の」事実とおぼしき命題内容が、「彼女は湖に行こうとしている」「彼女は湖に行こうとしているの？」「湖に行け！」「ああ、彼女が湖に行ければ」などなど、さまざまなコミュニケーション動機を伴うさまざまな構文で使用されうることがきわめて重要であると考えている。つまりこのように、命題内容がいかなる「発話内の力」からも独立であることが、その命題内容を、準独立の、事実に近い実体的なものへと変え、個別の言語発話における個別の例から離れたものにするのだ（e.g., Searle, 2001）。言語アイテムにせよ構文全体にせよ（先述したように）、発話行為の機能が慣習的に表出されるようになることで、コミュニケーション動機と命題内容とのどちらもが、語と構文からなる同一の表象フォーマットへと慣習化されたのだ。このまったくあらたなコミュニケーション手段においては、コミュニケーションのためのインタラクションにおけるコミュニケーション始発者の動機は、いまやそれ自体が言及され、慣習的に概念化されるようになる。まさにこの事実こそが、言語がいかに作用するのかを理解する上での大きな難点は、語と構文からなる同一の基本的な方法で、さまざまな機能がすべて表現されているということだというウィトゲンシュタイン（Wittgenstein, 1995, #11）の言葉の着想のもとになっている――「もちろん、わたしたちを混乱させるのは、……語られるのを聞く際には語の外観が均一であることだ。それらの用途はそれほど明確には示されないからだ」。

加えて、コミュニケーション始発者は、発話の中で、さまざまな言語的装置を通じて、なんらかの命題内容に対する自身の様態的あるいは認識的「態度」を示す。たとえばコミュニケーション始発者は様態的に「彼女は湖に行かなくてはならない」と考えるかもしれないし「彼女は湖に行ってもいい」と考えるかもしれない。また認識論的に「彼女は湖に行くとわたしは思う」と考えるかも、あるいは「彼女が湖に行くとはわたしには思えない」と考えるかもしれない。ここでもまた、様態的および認識的態度の慣習化のための進化上の生素材はおそらく、発話と同時に表出される表情とプロソディ――たとえば、たよりなさや驚き、憤りなど――だろう。しかしその後、それらは慣習化された。(5) いまやコミュニケーション始発者は、命題内容をある種の「様態的・認識的包み」でも覆っているため（Givón, 1995）――ふたたび、語と構文という同一の慣習化された表象フォーマット内のあらゆるアイテムによって――準独立の精神的実体として表情やプロソディを概念化するよう、わたしたちをさらに後押しすることになるのだ。この場合の独立性とは、話者の動機によって

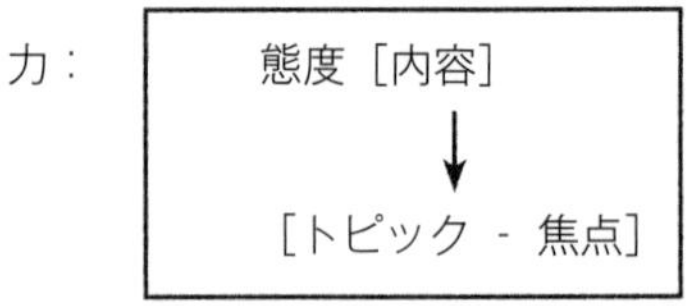

図4－1　慣習的言語発話の基本構造

のみでなく、話者がそれらをどう感じどう考えるかによっても生じる。このように内容と態度とを区別することは、それらについて誰かがどのように感じ考えるかとも独立した、ある種無時間的・客観的で命題的に構造化された諸事実という観念の基礎ともなり、ということは、独立した「客観的」現実という一般的な観念の基礎ともなるのだ。

　ここでおこなってきた区別――つまり、コミュニケーション始発者が能動的に制御する（そしてコミュニケーション始発者が選択肢の中から選びださなくてはならない）区別――をすべて組み合わせるなら、わたしたちは慣習的言語発話の基本構造を手にできる。図4-1に示したとおり、力-内容の区別、その内部での態度-内容の区別、さらにその内部でのトピック-焦点（主語-述部）の区別だ。

　全体として、言語構文は慣習化され自動化された談話の切片であり、個々人がコミュニケーション中の他者に対してものごとを概念化する際に、ヒトの経験をさまざまな種類の抽象的パターンへと組織化するものだということができる。構文には、格標識、接置詞や語順の対照といった二次的シンボルで標識される――主体、受け手、位置といった――さまざまな抽象的役割が含まれる。言語アイテムのほとんど無限の目録をこれらの役割スロットに置けるという可能性が、概念の創造的な組み合わせの主たる源なのだ（クラーク（Clark, 1996）の有名な“The newspaper boy porched the

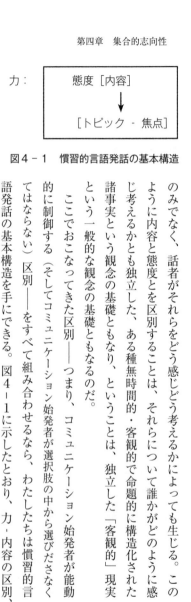

newspaper"という例文を参照)。ある構文内でのトピック‐焦点(主語‐述部)構成は、どちらかの役割の視点から状況を概念化してくれる。話者の動機を示すコミュニケーション装置は、様態的‐認識的包みとともに、事実と思われる命題内容を、それについて他の誰かがどう感じ考えるかとは独立に、客観的世界に関するある種の無時間的、客観的諸事実を示すものということにしてくれる。これらが、ヒトという種独自の言語コミュニケーションの全容だ(Box3を参照)。

Box3　カンジたちの「言語」

この数十年にわたって、何個体かの大型類人猿がヒトによって育てられ、ある種のヒト的コミュニケーション様式を教えられてきた。結果としてかれらは非常に興味深い行動を示すことになったが、かれらがどういうかたちでヒト的であり、どういうかたちでヒト的ではないのかは、はっきりしない。言語構文に注目するなら、これらの類人猿は、まちがいなく、サインを組み合わせることができ、時として創造的な組み合わせもするが、ヒトの持つ構文にはいかなる類似性も持たないようだ(かれらがどれほど概念的内容一般を完璧にスキーマ化しうるとしても)。なぜなのだろう? この問いに答えるために、ここで、かれら類人猿がおこなったある種の発話を例にとってみよう。手を使うジェスチャーや、ヒトに提示された視覚的シンボル(シンボルは、それが示すものとは似ていない)によるものだ。

ボール　嚙む（BITE BALL）——これをしたい
ガム　急ぐ（GUM HURRY）——これがほしい
チーズ　食べる（CHEESE EAT）——したい
あなた（指差し）追いかける　わたし（指差し）（You(point) CHASE me(point)）——他者にそうしてくれるよう要求

まず注目すべきはこれらがすべて要求であることで、体系的な研究からあきらかになったのは、このような類人猿の個体がおこなうコミュニケーション行為の九五％以上が、ある種の命令形だということだ（そして残りの五％はコミュニケーションかどうか疑わしい。Greenfield and Savage-Rambaugh, 1990, 1991; Rivas, 2005）。これは、類人猿は、どんなにヒトに訓練されようと、ただ単に他者になにごとかを知らせたい、あるいは他者と情報を共有したいという動機を獲得しないからだ（Tomasello, 2008）。そして、厳密に命令形でのコミュニケーションでは、ヒトの言語コミュニケーションが備えているような複雑さは、機能としてほとんど必要とされない（典型的には、主語なし、時制なし、等々）。

とはいえ、これらの類人猿たちが生み出すコミュニケーション行為の多くはあきらかに複雑で、一種の出来事‐参与者の構造を備え、そこで示される関係性や行為に関わる参与者に合わせた状況の切り分けが反映されている。しかし、こういった複雑さにもかかわらず、ヒトの言語コミュニケーションに関する鍵にあたるいくつかのことが欠けているのだ。欠けているのは基本的に、ヒトが持つ文法的要素の側面一切で、これは、他者や他者の知識、期待、視点に向けて、概念的に構文を組み上げるものだ。言語訓練を受けた類人猿たちは、(具体的な) 出来事や参与者を超えて (そしておそらくは場所も超越して)、自身の願望を示すさまざまなアイテムを学習した (たとえば、ヒトほどは明白なものでないにしても、かれらの「急ぐ」というアイテムの使用は、それをいま欲しいということを示している)。しかしそこに欠けているのは、コミュニケーションの受け手が発話を理解しやすくしてくれる統語的側面のすべて——協力的動機の鍵になる部分なのだ。たとえば次のように。

・かれらは言及する自身の行為を聞き手に向けて「かみ砕く」ことで指示対象を特定しやすくしてくれたりはしない。つまりたとえば、分詞や形容詞といったものを伴う名詞句で、欲しいのがどのボールか、あるいはどのチーズかといったことを特定するのを助けてくれたりしないのだ。また、時制という標識も一切持たず、かれらの示そうとしているのが、いつ起こったどの出来事なのかを示してくれない。

・かれらは、格標識や語順といった、意味論的役割を標識して誰が誰になにをしているのかを発話内で示すような二次的シンボルを持たない。コミュニケーション始発者には、こういった情報は必要ない——これは、コミュニケーションの対象となっている大規模な状況や出来事における各参与者の役割を聞き手が理解していることを確認するために提供されるものなのだ。

・かれらには、新しいものごとに対してなにが古いのか、新旧が対比的な情報を聞き手に示す構文やその他の装置が備わっていない。たとえばあなたが「ビルが窓を割った」と執拗に言ったとすれば、わたしはそれを訂正するのに「いや、窓を割ったのはフレッドだったよ（No, it was FRED that broke the window）」と分裂構文を使うだろう。類人猿にはそういう構文はない。

・かれらは視点に基づいて構文を選択したりしない。たとえば、わたしは、あなたの知識と予期、そしてわたしのコミュニケーション意図に基づいて、同じ出来事を「わたしがその壺を割った」とも「壺が割れた」とも描写できる。しかし、言語訓練を受けた類人猿たちは、このタイプの構文上の選択肢があることを学習していない。

・かれらは発話の中で自身のコミュニケーション動機を具体的に示さないし（どうして示す必要があるだろう。なにしろ動機は常に要求なのだから）、指示される状況に向けての自身の認識的・様態的態度も一切示さない。

理論上の要となるのは、ヒトの言語構文は、単に発話のための語順の優先度を供給するだけなく、受け手がこころに抱く知識、期待、視点に適応すべく生み出されているということだ。

そして、名詞句のようなごく単純な構文であっても、受け手の知識、期待、視点への適応が必要なのだ。ヒトは構文の中で、さまざまな動機の表出と認識的・様態的態度とを慣習化してもいる。これらすべてを文法の語用論的側面と呼ぶなら、これこそがヒト独自のものなのだ。

談話と反省的思考

ひとたび言語コミュニケーションが生じると、談話が生じる。そして、談話においてかなり頻繁に生じるのは、受け手側が発話に対して「理解できない」という信号を送る、あるいは明確化を要求する、などの対応をとることだ。するとコミュニケーション始発者は、さらなる談話の中で、力の及ぶ限り、必要とされる情報を明確に提示しようとする。ヒトの思考の重要なポイントは、概念的な内容を、慣習化された言語的形態で説明しようとすることでその内容（より原初的なコミュニケーション行為においては非明示的でしかありえなかった内容だ）を内省に満ちたものにするということだ。すなわち、またもやミード（Mead, 1934; また、ある程度まで Karmiloff-Smith, 1922）の分析を思い起こさせるが、ヒトのコミュニケーションの協働的な性質とは、コミュニケーション始発者が自身のコミュニケーション行為を、その受け手であるかのように知覚し理解しうるという意味であって、それが、コミュニケーション始発者に、自らの思考について考えることを、いわば外的な視点から可能にするのだ（Bermudez, 2003 も参照）。初期人類の指差しや身振りも、ある程度外部化された自らの思考について反省することを可能にしただろうが、現生人類と慣習化された言語コミュニケーションによって、いまや、いくつかの新しいタイプの思考を表現することが可能になった。そればかりか、自己モニタリングのプロセスが、受け手の視点からだけでなく、その慣習の使用者全員の規範的視点からももたらされるようになった。特に重要な例として、以下の三つを挙げよう。

　ひとつには、しばしば解釈を要する重要な情報になるのは、当のコミュニケーション始発者の志向状態（あるいは命題的態度）だということだ。たとえば、わたしが狩りから戻る時に、何頭かのガゼルが、水場2で水を飲んでいるのを見たとしよう。すると、わたしはガゼルが好む水場1が、いまは干上がっているのだろうと（昨今の乾いた天気から）推測する。さて、ホームベースに戻ると、あなたがこれから水場1に水を汲みに行くと言う。わたしは、水場1は、いまは水が涸れている可能性が非常に高いと伝えたい。しかし、ただ単に「水場1には水がない」という事実としては述べたくない。というのは、確実にそうとは限らないからだ。このような状況下で、話し手の確信のなさを示す標識として最初のものは、おそらくは、なんらかの不随意的な表情だっただろう（右記参照）。しかし、ヒトが慣習化している疑いの示し方は、たとえば、「たぶんそっちには水はない」なり「そっちには水がないとわたしは思う」といったものになる。興味深いのは、英語やドイツ語を話す幼い子どもが最初に使用する思考に関する語は、ある具体的な心的行為としての思考を示すというよりも、むしろ、自身の不確かさをたぶん（maybe）のようなかたちで示すものだということだ（「あそこに水はないと思う」という風に言うのは、「あそこには多分ない」ということなのだ。Diessel and Tomasello, 2001）。もっと後になってはじめて、かれらは第三者にとって心的に起こっていることを明確に指示するようになる。かくしてひとつの仮説として、ヒトが心的状態について明確に語り始めたのは談話の要請に応じてであって、当初は一律にそうしていたわけではなく、単に、命題内容についての自身の認識的態度を示すためだったと考えられる。その後、まさに同一のコミュニケーション慣習のセットを使用しながら、他者も自分も含む「誰であれ彼であれ」の心的状況にまで言及するようになったのだ。ひとたび志向状態が明示的に参照可能になると、ヒトはあらたな方法で反省的に思考できるようになった。

　解釈を要する認知プロセスのふたつめのセットは、コミュニケーション始発者の論理的推論プロセスだ。これらにはもっとも顕著なものとして、そして（and）、または（or）、各種の否定（e.g., ではなく（not））、含意（もし……なら……（if ... then ...））が含まれる。たとえば、論争的な談話の中で受け手からの圧力に応じるのに、話し手は自身の推論プロセスを明示するために、先述のような語彙を必要とする。かくして、通常時の談話におけるコミュニケーション上の圧力と似たかたちで、論争的な談話における「論理的圧力」は、論争当事者たちに、その時点まで手続き的なだけでまったく表象的ではなかった論理的操作を言語の中で明示化させたのだ。たとえば「あるいは（or）」が、なんらかの身振りで表現されることになる、最初のジェスチャー的／映像的ステップを想像してみよう。誰かに、（一方の手にのせて）この（this）モノ、あるいは、（もう一方の手にのせて）あの（that）モノを、差し出すのだ。「もし……なら……」という含意は、脅迫や警告（もしX……ならYだ）といった日々の社会的インタラクションを身振りで表現することで表示できそうだ。しかし、ここでも、こうした論理的操作を言語的慣習としてシンボル化することは、そうした操作をより抽象的かつ強力にし、そしてまた、自己モニタリングと内省をより容易なものにしただろう。

三つめとして、話し手は、しばしば、背景となる仮定や共通基盤のいくらかを明示して、受け手の理解を助けることを強いられる。たとえば、わたしたちが一緒にハチミツを採集しているとする。これは、文化的共通基盤からして、わたしたち双方にとっていたって馴染みの深い文化的習慣だ。この習慣についてわたしたちが共有している知識——どの種のハチの巣を探すか、木のどの高さを探索すべきか、どんな道具が必要か、持ち運びに必要な容器は、等々——は、わたしたちの活動の多くを方向づける。したがって、あなたが先に行って木の葉を集め、編み始めたなら、わたしは辛抱強く待っているだろう。わたしたちどちらが持ち運ぶにせよ、容器が必要になることを知っているからだ。とはいえ、共有されているこういった知識はどれも、わたしたちの（文化的）共通基盤においては非明示的だ。初期人類ならば、採集のパートナーに、ある種の適切な木の葉を指差すことでこの知識を明示したかもしれない。しかし、現生人類であるわたしが、共有されたなんらかのコミュニケーション慣習によって、適切な木の葉があることをあなたに気づいてほしいという自分の意図を表明するのを想像してみよう。「見て、あそこにいい感じの木の葉があるよ」。これであなたの注意は、ずっと明示的なかたちでその木の葉に引きつけられるが、それでもまだ誤解の余地はある（いい感じって、なんのために？）。あなたがその木の葉を眺めはしても、失敗に終わるかもしれない。あなたがなにを理解していないのかというわたしの見極め次第で、わたしは「バンヤンノキの葉だ」とでも、あるいは「僕らには容器が要るよね」、「容器を作るにはバンヤンノキの葉が要るよね」とでも言えばいい。わたしは、(わたしたちの共通基盤において、あなたも推論しうるであろうとわたしが誤って考えた) その木の葉の存在に、あなたの注意を向けようとしている理由をあなたに対して明示しようとし、そしてこのプロセスにおいて、コミュニケーションに向けた自分自身の思考の基盤を明示する。このことが、ふたたび、わたしが自分の思考と思考同士の結びつきを、それらがわたしたちの共通基盤として非明示的でしかなかった時にはできなかったかたちで、反省することを可能にするのだ。

かくして現生人類においては、志向状態、論理的操作、背景となる仮定といったものを、比較的抽象的で規範的に統治された、集合的知識としての言語的慣習のかたちで、明示的に表明することができるようになった。慣習的かつ規範的という言語に備わった性質のおかげで、反省というあらたなプロセスが生じた――類人猿が決定をおこなうにあたって自身の確信の度合をモニターする場合や、初期人類がコミュニケーションの受け手の理解をモニターする場合とは異なり、むしろ「客観的」かつ規範的に考えるコミュニケーション始発者が、自身の言語的概念化を、それが他の「客観的」かつ規範的に考える者からやってきたものであるかのように評価するのだ。その結果として現生人類は、個体内の自己モニタリングや二人称的社会的評価にとどまらず、むしろ完全に規範的な内省までおこなうようになった。

意思決定の共有と理由の提示

最後に、ヒトの思考プロセスにとって世界が変わるような意味合いを持つものとして、ヒトのコミュニケーションにおける、ある非常に特殊な談話の文脈をひとつ取り上げておかねばならない——意思決定の共有だ。典型的には、たとえば協働のパートナー同士——あるい長老会議であってもかわまない——が、やり方（行為の系列）の選択肢が複数ありうると互いに知っているという共通基盤に立ちながら、どのやり方で行くか決めようとしているのを想像してみよう。相互依存的な状況で互いが同等の力を持つことを前提にするなら、かれらは他者に、あるいは他者たちに単になにをすべきか告げるだけでは済まない。取りうるやり方をひとつ提案し、理由でもってそれを補強しなくてはならないのだ。

では、初期人類から見ていこう。というのも、初期人類の協働者たちは、典型的には共通基盤に多くを負いながら、非明示的に理由を提示するのに指差しと身振りが可能だったからだ。初期人類二個体がレイヨウを追っているのを想像してもいい。かれらはレイヨウを見失ってしまい、見晴らしのよいところでいったん止まって、どちらに向かってゆくか共同で決めようとしている。一方の個体は、この文脈下で、地面に残されたいくつかの痕跡を指差すかもしれない。それが（おそらくはいま追っている）レイヨウの痕跡であることは互いの共通基盤であるため、このふたりのハンターに関連性を持つ。同じく関連性を持つのは、その痕跡の示す方角だ。これもまた、このふたりにとって重要だ。というのも、共通基盤として、その方角は、追っていたレイヨウが走っていった方角を意味している可能性が高いと知っているからだ。重要なのは、パートナーの注意をその痕跡に向けるにあたって、コミュニケーション始発者の目的は「パートナーが自分と一緒にその方角に向かうこと」であるということだ。しかしその際、かれはその方角を指差してはいない。ただ単に地面を指差しているのだ。つまり、このコミュニケーション始発者の行為は、受け手側に、ある意味で暗黙裡に理由を提示するものであって、そこに我々はこう注をつけてもいいだろう――レイヨウの痕跡を見ろ。追跡中の獲物の向かった方角についてそれがなにを意味するのかというパートナー同士の共通基盤を前提にするなら、痕跡は、こっちの方角へと向かう理由をわたしたちに提供しているのだ。受け手は、別の方角を指差して反対するかもしれない。そちらには、草むらの脇に、追跡中のレイヨウの仔がいるのが見える。これは、先のとは異なるこちらの方角に向かったほうがよさそうな理由になる。言うまでもなく、これらの理由は、どれひとつとして明示的なものではないので、完全に熟慮的な思考と呼びうるものにはなっていない。それでも、そこが始まりなのだ。

現生人類と、かれらの慣習的な言語コミュニケーションのスキルによって、わたしたちは純正な合理的推論へと至る。そこでは、「推論」が単になにかについて考えることにとどまらず、――他者のためであれ自分のためであれ――規範的なかたちで、あるひとが、自分が考えていることをなぜそういうふうに考えているのかという理由まで説明できる。これは、ヒトの推論というのは個人的な営みだという伝統的な見方とは相いれない。この点をめぐってもっとも明晰なのはメルシエとスペルベル（Mercier and Sperber, 2011）で、かれらは推論プロセスを、コミュニケーションと談話、ことに、個々人が他の人々に向けて、自身がこれが正当だと思う理由を明示しなくてはならないような論争的談話の観点から、練り直している。基本的な発想は次のようなものだ。コミュニケーション始発者が受け手なにごとか、信じてもらいたいと思うことを伝え、それはしばしば（協力の相互仮定に基づいて）信じてもらえる。しかし場合によっては、（理由はどうあれ）受け手側が充分な信頼を抱いていないこともありえ、そうなるとコミュニケーション始発者は、自分の情報的な言明にさまざまな理由づけをする。この種の理由づけの談話の中で、個体は、他個体を納得させようとする。多方面からの証拠が、推論の主たる機能が他者を納得させることにあるということを示している。たとえば、証拠を否定する理由よりも支持する理由を探そうとするヒトの傾向（肯定バイアス）もそのひとつだ。この見方を取ると、他者を納得させることは個体の適応に適ったことであり、そのためヒトは推論の能力を、真実に達するためではなく、自身の見方を他者に納得させるために進化させたのだ。

ヒトの推論は、各個人がおこなうものも含めて、社会的コミュニケーションに源泉を持つとする提案は、ほぼ確実に正しい。しかし、メルシエとスペルベルの主張は、そこに関与する協力的プロセスを背景に押しやっている嫌いがあるため、ここでは協力的プロセスを前景に出す代案を提示したい。鍵となる社会的文脈は、意思決定の接続または集合だ。というのも、これはさまざまな協働活動で常に生じていることだからだ。つまり、狩りに出ていて、わたしたちはこちらの方角でレイヨウを狩るべきだとあなたは考えるかもしれないし、わたしはわたしで、あちらの方角に行くほうがうまくいくだろうと考えるかもしれない。自分の主張を叶えるために、あなたは、わたしたちの慣習的言語で、たとえば、南には水場があることを指摘するなどして、その推論をより明示的なものにする。わたしはわたしで、やはり言語を使って、自身の主張の推論を明示化して反論する。この時間帯だとその水場にはライオンがいる可能性が高い、だからレイヨウはいないだろう——しかも、ここには北に向かうレイヨウの痕跡があるじゃないか。いや、その痕跡は古そうだ、とあなたは言うが、それは今朝の直射日光にさらされたからで、実際のところは明け方かそのぐらいじゃないのかとわたしは思う。重要なのは、このような議論が、協力的な文脈を前提としている点だ。ダーウォル（Darwall, 2006, p. 14）はこれについて次のように述べている。「ある一定の文脈においてしか、たとえば、あなたとわたしがなにを信じるべきか一緒に決めようといった時にしか、あなたもわたしも、互いに論理的な推論をすることが必要な立場になったりはしない」。

このような協力的論争と呼びうるものは、両性間の争いとしてのゲーム理論でモデル化できそうだ。つまり、わたしたちにとって最大の目標は協働だ——あらゆる条件下において一緒に狩りをする、でないと成功の期待値はゼロになるからだ——しかし、その協力的枠組みの中で、わたしたちは互いの主張を戦わせる。この文脈で決定的に重要なのは、もしわたしたちが本当はレイヨウの居場所を見誤っているなら、どちらもそんなふうに相手を納得させようとはしないということだ。議論に勝って空腹な夜を過ごすより、議論に負けても夕食にありつきたいだろう。かくして我々のいう協力性の鍵となる側面は、わたしたちはあらかじめ暗黙裡に、「最善の」理由がある方角に進みたいという合意をしているということだ。それこそが、合理的であるということのすべてなのだ。

「最善の」理由への関心は、セラーズ（Sellars, 1963）が「正しさと関連性をめぐるさまざまな共通基準、わたしが現にどう考えているかと、だれもがそう考えるはずだということを結びつけるもの」と呼んだものを思い出させる。共同での、あるいは集合的な意思決定という文脈におけるわたしたちの協力的論争は、どの理由が実際のところ「最善」なのかを決める時にわたしたち双方が使用する指標の共有を前提としている。このため、集団の意思決定にあたっては、たとえば、直接の観察に基づく理由は間接的証拠や噂に基づく理由に勝る、といったことを指定する、協力的論争を律する社会規範が生じる。さらに深い、概念的な要点となるのは、そもそも論争に踏み込むということは、ある種の「ゲームの諸規則」、すなわち、協力的に論争するための集団の社会規範を、インフラとして受け入れることを意味するという点だ。これは、路上のケンカとボクシングの試合の違いなのだ。古代ギリシャ人は、西洋文化における、論争をめぐるこれらの規範のうちもっとも重要ないくつかを明示した。たとえば、無矛盾律（議論する者は、同一の言明を、同時に真でありかつ偽であるとは主張できない）や同一原理（議論する者は、Aに対する同一性を論争の途中で変えてはならない）のように。古代ギリシャ以前であっても、たとえば同一の言明が同時に真でありかつ偽であると主張する人々は、他の人々に無視されるか、さもなければ合理的に議論するよう警告されただろうと想像がつく。つまり、協力的インフラは、そもそも推論するとはどういうことかを決定する決め手だったのだ。自然界そのものはすべてが「である（is）」だろう――レイヨウはいるところにいるだけだ。しかし、その「である」が実際のところ何であるのかをわたしたちが決める際に用いる、文化的に埋め込まれた談話のプロセスは——理由の空間における、セラーズの印象的なフレーズを使うなら——「べきである」を孕んでいるのだ。

協力的論争はこのようにして、「断定的」な言語行為の生誕の地となったのだろう。断定は、断定者に自身の発言が真であること（すなわち、単にわたしが正直であるだけでなく、発言が客観的に真であること）を負わせ、そして重要なことに、理由や正当化による発言の裏づけを必要要件として負わせる点において、起源となった情報伝達的言語行為を凌いでいる。理由や正当化は、わたしがなにかを信じる根拠を他者に対して明示し、他者も同じ根拠を共有しているがゆえに、かれらが同じようにそれを信じる理由を与えようとするものだ（たとえば、わたしたちは皆、「もし水場にライオンがいれば、レイヨウはいないだろう」ということを前もって理解し受け入れている）。また、ある主張を、論争をめぐる規範に違反していたり（たとえば、あなたが言ったことがまったく矛盾している）、わたしたち双方が知っていることを事実ではないかのように言ったりすることを理由に、拒絶することもできる。全体として、さまざまな推論上の関係によって（典型的には、理由と正当化を提示することで）思考を他の思考（他者の思考であることも自身の思考であることもある）に結びつけるこの能力は、ヒトの理性一般の鍵であり、それが、ある種全体論的な「信念の網（web of beliefs）」としての、個人が抱きうるさまざまな思考すべての相互結合のようなものをもたらすのだ。

このすべての頂点となるのが——ヒトの思考について社会文化的見方を取る現代の思想家が皆認

めるとおり――ものごとを明示するさまざまな個人間のプロセスを、個々人の合理的思考や推論へと内面化することだ。受け手の理解を促進するためにものごとを明示的にすることで、コミュニケーション始発者は、実際の発話前に、自分の企図したコミュニケーション行為がいかに理解されうるか――おそらくある種の内的対話として――シミュレートするようになった。ある論争の中で誰かを説得するためにものごとを明示的にすることで、論争の当事者は、潜在的な反対者がいかに自分の説に論駁してくるか前もってシミュレートし、つまりは思考の中で――ここでもおそらくある種の内的対話として――相互に結びいた理由と正当化のセットを準備しておくようになったのだ。ブランダム（Brandom, 1994, pp. 590-591）はこのプロセスをこう描写している――「独白的な推論に用いられる概念内容は……寄生的なものであって、対話的な推論に付されるような内容としてしか理解されえない。なにからなにが引き起こされるかという問題には、本質的に、さまざまなコミットメントの背景を持って得点を記録する対話者同士の、さまざまな社会的視点に基づく評価が含まれているのだ」。

ヒトの推論の規範はこのように、コミュニティーのうちで少なくとも非明示的には合意されており、個々人は「合理的な人なら誰でも」を納得させる手段として理由や正当性を提供する。ということは、ヒトの推論は、個人のうちで内的になされる時ですら、その個人が集団の規範的慣習や基準に基づいて自身の行為や思考を調整する一種の集合的規範に満ち満ちたもの――「規範的自己統治」と呼ばれることもある――なのだ（e.g., Korsgaard, 2009）。

行為者中立的思考

初期人類の二人称的思考は、特定の他者との直接の協働的・コミュニケーション的インタラクションで生じる協調問題の解決を目的とするものだった。現生人類はこれとは異なる協調問題、すなわち、未知の——個人的な共通基盤をほとんど、あるいはまったく持たない——他者たちとの協調問題に直面した。行動レベルでの解決は、文化的共通基盤に立つ誰もが同調すると誰もが期待するような、集団全体に渡る、行為者中立的なさまざまの慣習、規範、制度を創り出すことだった。そういった世界においてコミュニケーションを介し他者と協調するには、ヒトのコミュニケーションもまた慣習的でなくてはならず、その基盤もまた個人的なものでなく文化的共通基盤に立っていなくてはならない。そして、慣習的コミュニケーションにおいて善きコミュニケーションのパートナーとなるには——特に、意思決定の共有において協力的な参与者となるには——現生人類は、自分の思考の理由を、言語によって、特定のやり方で明示的に表明し、またその際に、それらの言語行為および理由の明晰性や合理性について下される文化集団の規範的判断をシミュレートしなくてはならない。現生人類は、単に他個体との志向性の接続に加わるのみならず、文化集団全体との志向性の集合（集合的志向性）にも加わらなくてはならないのだ。

「客観的に」表象すること

初期人類は、自身に対して、さまざまな状況や存在を、同時に複数の視点から認知的に表象し、またその際に、その状況や存在に関する、ある特定の視点を、直示的もしくは映像的コミュニケーション行為を通して、他者に向けて指し示したりシンボル化していた。現生人類はさらに、時として馴染みのない他者とも、行為者中立的なさまざまな慣習、規範、制度によって構造化された協働やコミュニケーションを開始し、このため、築いている認知モデルやシミュレートしている視点が、単に特定の他者にとどまらず、ある種包括的な他者、あるいはおそらく集団全体についてのものになった。誕生の瞬間から個人を包む言語的慣習は、その集団全体が、はるか昔から経験を遠近法主義化しスキーマ化するやり方を身体化したものであるため、このやり方から逃れることはできなかっただろう。社会的な操作をおこなうこのあらたな方法は、認知表象に三つの重要なあらたな特徴をもたらした。

慣習的　生命の歴史上はじめて現生人類において、個体がそれぞれ、その文化における先祖たちが他者とのコミュニケーションに役立つと見出しておいた、概念（化されたもの）の構造化された目録から成り、規範的言語というかたちをとる、文化的に構築された表象システムを「継承」するようになった。言語的慣習の使用は、その集団の文化的共通基盤内部で共有された。つまり、ヒトの集団指向性と同調性を前提に、それらの適切な使用を律する「コミュニティーの基準」の中で規範的に当然のものとして根を下ろしたのだ。このことで、特に言語獲得中の子どもたちには、備わった言語的慣習による世界の切り分け方が、ある意味で自然なものであるように見えることになった。

これに加えて言語的慣習の恣意性が、正義や恐喝といった、単なる分類学上のクラスではなく主題的あるいは物語的に定義された存在物をスキーマ化した、高度に抽象的な概念を操作する能力を生み出した、あるいは少なくとも、促進した。言語的シンボルの恣意性はまた、たとえば開く、壊すといった比較的具象的な語の概念を、さまざまな具体的状況を超えたより抽象度の高いものにした。もっとも重要なのは、さまざまな言語的慣習と慣習相互の関係が、その慣習的性質ゆえに、はっきりと対照的な複数のアスペクト形態——ガゼル、動物、夕食——を用いた概念化の可能性を、集団の文化的共通基盤に立つ全員に知らしめたことだ。これらの対照的なアスペクト形態は、個人のうちに、自らの道具的行動のために概念化した世界と、自身の慣習的言語によってさまざまに建設的なかたちで概念化された世界とのギャップを生じさせる——古代ギリシャ人からベンジャミン・リー・ウォーフに至るまで、人々がずっと考え続けてきたギャップだ。

命題的　現生人類は、さまざまな言語的慣習同士を組み合わせて使用するようになり、言語的ゲシュタルト的なものとしての抽象的な言語構文を創り出すに至った。多くの言語構文は命題全般を概念化するが、これは、二次的シンボルによって構文中で特定の役割を果たしていることが標識される、内的構成素のおかげで可能になることだ。命題レベルの言語構文は遠近法主義的（たとえば能動態対受動態）であり、要素のひとつ（主語）が、概念化された状況への遠近法主義的な入口を提供する。この言語構文の抽象性が、際立って生産的な概念結合を可能にし、おかげでわたしたちには、幸福な太陽から月に住む男に至るまで、あらゆる想像上の存在や状況を思い浮かべることが可能になったのだ。こうして言語構文はさまざまなメタファー的表象の可能性を生み出し、その中で構造的アナロジーが――「あるアイディアが他のアイディアを「切り崩す」」から、「活動に自分の時間が「食いつくされる」」まで――思考のあらたな枠組みを提供する。さまざまなコミュニケーション動機や態度を言語構文のかたちで明示することは、経験を客観視することに貢献した。いかなる個人の願望や態度からも独立して、事実とおぼしき命題内容を示すことになったからだ。

言語構文を用いて、現生人類は――自身が関わる客観的真実に関して――断定をおこなうようにもなったが、それは、ある特定のエピソード的出来事についてでもあるが、重要なことに、あるタイプの出来事や事実一般についてでもありえた。かれらは、特に、規範を強制する際（「そういうことは人前ではしないものだ」）、教える際（「これはこういう風に動くのだ」）にこれを使用した。こういった包括性はおそらく、断定表現の背後にあって、個人を超越した客観性を与えてくれる規範的な「集団の声」に端を発するものだ。

「客観的」　初期人類は、個体ごとの視点が異なるまま世界を生きていた。現生人類もやはりこの世界を生きているが、それに加えて、集団指向型の文化という文脈で、結婚から貨幣、政府といったものに渡る慣習、規範、制度のように、集合的に作り出された存在からなる、ある種の公共世界が発生した。こういった存在は、個人がこの世に登場する前から、いかなる個人の思考や希望とも独立してそこにありながら、それらの思考や希望によって、物理的世界と同様に「いつもずっと前からそこにある」という地位を与えられている。さらに、これらの集合的存在には前もって確立された役割が備わっており、理論的には、いかなる行為者もシームレスにそこに適合できる。そして実際に、場合によってはそうした役割が、たとえば大統領とか貨幣といった、まさに現実としての義務的な力が一目瞭然のあらたな現実を作り出す。この公共世界をうまく機能させるには、個々人が、ものごとについてのある種の行為者中立的視点、言い換えれば、世界を「客観的」に構成し、その上で個人的な真偽や正誤の判断を正当化する、ある種特権的で「超越的な」視点を持つことができなくてはならない。

現生人類の個体がそれぞれにこの世界の認知モデルを築くにあたっては、単純な因果的・志向的関係を使用するだけでは十分とは言えなかった。族長や結婚といったものを説明するには、言語や文化はもちろんのこと、集合的な合意によって作り出され、集合的な規範判断によって維持されるものごとをある程度理解する必要があった。言い方を変えるなら、現生人類には、一個人の思考や態度、さらには複数の個人の思考や態度さえ超越した集合的な現実を、あらたに（なんらかのかたちで）概念化することが必要だったのだ。そのようなモデルを構築するということは、自然に、個人から生じるのではなく、その個人の文化的世界によって生み出された、個人を超える「客観的」

な視点を割り当てることで生じる、事実である、真である、正しい、といった判断を生み出した。言語的表象は――特に、コミュニケーション始発者の二人称的態度と、無時間的で包括的な命題内容（たとえば「雨が降っているとわたしは思う」）とを区別した主張は――こういった客観化・具体化の傾向を少し後押ししたにすぎない。こうして現生人類は、初期人類の生活様式を「集合化」し、初期人類の世界の認知モデルを「客観化」したのだ。

反省的に推論する

ヒトと大型類人猿との共通祖先がおこなった推論は、シンプルな、因果的で志向的な推論にすぎなかった。初期人類の推論は再帰的に構造化され、指を一本突き出すだけの協力的コミュニケーション行為を生成し解釈することを可能にした。しかしいまや、現生人類の言語コミュニケーションは、推論にまったく新しい展望を開いた。いまやわたしたちは形式的推論、語用論的推論などといったものを備え、外的なコミュニケーション媒体は、コミュニケーション始発者によって客観的で規範的な視点から反省的に眺められるようになった。また、理由や正当性を他者に示すこと――そして内的推論として自分自身に示すこと――が、個体に備わったさまざまな概念化をひとつの推論の網へと結びつける役割を果たすようになったのだ。

言語的推論　さまざまな言語的慣習の指示対象間での序列関係は、慣習化のプロセスの一部と言える。つまり、ある特定のタイプの動物を指す時にだけ誰もがガゼルと言うのだと、誰もが集合的に知っているし、動物と言えばあらゆる種類の動物のことで、ガゼルはそのうちの一タイプだ、ということを誰もが集合的に知っている。ということは、わたしたちには形式的推論の可能性があるのだ――一頭のガゼルがあの丘の向こうにいることをわたしたちが知っているならば、わたしたちは一匹の動物があの丘の向こうにいることを知っている（が、その逆はない）。形式論理学の初期発達の大部分は、このタイプの推論の上に築かれ、今日の概念役割意味論においても、このタイプの推論はやはり重要な役割を果たしている。同じくきわめて重要なのは、あるコミュニケーション始発者が使用しうる言語の選択肢をわたしたち誰もが知っていることを、わたしたち誰もが集合的に知っている、という事実であり、これが、グライス（Grice, 1975）が有名にした語用論的推論を導くことになる――もしわたしがだれかを「知り合い」と言ったら、これはほぼ確実に、わたしたちは友人ではない、ということを意味する――もしわたしたちが友人であれば、わたしは友人という語を使ったはずだから。こういった含意とそれに対応する推論が可能なのは、ひとえに、可能な選択肢が集団における文化的共通基盤の一部であるからで、おかげでわたしたちは、わたしがどうしてそんな語を選んだのかと一緒に首をひねることもできるのだ。慣習的言語コミュニケーションはこのように、あらたな種類の強力な推論を可能にする。

さらに、言語コミュニケーション、そして言語的慣習が持つ恣意的性質は、現生人類が、初期人類の自然発生的ジェスチャーでは不可能ではないにせよ容易に表現できなかった、たとえば志向状態や論理的操作などの概念（化されたもの）を言語で明示的に表現することを可能にした。「みずからの思考は、相手に向けた外的行動として表現することによってのみ反省可能である――なぜなら、そこではじめて他者の役割を演じ、相手の視点からその役割を理解しようとすることになるから――」という仮説に基づけば、言語コミュニケーションはいまや、反省的に考えることのできる、あらたな多くの概念を現生人類にもたらしたのだ。重要なのは、現生人類が自身の思考について反省的に思考する際には、少なくとも状況によっては、自身の視点からそうする、あるいは特定の他者の視点からそうするだけでなく、もっと「客観的な」視点から思考するということだ。

反省的推論　特殊な談話状況と言えるのが、協力的論争だ。わたしたちはその中で、行為や信念に関してなんらかの集団的決断に到達しようとする。わたしたちは、断定する、真実だと宣言するだけでなく、その断定を理由や正当性によって裏づける、つまり、集合的に真実であり信頼できるとされているものごとと結びつけることで、これを成し遂げる。このプロセスの結果が、言語で表現された現生人類のさまざまな概念と命題的に構造化された思考とが、広大な「信念の網」の中で推論的な結合を一層強めてゆき、この網の中の各要素が、他の要素との推論的関係性から意味を獲得するまでになる。この相互結合性こそ、命題的に構造化された思考同士が理由や正当性を相互に提供し合う（すなわち、論争の中で前提や結論として使用されうる。Brandom, 2009）概念システム全体「をめぐるやり方を知っている」十全に合理的な生物であるための、鍵となる成分なのだ。

さらに、現生人類がこのような協力的論争をはじめると、暗黙裡に受容されるさまざまな規範が生じた。これらの規範は、矛盾した主張を次々と重ねた人や、議論の途中で使用する言葉の意味を変えた人、あるいはひとつの主張を真でも偽でもあると言ったような人を、基本的に集団の意思決定プロセスにおいて無視するか排除するかたちで働いた。すなわち、協力的論争のプロセスとは特殊な言語ゲームであり、そこでは、合理性というヒトの規範が、集団的決断（たとえば政治的、司法的、認識的な決定）において関わることを求める者全員を支配するようになったのだ。

これらすべては内面化されうる。内面化というのは、コミュニケーション行為を、コミュニケーション始発者としては自身に向け、受け手としては、分かりやすさの「客観的な」規範的基準に「他者」を置くことも含めて、協力的参与に向ける、といったことだ。そこでもたらされる内的対話は、ヒトの思考における特に顕著なタイプのものとなる（Vygotsky, 1978）。コミュニケーションの文脈が協力的論争である時、そこで内面化されるのは論争の筋道全体であり、主張の正当性だ。個人はいまや、どうして自分がいま自分の考えていることを考えているのかについて、規範的に正当化された理由を自らに与えることができるし、ということは、その個人の概念が、大部分において、規範的に承認された他の概念との推論的関係性によって定義されるようになる。結果的にもたらされた信念の網と、この網を容易に操るヒトの能力とは、個人的な推論に携わる能力の基盤になる。

ということはこの時点で、現生人類の推論は、因果的・志向的な系列を思い描くだけの類人猿的なものでも、それらを遠近法主義化したり再帰化するだけの初期人類的なものでもなくなっている――現生人類の推論はいまや、慣習的言語によって可能になったあらたな種類の推論と、一種の内的対話によるものも含む、自身の思考についてのあらたなかたちでの反省を伴うものとなった。このようなプロセスが、協力的論争という特殊な文脈で働いた時、推論と呼ぶことのできるようなものがもたらされるのだ。このように現生人類は、文化集団の規範的基準という文脈下で、状況に応じて、ある種の熟慮的、あるいは反省的な推論をおこなうことができるのだ。

規範的自己モニタリング

初期人類は、我々が協力的自己モニタリングと呼んだもの（特定のパートナーの評価反応によって協働活動を調整すること）、そして、コミュニケーション的自己モニタリング（自身のコミュニケーション行為を、特定のパートナーがおこなうであろう解釈に基づいて調整すること）をおこなっていた。これらのプロセスを現生人類の特徴である文化的生活様式にスケールアップすることは、個々人がいまや、集合的に知られ受け入れられている文化集団の規範を介して、自身の行動上の意思決定を調整するようになったことを意味する。こうして現生人類は、意思決定に際して二人称的圧力を感じるだけでなく、さらにの上に、いわば、集団に同調せよという、集団レベルでの規範的圧力を感じるようになった。つまり、わたしが自分の責任を放棄しないのは、なによりもまず、自分のパートナーをがっかりさせたくないからであり、そして第二には、この集団の「わたしたち」は他者をそういうふうには扱わないものだからだ。こうして、より一般化されたこの規範性は、集団アイデンティティーに戻ってくる——この集団のメンバーでありたいのなら、わたしはかれらと同じように振る舞わなくてはならない、つまり、わたしたちみなが（自分も含めて）引き受けた規範に従わなくてはならないのだ。

現生人類の思考と推論は、さまざまなかたちで規範的に組み立てられ統治されるようになった。コミュニケーション慣習を介して他者たちとコミュニケーションを取るならば、その他者たちがうまく参与できるかたちでおこなわなくてはならない。加えて、集団的意思決定と協力的論争の文脈では、論争に関する特定の規範に沿っていなくてはならない。集団的意思決定において他者たちには、わたしが有益なかたちで参与することに利害がかかっているし、ひとりひとりにも、他の誰もが推論と議論の諸規範に従い、すでに集合的に認められた命題や主張と結びつけて正当化しながら、真である主張をおこなうことに利害がかかっている。内面化されることで、このコミュニケーション上のプロセスが個別の合理性となるのだ。

規範的自己統治　規範的自己統治は、集合的規範のプロセスが内面化されることによって生じる。というのも、個人は、協力的かつコミュニケーション的な集団の社会規範を考慮しながら自身の行為を自己モニタリング、そしてさらには、自己制御しているからだ。現生人類は、自身とコミュニケートし、そうすることで自身の思考を反省し、集団が持つ規範的基準に基づく評価をおこなう。

この反省が意味するのは、ヒトは自分がなにを考えているか知っており、そういうふうに考える規範的に許可された正当性と理由とを自身に提供しうる――そうやって自身のさまざまな思考同士を「コミュニティーの基準」によってある程度統治されている複雑にこみいった推論の網の中で結び合わせる――ということだ。特に、この反省を、自身の思考と推論に関する実行制御をおこなう際にも用いる。思考する主体は、コースガード（Korsgaard, 2009）が強調したのは、ヒトはゴールを設定して特定のかたちでの決定と理由づけをおこなうだけでなく、それに先立って、それらが追求するに足る善きゴールなのか、下すべき善き決断なのか、抱くべき善き根拠なのか――あきらかに別の層にある反省や評価だ――を査定しようとする、ということだ。そして、ここでの規範的判断とは、単にわたしだけのものでもなければ他の特定の相手のものでもなく、どの合理的な人にとっても――すなわち、わたしたちと同じようにものごとをこなす集団の誰にとっても――それが善い目的、決定、推論の流れとなりうるかという判断なのだ。

現生人類はこのように、行為と思考の双方の内面化された指針として集団の社会規範を機能させている。つまり、現生人類は、協力的インタラクションにおいては、集合的に認められたものごとのやり方に、協力の規範に基づいて同調し、コミニュニケーション相互作用においては、集合的に認められたかたちでの言語の使用に、そして言語的に定式化された主張にも、合理性という集団の規範に基づいて同調するのだ。

赤道近辺に暮らす他のすべての大型類人猿と違って、現生人類は地球全域に拡散した。拡散は個別におこなわれたのではなく、文化集団としておこなわれた。現生人類の個体が、単身で長期間生きながらえることのできる居住地域は存在しなかった。そのかわり現生人類の文化集団は、特異的な環境それぞれで、アザラシ狩りやイグルーを建てることから、塊茎採集、弓矢制作にいたるまで（科学や数学は言うまでもない）、一連の特異的な、かつ認知的に複雑な文化的習慣を集合的に発達させ、各地の条件に適応した。我々がここで試みてきたのは、現生人類の個体が、それぞれの世界の片隅で遭遇するあらたな危機にともに適応しようとする努力の中で、協働的にもコミュニケーション的にもまわりの個体と協調することを可能にする認知と思考のスキルとはどんなものだったかあきらかにすることだった。

現生人類の登場前夜のイメージはこうだ。ごく初期の人類は、さまざまな協力的な目的に向けてさまざまなかたちで他者と協働し、コミュニケーションを取り合いながらかなりうまく暮らしていた。ところがなんらかの深刻な人口統計学的困難に直面して、集団指向性と協調性の大きな波が全員に押し寄せた。狩猟であれ食物採集であれ自発的に日々の糧を得るのにパートナーと協調してきたヒトは、やがて、食料採集のために多くの慣習化された文化的習慣を発達させるようになった。

複雑な協働活動を協調するためににわか仕立てのジェスチャーを使用してパートナーたちと自発的なコミュニケーションを取り合っていたヒトは、やがて、慣習的な言語コミュニケーションのスキルを発達させるようになった。そして、さまざまな方面での協力において、二人称的なかたちで互いに自発的に勧告したり諭したりしていたヒトは、やがて、集合的に知られ、かつ適用される道徳や合理性という社会規範を発達させるようになった。初期人類は、一緒に暮らし、他者と接続的なインタラクションをおこなった。現生人類は、一緒に暮らし、他者と集合的なインタラクションをおこなったのだ。

この集団指向性と同調性の巨大な波がもたらした影響のひとつが、累積的文化進化を伴う文化的集団淘汰だ。文化的集団淘汰は、個体それぞれが自集団内で同調した――そして自集団と他集団を識別するようになった――時に、集団そのものが自然淘汰のひとつの単位になる範囲で生じた(Richerson and Boyd, 2006)。こうして、局地的条件への文化的適合がうまくいった場合は生き残り、うまくいかなかった試みは死に絶えた。累積的文化進化は、文化集団におけるある発明が、あらたなよりよい発明がもたらされるまで安定的に維持される程度まで忠実に世代間で伝わった場合に生じた（いわゆるラチェット効果。Tomasello et al., 1993）。現生人類は、初期人類や類人猿と比較して、より強力なラチェットを備えていた。というのもかれらは――模倣という強力なスキルに加えて――他者にものごとを教えようとし、自身が教わる時には他者に同調しようとする傾向を、ふたつ揃って備えていたからだ。かくして、局地的条件に適応するのにも、異なる文化的諸集団との違いを示すのにも役立つ自分たちの認知的所産——捕鯨の手順から微分方程式の解法まで——を創り出し、恒常的に向上させる文化的諸集団の可能性をわたしたちが手にしたのは、この集団指向性と同調性の波によってのことなのだ。

この集団指向性と同調性の波がもたらした隠れた影響は、いわば、思考に使用される、文化的に集合的なかたちでのあらたな認知表象、推論、自己モニタリングだった。現生人類は、合理的な人であれば誰でも可能なある種の包括的、行為者中立的な視点をもとに、世界を「客観的」に表象しはじめた。さらに、慣習的言語コミュニケーションというヒトのあらたなスキルは、それまで不可能だった多くのものごと（たとえば心的状態や論理的操作について）について語ることを可能にし、そしてこれが反省的推論——自身の思考について思考すること——を、より深く広い範囲で可能にした。協力的論争の文脈では、現生人類は、自身の主張の理由を明示し、推論の網の中でその主張を自身の他の知識と結びつけ、そして、この理由を示すという社会的習慣は、十全な反省的合理性へと内面化された。また、現生人類の自己モニタリングは、はじめて、特定の他者による二人称的評価に関する期待だけではなく、文化集団としての「わたしたち」による規範的評価に関する期待も反映するようになった。これらすべての行動と思考のあらたなかたちを前提に、ヒトの経験的タマゴに入っていたヒビが、いまやまぎれもない隙間になった。個人はもはや、自身の視点を特定の他者ひとりのそれと対比して——ここから、あそこからの眺め——見るのではない。むしろ、自身の視点を、ある意味では、ものごとについての、誰かの、そしてみんなの包括的視点と対比したのだ。客観的に事実で、真で、いかなる視点から見てもまったく正しい――どこでもないところからの視点のない眺めだ。

かくして、道徳的観点から見るのであれば、協力は、他者のまたは集団の利害を尊重して自分自身の利害をある意味で消し去ることを常に伴っており、また、認知的観点からは、協力的思考は、他者のまたは集団のより「客観的」な視点を尊重して自分自身の視点をある意味で消し去ることを常に伴っている（Piaget, 1928）。このように、協力的コミュニケーションにおいては、わたしは常に我が受け手の視点を礼遇しなくてはならず、協力的論争においては、他者の論拠や主張が自分のものよりも――わたしたちの合理性の規範的基準（合意済みの客観的現実を含む）にのっとった物差しに照らして――よいものであるならば、受け入れねばならず、つまりは、自身のそれを棄てなくてはならない。ネーゲル（Nagel, 1986, p. 4）の言い回しでは「客観性とは理解の手段である……人生のある側面や世界についての、より客観的な理解を得るために、わたしたちは自身の最初の眺めから一歩引き、その視点と、視点の対象となる世界との関係を含むあらたな概念作用を構成しなくてはならない。……このプロセスは、さらにいっそう客観的な概念作用を使用しながら反復されうる」。自身の視点を別のより包含的視点の中に埋め込むのだから、この定式化において「客観性」は、より広い視点でまた再帰的にものごとを考えうることの結果として生じる。現時点での見方では、「より包含的である」というのは、単に、より幅広く、より個人超越的に構築された包括的な個人や社会集団のことだ――だれからのでもよい眺めなのだ。

現生人類に至る第二の大きなステップは、このように、すでに協力主義化され遠近法主義化されていた初期人類の思考をなぞり、それを集合化、客観化した。初期人類がミード（Mead, 1934）の言う「重要な他者」を内面化し、そこからの視点を参照したのに対して、現生人類が内面化し、参照したのは、集団全体の、あるいは集団成員のだれでも、ミードの言う「一般化された他者」の視点だった。この時点で、ヒトの思考は、もはや個人的プロセスのみにとどまらず、二人称的な社会的プロセスでもなくなっている。「自分はどう考えるか」と「他の誰かならどう考えるはずか」との間での内的対話になったのだ（Sellars, 1963）。ヒトの思考はいまや集合的、客観的、反省的、規範的になった。つまり、ついに完全に成熟したヒトの推論が生まれたのだ。

第五章　協力としてのヒトの思考

社会に根差し、歴史的に展開されてきたさまざまな活動の内面化は、人間心理の際立った特徴である。

レフ・ヴィゴツキー *Mind in Society*

ヒトの認知と思考は、他の霊長類の認知や思考よりもずっと複雑だ。ヒトの社会的インタラクションと組織も、他の霊長類のものよりもずっと複雑だ。これが偶然とはきわめて考えにくそうだ。ヒトの複雑な認知は、それを支えるヒト的な認知がそこになかったならヒトの社会は崩壊するだろうという意味で、もちろん、ヒトの社会の複雑さを生み出すものだ。しかし、認知から社会へ、というこの因果的なつながりは、進化的起源の説明として適切な方向とは言えない。その方向で効果が及ぶのならば、強力な認知スキルが選択されるようななにかもっと他の行動上の領域が存在し、その上で、それらのスキルがなんらかのかたちで社会的諸問題を解決する方向に拡張されなくてはならないだろう。しかし我々が、最終的には文化的慣習、規範、制度といったものまで含めた、ヒト独自のかたちでの協働とコミュニケーションを支える認知スキルに備わる数々の特殊性を解明しようとしていることを踏まえると、その行動上の領域というのがどんなものでありうるのかがはっきりしない。たとえば個別の道具使用や獲物の追跡といったものに適応した認知スキルが、このようなかたちで協力のような複雑な営みに転用されうるとは、とても考えにくそうだ。

　かくして、現時点でもっともありそうな進化のシナリオは、あらたな生態学的圧力（たとえば、個別に入手しうる食料がなくなり、集団サイズが大きくなり、他集団との競合が激化した）が、ヒトの社会的インタラクションと組織に直接作用し、より協力的なヒトの生活様式（たとえば採食のための協働、そして集団の協調と防衛のための文化的組織）に至ったというものだ。かつてなく協働的で文化的なこれらの生活様式をコミュニケーションによって協調させるには、まずは志向性の接続経由、次に、集合的志向性経由での、他者との協‐力（協同‐運営（co-operating））に向けてのコミュニケーション上のあらたなさまざまなスキルと動機が必要だった。協‐力するための思考。もっとも広い意味でありえそうなアウトラインとしては、これが志向性の共有仮説だ。

　しかし、進化をめぐる我々のストーリーは、ヒト独自のさまざまな側面とヒト独自の協働およびコミュニケーションのさまざまな側面とを詳細に結びつけながら説明しようとするにあたって、もっと細かなひねりや転回を多く用いてきた。まさにここに焦点を当てた進化のストーリーが現時点で見当たらないため、我々は、他の理論をここまでほとんど参照してこなかった。しかし、ヒト独自の認知や社会性全般の進化をめぐる説明は、現時点でも他に多数ある。それらを幅広く検討することは、志向性の共有仮説を現在の理論的展望のうちによりうまく位置づける上で有用だろう。

ヒト認知の進化をめぐるさまざまな理論

ヒトの認知と思考をヒト独自のものにしているのはなにかと問われた時、多くの認知科学者にとってのある意味で標準的な回答は、「一般的知性 general intelligence」といったものになるだろう。ヒトは非常に大きな脳（他の大型類人猿のざっと三倍）を進化させており、かつ、脳が大きいほど計算能力は高まるため、ヒトは、思考を含むあらゆる種類の認知的処理に、より大規模に、より巧みに、より速く臨める、と考えることができる。しかし、この描写がある意味での真実だとしても、進化的にどうやってそんなことが起こったのかという疑問が残る。ただ単に「賢いということは愚かであることよりもよりも適応的だから、ヒトはどんどん賢くなったのだ」と言うのでは、とてもありそうには思えない。これでは、言語道断この上ない「単にそういうことなのさ」型ストーリーのひとつになってしまう。飛ぶことも歩くこともできたなら、ただ歩けるだけよりもよいだろうに、なぜヒトは飛べるようにもならなかったのだろう？　重要なのは、信頼に足る進化的な説明は、特定の認知スキルのセットがそれを持つ個体に特定の利益のセットをもたらすような特定の環境のセットを前提とした、適応的なシナリオの上に築き上げられていなくてはならない、ということだ。

一般的知性について言えば、これがなんらかの意味で有用な構成概念だとしても、近年のデータは、もっと具体性の高いストーリーのほうが、我々の社会的な見方に似たものになるだろうことを示している。たとえばヘルマンら（Herrmann et al., 2007, 2010）は、さまざまな認知テストの包括的なバッテリー――物理的世界と社会的世界の双方に対処するスキルを測るもの――を、それぞれ多数の、ヒトにもっとも近い二種の霊長類、チンパンジー、オランウータンと、二歳半のヒトの子どもとに施行した。ヒトと類人猿との認知の違いが一般的知性に基づくのであれば、この研究におけるヒトの子どもたちは、課題の違いを超えて一様に類人猿と異なっていたはずだ。しかしそうではなかった。見出された結果は、子どもたちと類人猿は物理的世界に対処する認知的諸スキルについてはきわめて似通っていたが、ヒトの子ども（ある程度の言葉は使用するようになっているものの、読んだり、計算したり、学校に通ったりするにはまだ何年も間がある年齢だ）は、すでに、社会的世界への対処については他のどちらの類人猿よりも洗練された認知スキルを持っていた、というものだった。つまり仮説となるのは、ヒトのおとなが、ほとんどあらゆることについて他の類人猿よりも賢いのは、より高い一般的知性への適応を果たしているからではなく、子どもの時に、協力し、コミュニケートし、多岐にわたる道具やシンボルすべての使用を含むあらゆる新しいものごとを、ヒトの文化の中で他者から社会的に学ぶという、特殊な社会的認知スキルを使用しながら育ったからだ、というものだ（Herrmann and Tomasello, 2012）。

もっと限定的ではあるもののやはり領域一般的な認知プロセスでヒトとヒト以外の霊長類とを峻

別することを提案する諸理論には、似てはいるがまた別の議論が必要だ。そういった試みの中でもっとも体系的なのは、ペンらによるものだ（Penn et al. 2008）。かれらは、ヒトの認知とヒト以外の霊長類の認知とを分かつのは、ヒトの、より高次のさまざまな関係性を理解し推論する能力だと主張している。大型類人猿に関してかれらが参照するデータについては実証上の異論をいくつか差しはさまなくてはならないのに加えて、全体的な問題となるのは、この説もやはり、さまざまな活動領域におけるさまざまな問題にヒトとヒト以外の大型類人猿がどれだけうまく対処しうるかについて、一律な違いを予想することになる点だ。ここでもまた、ヘルマンらが先に示した結果（Herrmann et al. 2007, 2010）は、この説明と一致しない。しかもペンらは、関係的な概念化を用いることでヒトの特殊なスキルを説明しうるような適応上の（諸）文脈を具体的に示す進化的なストーリーを、まったく示していない。Ｂｏｘ１（第三章）で示した議論では、別の選択肢となりうる説明を提示した。すなわち、特別に洗練された、関係的なヒトの思考は、さまざまなタイプの志向性の接続と集合的志向性に含まれる、個別の役割を理解することで生じる、というものだ。つまり、この特殊な形態の関係的思考は、あらたなかたちでの社会的関与に認知的に適応するプロセスから生じた結果のひとつにすぎないのだ。ある意味で同様のことが、言語や「心的タイムトラベル」、そしてこころの理論において顕わになるような再帰性こそがヒト認知の独自性の鍵であるとする、コーバリス（Corbalis, 2011）の提案についても言える。再帰性もまた、我々の説明において鍵となる役割を果たしてはいるが、しかしここでも我々は、それがストーリーのすべてではない、と主張することになる。むしろ再帰性は、ヒトが特殊なかたちで（この場合について具体的に述べるなら、協力的（直示的‐推論的）コミュニケーションに参与するためにそれぞれの個体が推論をおこなわねばならないという特殊なかたちで）他者と協働したりコミュニケートしたりするようになったプロセスがもたらした結果のひとつなのだ。

ヒトの認知的な独自性を説明しようとする仮説の二組目は、言語や文化を援用するものだ。言語の場合でいくと、一部の論者たちは、言語によって可能になる計算プロセス、つまり、再帰性を含む、さまざまな結合的／統語的な生産性に独自性が存在することを指摘してきた（この見解の最近のバージョンについてはBickerton, 2009を参照）。もう少し哲学的指向が強い論者たちは、推論における言語の役割に――つまりヒトが（科学や数学、そしておそらくは法廷や政治的論争においてそうであるように）真実を目指して主張をおこない、そして、他者に対して明瞭な理由をもって自らを正当化しようとする、なんらかの言語を介して初めて可能になるその道筋に――焦点をあてた（たとえばBrandom, 1994を参照）。もちろん、ヒトの思考における言語の決定的な役割に異論の余地はない――そもそも言語は、我々の提起するヒト認知の進化における第二ステップの主要部分だ――が、現在の見方では、言語がその役割を果たすようになるのはそのプロセスのかなり後の方でのことになる。それどころか、我々はすでに、ヒトの言語は、それに先行する志向性の接続へのさまざまな適応（たとえば、共同のゴール、共通概念基盤、再帰的推論）によって可能になったもので、結果としての言語の登場は、ヒトの多くの活動が慣習化され規範化された、より大きなプロセスの一部なのだということを主張してきた（Tomasello, 2008）。我々の見方からすると、「ヒトだけに言語が備わっている」と述べるのは、「定常的な住処と呼べるものを築くのは霊長類の中でヒトだけだ」と実際には述べるべき時に、「ヒトだけが摩天楼を築くのだ」と述べるようなものだ。言語は、ヒト独自の認知と思考との到達点であって、基盤ではないのだ。

ある程度関連するが、多くの社会・認知人類学者は、他の霊長類と比較した際にヒトの認知のもっとも特筆すべき点は異なる集団間における多様性であり、これこそが、認知が文化のさまざまなプロセスに基礎づけられていることの証左だと主張してきた（e.g., Shore, 1995; Chase, 2006）。よりラディカルには、ポストモダン論者たちは口々に、ヒトのあらゆる経験は基本的にヒト文化の言説的な習慣の内部で生じ、したがってヒト独自の思考はこの文化の枠組みの内部においてのみ想像しうるものなのだと主張してきた（e.g., Geertz, 1973）。ここでもまた、文化が決定的な役割を果たすというかれらの主張は、かなり一般的な意味では、まったく正しい。しかし、進化的起源を問おうとするのならば、やはり十分とは言えないのだ。ヒトの思考は、ヒト文化の多様性が開花するずっと前から、より具体的には、協働と協力的コミュニケーション、志向性の接続に関する（ヒトという）種全体の規模でのスキルの進化の中で、もっと一般的なかたちで、独自のものになっていた（これはいまでも、前言語期のヒトの子どもたちの種独自のさまざまなスキルに見出すことができる）。そしてその後に続く時間の中で、これらのスキルが文化の進化と発展を可能にしたのだ。この分析は、ヒト独自のものの大半に文化的集団淘汰が決定的役割を果たしていることを論じたリチャーソンと

ボイド (Richerson and Boyd, 2006) の説明にもあてはまる。ここでも、我々のストーリーにおける第二の (文化的) ステップがこのプロセスをもたらしたのだが、さまざまな文化、ひいては文化的集団淘汰が可能になるには、やはり、前提となり、また付随するヒト独自の能力が数多く存在しなくてはならなかったのだ (たとえば、同調性、慣習化、規範化のような)。文化というものはものごとのこなし方が慣習化されたものなのだから、現生人類のさまざまな文化がいまのようなかたちで落ち着くには、それらが慣習化される前から、複雑で「生まれつき」根本的に協力的なにかもやはり、すでに存在していたに違いないのだ。

かくして、現生人類の認知と思考が進化的に発生する上で言語と文化が必要だったという点について、我々はほぼすべての人たちと意見をともにしている。ただ、言語と文化は、また別の、ヒト進化の中で言語と文化に先立ってまたはそれらと同時に生じたヒト独自の社会的・認知的な諸プロセス——すなわち、より一般的な志向性の接続と集合 (集合的志向性) に関わるプロセス——によって可能になったものだ、と主張したのだ。整合的な説明というものは、このように、先行する／同時的なさまざまなプロセスが果たす役割に目を配ったものでなくてはならないし、実際に我々の見解では、そもそも社会的関与とインタラクションのモードのひとつとして言語や文化がいかに機能するかを理解するには、それらの基底にあるプロセスである志向性の接続と集合 (集合的志向性) がきちんと説明されなくてはならない (Tomasello, 1999, 2008)。

仮説の三組目、最後は、進化心理学からもたらされるものだ。トゥービーとコスミデス (Tooby

and Cosmides, 1989）は、スイス・アーミー・ナイフのメタファーを提案し、ヒトのこころは、それぞれに独立した特定の課題を解決すべく進化した専用モジュールの雑多な集合であり、それらモジュールの大多数・重要なものは、初期人類とかれらの小集団における社会的インタラクションから生じたものだ、とした。具体的な適応上の問題とそれらを解決する認知能力の進化とに焦点を当てるこの観点は、認知心理学という、大方において進化（的な視点）を欠いた領域における予備知識として不可欠であり重要なものだ。しかし実際には、進化心理学者は主として、配偶者選択や近親婚回避といった認知的でない（あるいはわずかに認知的であるにすぎない）問題に焦点を当ててきた。認知については、トゥービーとコスミデス（Tooby and Cosmies, 2013）は、ヒトの認知が示すさまざまな特徴が、さまざまな領域における進化史の痕跡を示していると指摘するだけに安んじてきたのだ。たとえば推論の領域では、ヒトは、ある種の論理的問題が、進化的に適応した環境に近い社会的文脈で示されると、よりうまく解決できる。空間的認知の領域では、女性は空間的記憶について男性よりも優れている、というのも、女性は植物採集に適応しているから。視覚的注意の領域では、ヒトは動物が近づいてきたり遠ざかったりするのに特別な注意を払う、というように。しかしこれまでのところ進化心理学者たちは、ヒトの認知モジュール全般や、特に他の霊長類と比較した際のヒト独自の側面に関する包括的な説明を示していない。

このような総体的な視点――すなわち、モジュール性と適応性とに注目した視点――から、ヒトの認知上の独自性をもっと体系的に説明しようとする仮説もいくつかある。まずスペルベル

(Sperber, 1996, 2000) は、ヒトは、たとえば直感的物理学、直感的心理学といったより一般的なモジュールとともに、ヘビの検出や顔認識といった、高度に特殊化した認知モジュールの一群を、他のあらゆる種と同様に持っていると主張している。これらがスペルベルの言う直感的信念（高速で、証拠への耐性を示す）を支えているのだ。ヒトの認知を際立って強力なものにしているのは、メタ表象、すなわち、世界を認知的に表象するだけでなく他者そして自身が抱く世界の表象を表象する表象を可能にする、一種のスーパーモジュールなのだ。それぞれの個体がこれを「命題的」（構成的かつ再帰的）におこなうことで、スペルベルの言う反省的信念（個体が、善き合理性を備えるか、信頼する他者の信念を借用することで形成されうる）がもたらされる。仮に他の動物がメタ表象に関わっているとしてもそれは非常に初歩的なかたちでにすぎず、そこに構成性や再帰性は見られない。このメタ表象能力が（スペルベルは実際は三種類のメタ表象モジュールがあるだろうと考えている）、協力的（直示-推論的）コミュニケーションから、教えること、文化的伝播、他者との議論による推論に至るまでのすべてを可能にするのだ。メタ表象能力は、これとは別個の言語モジュール（これもあきらかにヒト独自のものだ）と共進化したものであり、インタラクションをおこなっている。

カラザース (Carruthers, 2006) は、ヒト以外の霊長類の認知にも表象と推論が伴うと述べつつ、ヒト以外の霊長類の認知モジュールの「コンパートメント化」によって生じる限界があることも強調している。ヒトの認知がより創造的かつ柔軟であるのは、ヒトの進化の過程において、付加的なモジュールが複数加わったからで、中でももっとも重要なのが（類人猿のそれを超えた）こころを読むシステムであり、言語学習システムであり、規範的推論システムだ。これらのモジュールは同一の状況に対して並行して適用することができ、このことがあらたなものごとを生み出し、さらには、ヒトが、作業記憶の中で創造的に行為のプランを想像しリハーサルする傾向性、つまり、あらゆる他のモジュール同士の、より柔軟なインタラクションを可能にする能力を進化させることになったのだ。

ミズン（Mithen, 1996）は、人工物をめぐる記録と緊密に結びつけて、ヒト認知の進化のモジュール仮説を体系的に示そうとしている。かれは、同じ道具を何千年にもわたって各地で使用し、象徴的な行動が見られないなど、初期人類の認知は相対的に限られたものだと指摘し、現生人類と対比している。多くの動物と同様に複数の異なる認知モジュールを持ってはいるが、それらが相互に統合されていなかったことが初期人類の限界だ、とミズンは考えた。具体的には、初期人類は、道具に関する技術的知性や、動物をめぐる自然誌的知性と、同種間における社会的知性を備えていたが、いずれも他のモジュールとインタラクションをおこなっていなかった。現生人類となって、わたしたちは象徴能力と言語を手に入れ、そのことが、複数のモジュールが一緒に作動することを可能にし、現生人類の思考に結びつく、「認知的流動性」と呼ぶべきものを生じさせたのだ。

より具体的なこれらの進化心理学的説明すべてに共通するのは、ヒト以外の霊長類――そしておそらく初期人類も――は強くコンパートメント化されたモジュール群に支配されている、つまり、かれらの認知プロセスは相対的に狭くかつ柔軟に欠けているということだ。対照的に、（現生の）

ヒトの認知はもっと幅広く柔軟だ。ヒトには、あらたなものも含め複数のモジュールが備わり、それらがどういうわけか一緒に作動したり（メタ表象や象徴、言語、作業記憶内で創造的に想像を働かせるといった水平的プロセスを介して）互いにコミュニケートしたりする。要するに、ヒト以外の動物（およびおそらく初期人類）はシステム1、直感的推論だけで活動しているのに対して、現生人類はこれにシステム2、実際の思考に基づく反省的推論を加えて活動しているということになる。しかしこの見方――現生人類を除くすべての動物に、ある種の厳密なモジュール性を想定する見方――は、大型類人猿の思考に関するデータとどうにも折り合いがつかない。大型類人猿が強くコンパートメント化された諸モジュールだけで活動しているという証拠などどこにもないし、それどころか本書の第二章は、大型類人猿はそんなふうに活動してはいないという証拠を示してきた。かれらはしばしば、物理的領域、社会的領域のどちらにおいても、システム2の諸プロセスを使用して行動する前に考える。どちらの領域でも、抽象的表象や単純な推論、（物理的因果関係や社会的意図によって構成された）原論理的な範例をさまざまに使用するのだ。つまり我々の見方によれば、モジュール性仮説に忠実であると同時にヒトの柔軟な思考に正当性を付与しようとするこれらの試みは、端的に言って、現時点での実証的証拠とうまく一致しない。

また、提起する具体的モジュールがそれぞれの論者ごとに違うさまを目の当たりにするのにも困惑させられる――実際のところ、分析のレベルが論者ごとにまったく異なることもしばしばだ（ヘビの探知や顔認識を、技術的知性や規範的推論と比べてみてほしい）。もっと体系化された包括的なりストだってまとめ上げられなくもないだろうが、ここで問題なのは、モジュール性仮説の論者達が、あるモジュールについて、単一の進化的機能を探る（モジュールがなんの「役に立つか」）以上には起源についてめったに問おうとしないことだ。進化においては、あらたな機能はしばしば、既存のさまざまな構造が、たいていはあらたなかたちでまとまってできたものであることは、広く知られている。たとえば規範的推論のモジュールは、それに先行する、個別の推論や他者や集団への同調、他者を評価し他者の評価に敏感であること、協力的コミュニケーション等々を支えるスキルや動機から構築されたものであることがほぼ確実だ。ある単一の進化的機能を支えている現代のヒトの認知構造を（「リバース・エンジニアリング」を通じて）眺めるのでは、進化の力学、つまり進化が進む中で既存の構造が継ぎはぎされあらたな機能が生み出される過程を見落としてしまう。この力学は、多くの認知的機能の間に「共通の由来」を経た深い関係性があることを意味しているのだ。たとえば協働採食のような複雑な適応的行動は――志向性の接続は言うまでもなく――速く走る、正確に投げる、首尾よく追跡するといった、構成要素となる多くのプロセスから成り立っていると言えるが、これらのプロセスのそれぞれが、それ自体あるいは、別の複雑な行動に関して他の適応的機能を持ちうる。直接的で緊急的な適応上の利益（たとえば配偶者選択や捕食者検出）に狭く限定された問題を乗り越えてしまうと、異なる認知スキル同士がいかに相互関係し合うかを理解する上では、このヒエラルキー構造が決定的に重要になるのだ。

そこで我々は、モジュールという語を用いないようにしたい。静的で構築的あるいは工学的な視点を示唆してしまうからだ。むしろ、ダイナミックな進化のプロセスを示唆する、適応という語を選びたい。適応は、きわめて狭いターゲットにも向けられうるし、我々自身も、適応的特殊化というエソロジー的観念（たとえば巣を張るクモ）を持ち出してきたが、これは心情的には、モジュールという観念ととても近い。しかし、適応の中には、最初からにせよ、時間を経て拡張されることでそうなるにせよ、もっと広範囲に適用されるものもある。たとえば大型類人猿は、特に道具使用に適応しているようには見えない。ゴリラもボノボも（オランウータンも生息域によっては）野生下で道具を使わないからだ。しかし、飼育下で適切な環境さえあれば、すべての類人猿が――それも非常に巧みに――道具を使う。ということはこの適応は、むしろ対象操作における因果的理解に向けられたもので、個体にとっての必要性が生じれば、道具使用にも適用されうるようだ（道具使用に特異的に適応していると思われる数種の鳥類とは対照的だ）。

　この考察をさらに一般化していくと、真に領域一般的な水平的能力なんて存在するのだろうか、という疑問も生じる。（このメタファーは、空間や量といった特定の対象は垂直的で、表象、記憶、推論といった一般的プロセスは水平的だ、というものだ。）モジュール性仮説論者の中には、一見水平的な能力も単一の領域一般的プロセスを示しているわけではなく、むしろ個々のモジュールに固有の計算手順があって、それらは他のモジュールの計算手順にはまったく関わっていないと考える者もいる。我々の見方からすれば、これもまた、複雑な適応におけるヒエラルキー構造の重要性を見逃している。認知表象、推論、自己モニタリングといったプロセスは、かなり限定された行動上の特殊化という文脈で、最初から――脊椎動物としての祖先種のどこかで――進化していたのかもしれない。しかし、あらたな種が出現し、これまでにない複雑な問題に直面した時、これらのプロセスが、いわば、かなり広範囲なものも含めた多様な適応の下位コンポーネントとして吸収されたのだ。この吸収プロセスは、大型類人猿やヒトのような高度に柔軟性の高い生物にとっては特に重要であり、言うなれば、このプロセスが広範囲にわたって生起することこそが、認知的柔軟性のひとつの鍵となる。

最後に、これも触れておかねばならないことだが、ヒトの志向性の共有に必要となるさまざまなスキルや動機は、我々の見解では、個体内で生じる認知的な適応の典型とは言えない。初期人類は個別的な認知スキルをいくつも備えていたが、その後、注意の接続を用いて共同のゴールに向けて、他者と協調しようとしはじめた。しかし、こういった協調問題を解決してもことは終わらなかった。むしろそれが初期人類がものごとをこなすまったく新しいやり方――特に、装いをあらたにした表象と推論のプロセスによって、経験におけるおよそあらゆることについて、参照的にコミュニケーションをおこなう可能性――を拓いたのだ。志向性の共有の登場は、個別の志向性と思考に関わるすべてのプロセスの再構成・変容・社会化をもたらした――空前の、と言わないまでも、異例の進化上の出来事だったのだ。これは、ヒトが、この変容を受けつけない多くのシステム1プロセスを活用しない、ということではない――それどころか、あることがどのくらい起こりそうか、道徳的ジレンマ、危険な状況などについての「直感的な決断」を下す際には、かなり頻繁に活用している

(e.g., Gigerenzer and Selton, 2001; Haidt, 2012 を参照)。とはいえやはり、こうしたあらゆることについて、たとえそれが結果的に行動の判断に影響を与えないとしても、ヒトはシステム2的思考で考慮し、さらにはコミュニケーションをおこないさえすることだろう。このように、志向性の共有のためのスキルと動機は、およそあらゆることについてのヒトの思考の仕方を変容させた——およそあらゆることについてコミュニケーションがとれるようになったのだから。

いずれにせよ、最初に述べたとおり、これらのさまざまな仮説のどれも——ここで見てきた三つの仮説セットのうちのどれひとつとして——志向性の共有仮説と直接的な競合相手にはならないというのも、どれも、ヒトの思考とその構成要素となるプロセスについて、具体的に焦点を合わせたものではないからだ。いずれの仮説も、ヒト独自の認知と思考に関するその仮説ならではの真実の一端を捉えていることは強調しておきたいが、我々がここで展開している説明は、ヒトの思考の多様な側面全体をカバーする上でより包括的なものでもあり、すでに存在していた構成要素となるプロセスから複雑な行動上の機能が継ぎはぎされる際の進化プロセスの働きかたに、より忠実でもある。加えて、これから見て行くように、志向性の共有仮説は、ヒトの社会性の進化をめぐる現代のさまざまな理論とも整合性が高いのだ。

ヒトの社会性の進化に関してはさまざまな仮説があるが、どれも一点では一致している。全体的な方向性として（少なくとも、農業、都市、そして階層社会が約一万年前に生じるまでは）協力が増加しつづける、という点だ。他の大型類人猿との明確な違いとして、初期人類ではペアボンドによる交配が始まり、核家族が協力のあらたな社会的ユニットになることになった（Chapais, 2008）。関連して、ヒトは――ここでも他の大型類人猿と違って――母親以外のおとなが子どもの面倒を見る、さまざまなかたちでの協力的な子育てをはじめた（Hrdy, 2009）。このあらたなかたちでの子育ては、協働採食の先駆体だったのかもしれないし、連動して生じたのかもしれない。もっとも健康なメスが採集をおこない、共有すべき食料を持ち帰る間、祖母や他の女性たちは子どもたちと家にとどまる――このことが、家族のネットワークをあらたな協力のユニットへと巻き込んだ（Hawkes, 2003）。そして、現生人類の興隆とともに、文化的集団淘汰の中で、価値のある資源をめぐって他のヒト集団と競合するうちに、文化集団全体――互いに知らない人だってもいるかもしれないクランや部族全体まで潜在的に含む――が、協力し合う単位になったのだ（Richerson and Boyd, 2006）。

協力へと向かうこの流れが、さらに向上し続けるヒトの認知能力とどのように相互作用してきたのかは、ほとんど研究されていないばかりか、これに関する推測すらない。ただ、大きな例外がふたつある。まず、ダンバー（Dunbar, 1998）は、社会脳仮説を支持するものとして、霊長類の種間で、〔認知的複雑さを反映していると考えられる〕集団サイズとが強い正の相関を持つことをあきらかにした。現生人類はその極端なケースだ。ヒトの脳のサイズと集団サイズはいずれも、ヒトにもっとも近い類人猿のそれらを数倍も上回っている。ゴウレットら（Gowlett et al., 2012）は、ヒトの進化に沿ってこの関係を追い、〔頭蓋の容量から推測される〕脳のサイズと、推計される集団サイズとがともに、およそ四〇万年前のホモ・ハイデルベルゲンシスにおいて飛躍的に増加したことを見出した――これはもちろん、我々が志向性の接続を介してヒトの思考の進化における最初のステップを仮定しているまさにその時期だ。しかし、集団サイズというのは社会的複雑さの指標としてはきわめて粗っぽいものにすぎず（ダンバーは、追跡すべき社会的関係と評判の増大に焦点を当てている）、また脳のサイズも認知能力の指標としてはきわめて粗っぽいものにすぎないため、社会脳仮説が実際のプロセスについて与えてくれる示唆は、この相関のどちら側についても、ごく概括的なものにすぎない。

より具体的にヒトの社会性と認知を結びつけようとする試みはステレルニー（Sterelny, 2012）によっておこなわれており、協力的子育て、協力的採食、協力的コミュニケーションや教えることも含め、ヒトの協力とそのさまざまな面に焦点が当てられてきた。ヒトの協力的な生活様式は個体発生の過程で莫大な情報――いかにレイヨウを追跡するか、いかに槍を作るか、から、集団における親戚関係がいかに構成されているかにいたるまですべて――を獲得する個々体を基盤に成り立っており、エキスパートであるおとなから、初心者である子どもへの協力的な情報伝達は、個体の生存に不可欠だ。そこでヒトは、自身の子どもが発達してゆける学習環境を構築し、道具制作や協働採食といった決定的に重要な活動を遂行する上で必要な情報を、子どもが確実に得られるようにした。トマセロ（Tomasello, 1999）も、子どもが先達の生み出した物質的・象徴的な人工物（言語を含む）を獲得することで可能になるヒト認知の個体発生のあり方に特に注目しつつ、これに連なる仮説を提示している。全般的に同じ流れに沿いつつレヴィンソン（Levinson, 2006）は、協力的な社会的関与というヒト独自の「インタラクション・エンジン」と、その進化がいかにヒト独自のマルチ・モーダルなコミュニケーション様式を生み出してきたかに注目している。ハーディ（Hrdy, 2009）は、ここで触れたようなさまざまな適応の中に、乳児の行動そのもの、たとえば、乳児が発達初期から、複数の養育者がいるというあらたに出現した複雑な世界を乗り切っていくことを可能にする、協力とコミュニケーションの特殊なスキルがありえた点を強調している。

現在の知見に照らせば、ヒトの社会性と認知の相互関係に関する先述の説明はふたつとも有用であり、全体的に当を得ている。しかし我々がここで焦点を当ててきたのは、そこに関わる思考の根底にあるさまざまなプロセスだ。我々はこれを詳細なレベルで検討し、行為の協調（協働）および志向状態の協調（協力的コミュニケーション）における具体的な問題が、ふたつの進化上の時期にどのようにヒトの前に現れたのか、そしてヒトは、（あらたなかたちの認知表象、推論、自己モニタリングを用いた）あらたなかたちの思考によってそれらの問題をどのように解決してきえたのかを、比較的詳細に示してきた。初期人類には、さまざまな社会的関係性の動静を捉え、若い個体に有益な情報を伝える必要があっただけでなく、社会的協調を通じて、生存をめぐるさまざまな問題にその場で対応する必要もあった――かれらはこれをさまざまなスキルと志向性の共有への動機を発達させることでやってのけた。そこには、協力的で慣習的なコミュニケーションの中で他者の状況を再帰的に概念化する能力も含まれていた。社会的協調とヒトの思考とが不可分であることは、セラーズ（Sellars, 1962/2007, p. 385）によって非常にうまくまとめられている。「概念的思考が他者に伝わるのが偶々だと言うなら、あるチェスの駒を進める決断が、ふたりの指し手に挟まれたチェス盤上の一手に現れるのだって偶々だ」とかれは述べたのだ。

かくして、我々の説明の全体の要約として、提起した自然誌を一歩進める毎に生じる、社会性と思考との関係という具体的な問題に注目してみよう。主たる結論は、かなり一般的な四つの主張として表明できそうだ。

1．集団内の仲間との競合が、ヒト的な社会性やコミュニケーション形式が不在のままで、ヒト以外の霊長類の社会的認知と思考を洗練されたものへと導いた　哺乳類の基本的な社会性とは、あるひとつの社会集団の中で生きようとする動機にすぎない。集団内での競合は、優位性や（他の諸要因とともに）親和性という社会的関係を生じさせる。大型類人猿や、おそらく他の霊長類も、平均を上回る社会的競合に携わっており、そのため、他者の行動を柔軟に予測する方法のひとつとして、他者の目的と知覚を理解するスキルを発達させた。かれらはまた、道具使用における物理的起因やジェスチャー的コミュニケーションにおける他者の志向状態を操作することにかけて、ことのほか高いスキルを備えている。大型類人猿が協働をおこなう——すなわち実際に一緒に作業する——ことはきわめて稀で、おこなったとしても、それぞれの個体が自身のためにサルを捕まえようとしているチンパンジーの集団狩猟のように、トゥオメラ（Tuomela, 2007）が「I・モードにおける集団行動」と呼んだものでいちばんうまく特徴づけられる。大型類人猿のコミュニケーションは、相手にとって役に立つことを伝えるものではなく、ほぼ例外なく、コミュニケーションの受け手の注意と行動を、望まれたかたちに持っていこうとするものにほかならない。ヒト的な共同のゴールもなければ、行動を協調させる協力的コミュニケーションも存在しない。

大型類人猿の認知と思考は、社会的ではあるがとりたてて協力的とは言えないこのような生き方に適応したものだ。大型類人猿は、自身のゴールや価値に関わるさまざまな状況に注意を向けるし、特定の課題状況では、効果的な行動上の決断を下すひとつの方法として、行動に先立ち、その課題について、さまざまな原因がもたらすさまざまな効果をシミュレートしたり想像したりする。大型類人猿は、これを写像的で図式的な認知表象によっておこない、「これはあの類《たぐい》のひとつだ」と理解する。また多くのケースで、複数の状況（そしてその構成要素）同士が互いに因果的あるいは志向的にどのように関係し合っているのかを理解し、このことが、実在しないさまざまな状況をシミュレートし、そうした状況についてのあらゆる因果的あるいは志向的な推論をおこなうことを可能にしているが、そこには範例にまとめ上げられるような論理的推論も含まれる。たとえば大型類人猿は「Xがいるのなら、Yはいないだろう」ということを推測するだけではなく、「ここが静けさに覆われているということは、Xがいるに違いない」という推論も、さらには「XがYを欲しがっていて、それが場所Zにあると気づけば、Xは場所Zに行くだろう」という推論さえもおこなう。こういった因果的で志向的な推論は、意思決定におけるある種の道具的合理性を生じさせもする。個体が「もしも状況Xにあるのならば、とるべき最善の行動はYだ」と推測するといったように。さらに大型類人猿は、「結果がどのくらいゴールと見合っているか」をただモニターすることによってだけでなく、意思決定前に自身にとって入手可能な情報とその確信度をモニターすることによっても、自らの意思決定についての自己モニタリングをおこなう。

かくして大型類人猿の社会性は、物理的条件に関する洗練された諸スキルを補完する瞠目すべき社会的認知のスキル、我々が個別の志向性のスキルと呼んだものをもたらした、ということになる。しかし、このような社会性のかたちは、個体が世界を概念化したり一般的な問題について考える方法についての変容はもたらさなかった。個別の志向性は、大型類人猿、そしておそらくは他のヒト以外の霊長類が、特定の諸状況におけるさまざまな問題について実際に考えるということを、ヒト独自の社会性やコミュニケーション形式不在のままで可能にしたのだ。つまり、個別の志向性と道具的な合理性は、「敵対的な世界における思考」（Sterelny, 2003）をめぐる霊長類一般の問題とみなすことができるだろう。

2．初期人類の——社会的協調のあらたなかたちを採った——協働活動と協力的コミュニケーションは、文化も言語も抜きで、ヒトの思考のあらたなかたちをもたらした　ヒトとしての進化の道のり六〇〇万年のうち五〇〇〇万年以上にわたって、ヒトの思考は大方類人猿的だった（道具制作のスキルがヒトの因果的理解を促進した可能性はあるとはいえ）。ところが生態学的条件の変化によって、初期人類の中に、食料確保のためにあらたなかたちで協働を始めざるをえない者が生じた。このことで、まったく急に、個体同士が相互に依存することになったのだ。このような互恵的活動の中で、互恵的なゴールに向けて他者と協調することと、相手の役割において有用なものごとを知らせることとは、各々の個体の利益にかなうため、コミュニケーションは完全に協力的なものになった。かくして、社会的なパートナーたちと協働し協力的にコミュニケーションをとることによってのみ生き延び繁栄しうる初期人類が生まれたのだ。

協働採食は、社会的協調をめぐる多くの難題を生じさせた。基本的な解決法となるのは、一緒にことにあたるべき共同のゴールを他個体とともに築き、そのゴールに向けて両参与者が共同で関わることだった。このことが二層構造を生じさせることになった——共同のゴールに個別の役割《ロール》、そして、注意の接続に個別の視点が伴うのだ。これらの活動内で、各個体の視点（と行為）同士を（当初は指差しや身振りを介して）協調させるために用いられる協力的コミュニケーションにおいては、正直な情報提供行為というかたちでコミュニケーション始発者が協力に携わり、そして、コミュニケーションの成功を確実なものにするために始発者と受け手が協働した。受け手は指差しジェスチャーを追い、あるいは、身振りが指し示すものを想像し、その上でそれらから、共通基盤を前提に、コミュニケーション始発者がなにを伝えようとしているのかについての仮説形成的推論をおこなった。コミュニケーション始発者は始発者で、受け手がそのように（推論）しているだろうと理解した上で、始発者自身が選択した指示対象における受け手の状況を――受け手の視点への始発者の視点に対する受け手の視点を再帰的に予期しつつ――受け手の仮説形成的跳躍を促すようなかたちで概念化しようとした。さらに初期人類のコミュニケーション始発者は、共同意思決定という特別な文脈では、指し示された状況が因果的かつ／あるいは志向的になにを意味しているかについての共通基盤的な理解に基づいて、「これこれの行動を取る」という決断をかれら自身が共同で下すべき理由を（非明示的に）提供してくれるような関連性のある状況を、（伝達の相手である）パートナーに指し示すこともあった。

これら全部を効果的にやってのけるには、大型類人猿やかれらの個別の志向性では不可能なタイプの思考が必要だった。コミュニケーション始発者は、始発者自身が持つ受け手との概念的共通基盤についてだけでなく、受け手がその場の状況のどの側面を「関連性があり、かつ新しい情報」とみなすか――つまりは、指し示されうる行為が複数あることを前提としつつ受け手がどんな仮説形成的推論をおこなうか――についても判断を下さなくてはならなかった。この判断をおこなうことが、我々が二人称的思考と呼んできたもの、(1)遠近法主義的で象徴的な認知表象、(2)再帰的に構造化され、志向状態内での志向状態を包含するような推論、そして(3)協働やコミュニケーション相手が下しそうな社会的評価や理解についての推察を取り込んだ自己モニタリング、を導くことになった。これらの変化ひとつひとつが、大型類人猿的な個別の志向性を本質的に「協力主義化」し、ある種の二人称的な志向性と思考との接続をもたらすことになったのだ。

かくして、初期人類における志向性の接続と二人称的思考とは、抜本的な突破口、社会性と思考との関係のあらたなかたちとなった。初期人類の協力的かつ再帰的な社会性は、（生き残り繁栄しようとするのであれば）行為と志向状態とを他者と協調し合うことを個体それぞれに求めるような適応的な文脈を生み出し、そこで、個体それぞれの認知表象、推論、自己モニタリングを「協力主義化」することが必要になり、これらによって、思考のさまざまなプロセスが可能になったのだ。社会性と思考との関係について論じる仮説としては重要な点として、このあらたなタイプの二人称的思考は、慣習化や文化、あるいは言語や直接的・二人称的な社会的関与以上のものを一切介さずに出現した。

3．慣習化した文化と言語とを現生人類的に処理することこそが、現生人類的な思考と推論における独自の複雑さを生んだ　現生人類は、集団間の競合を伴う集団サイズの拡大によって、あらたな社会的課題に直面した。現生人類の集団は生存をかけて、さまざまな労働役割の分担を伴う比較的凝集性の高い協働のユニットとしてやっていかなくてはならなくなったのだ（Wilson, 2012を参照）。このことで個体それぞれが、私的な共通基盤を持たない集団内の未知の他者といかにして協調しうるか、という問題が生じた。解決策となったのが、文化的習慣を慣習化することだった――誰もが「他のみんながやっていること」に同調し、他者にも同じように従うことを期待する（そして、他者もそう期待していると期待して……以下略）。これが、その集団（他集団のものではなく）のすべてのメンバーに想定しうる、ある種の文化的共通基盤を作り出したのだ。現生人類のコミュニケーションの方法も、同じように慣習化された。つまり個体それぞれが、ある種の集団的視点を持つ文化的共通基盤内で、その集団内であれば誰とでも効果的に使用可能な慣習化された言語アイテムと構文とを用いて、活動したのだ。

慣習化されたコミュニケーション手段を伴う現生人類の活動やインタラクションにおけるこのような集団指向的構造化は、現生人類が、世界に関して、ある種、個人超越的で「客観的」な見方を構築するようになったことを意味している。慣習的コミュニケーションは完全に命題的なものになったが、これは単に慣習的、規範的で「客観的」なフォーマットとトピックに焦点化した構造が備わっていたからというだけでなく、話し手のコミュニケーション動機と認識的／様態的態度とが、慣習的サインのかたちで独立して制御されうるからで、つまりは、命題内容が、特定の個体の動因や態度とは独立に概念化されたということなのだ。言語構文は、概念的組み合わせをかつてなく創造性なものにし、さらには、ある種包括的で、無時間的、「客観的」な事態を表象する純然たる命題を可能にした。教授法（「これはこういうものだ」）や社会規範の強制（「それはしてはならないことなんだ」）といったふうに。集団指向的な個体たちは、こうして「客観的」な世界を構築したのだ。

慣習的言語コミュニケーションは、発達過程にある子どもに、前もって存在していた表象システムを概念化の手段の選択肢として提供したため、誰もがともに、この利用可能な選択肢を文化的共通基盤として知ることになった。このことで、形式的かつ語用論的な推論というまったくあらたな世界が拓けたのだ。効果的なコミュニケーションを目指す談話のプロセスは、コミュニケーション始発者が、かつてのコミュニケーション形態であれば非明示的なままだった、自身の心理的プロセスの多くの局面（たとえば、志向状態や論理的操作）を明示化することを後押しし、これによって、思考について反省するあらたなかたちが拓けた。加えて、共同での決断を下すための協力的論争では、ひとりひとりが、それが正しいことを他者に納得させるために、それぞれの理由や正当性を明示化する必要があった。効果的であるには、合理的な談話のために集団が期待する規範に添わなくてはならなかったのだ。理由を提示するこのプロセスを内面化するということは、いまやそれぞれの個体が、自分がいま考えていることを、どうして、集団に受容されるようなどんな理由で考えているのかを理解するようになったということだ。このプロセスは、個体内での無数の思考と命題的表象との間のさまざまな概念的リンクを可能にし、ある種全体論的な概念の網をもたらした。そしてまた、いまやひとりひとりがある種の規範的自己統治をおこない、自らが献身的なメンバーとなっている集団の使者として、自分の行動や思考をその集団の規範的基準に沿って制御していたのだ。

かくして、現生人類が生み出した——言語も含め、文化的慣習や規範、制度からなる——多様なかたちでの集合的志向性は、「慣習的で客観的な表象からなる、ある種行為者中立的で「客観的」

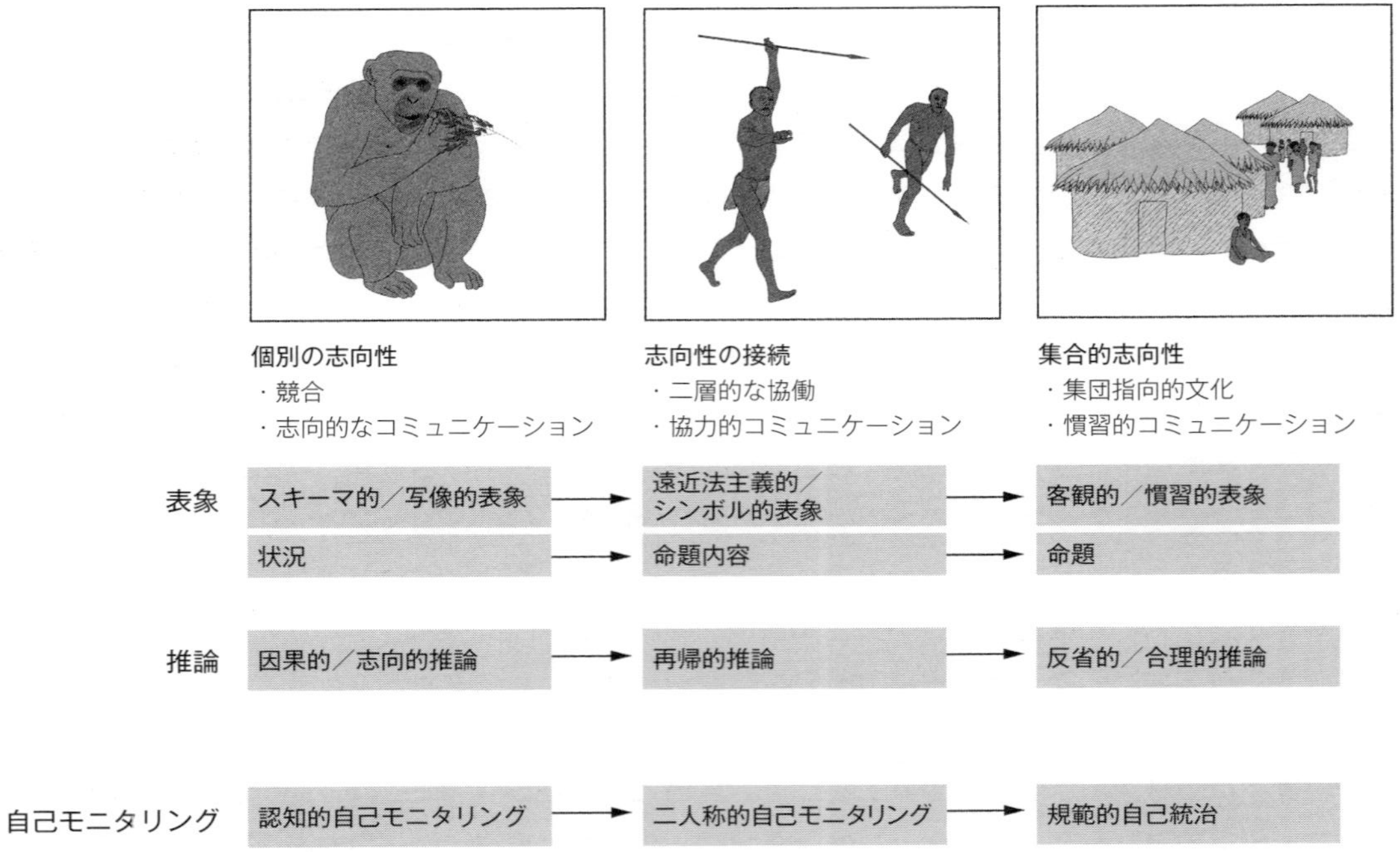
個別の志向性
・競合
・志向的なコミュニケーション
志向性の接続
・二層的な協働
・協力的コミュニケーション
集合的志向性
・集団指向的文化
・慣習的コミュニケーション
表象
スキーマ的／写像的表象
遠近法主義的／シンボル的表象
客観的／慣習的表象
状況
命題内容
命題
推論
因果的／志向的推論
再帰的推論
反省的／合理的推論
自己モニタリング
認知的自己モニタリング
二人称的自己モニタリング
規範的自己統治

図５－１　志向性の共有仮説の要約

な思考」、「熟慮的・反省的であり真理を目指す推論プロセス」、「個体それぞれの思考がモニターされ、集団の思考に擦り合わされる規範的自己統治」をもたらした。つまり、行為者中立的な慣習的現象である文化と言語は、それ自体の内で、ヒト社会のあらたなかたちがヒトの思考のあらたなかたち――具体的には、客観的・反省的・規範的思考――をもたらしうるような、もうひとつの舞台を提供している。

したがって進化的観点からすれば、我々の議論全体は、メイナード＝スミスとサトマーリ（Maynard Smith & Szathemáry, 1995）の議論を拡張したものなのだ。ヒトは、あらたなかたちのコミュニケーションに支えられ拡張された、あらたなかたちでの協力を通じて、進化的にまったく新奇なものを生み出した。さらに、これがあらたなかたちでの認知表象、推論、自己モニタリングをもたらし、これらがともに、あらたなかたちの思考をかたちづくることになった。ヒトはこれを二回（第二のステップは第一のステップを足場にして）成し遂げてきた。図５－１は、志向性の共有仮説の三つのステップ（ゼロ段階としての類人猿も含めて）における、ヒトの思考の構成要素となる三つのプロセスをまとめたものだ。

４．累積的文化進化が、文化ごとに特異的なさまざまな認知スキルと思考タイプの過剰を招いた志向性の接続と集合（集合的志向性）をめぐるこのようなプロセスはどれも、ヒトという種に渡って普遍的なものだ。志向性の接続という第一のステップは、アフリカにおいて、ネアンデルタール人と現生人類とが分岐する前に進化したために、両種に見られる特徴になった、というのがもっともありそうだ。集合的志向性という第二のステップはおそらく、アフリカにおいて、現生人類の集団内で、かれらが世界の他地域に拡散し始める一〇万年前に先立って進化したのだろう。しかし、ひとたび拡散が始まり、きわめて多様な地域差を持つ生態環境に定住するや、文化的習慣の違いは著しいものになった。ヒトの文化が異なれば、それぞれの認知スキルのセットも大きく異なった——例を挙げるなら、長距離を旅する、重要な道具や人工物を作る、さらに言語的にコミュニケーションするといったスキルだ。つまり、文化の違いが、種全般にわたる認知スキルである個別の志向性、志向性の接続、集合的志向性の上に、地域ごとの目的に即したさまざまな文化特異的な認知スキルや思考のありかたを生み出したのだ。

重要なのは、このように文化特異的なスキルが、文化内での一種のラチェット効果によって、歴史的時間の中で互いに折り重ねられ、累積的文化進化をもたらしたことだ。おとなが教えることと子どもが同調する傾向に加え、ことさらに強力なヒトの文化学習スキルのおかげで、ある文化の人工物や習慣が、ひとつの「歴史」を獲得する。個体発生の初期からひとりひとりが、その文化が持つ人工物やシンボルを介して世界とインタラクションをおこない（Vygotsky, 1978; Tomasello, 1999）、それによって、その文化集団全体の知恵と歴史とのいくばくかを吸収する。累積的文化進化こそが、この惑星上の、それがなかったら住めないであろうあらゆる場所をヒトが征服することを可能にしたのだ。

現代の世界における劇的な例のひとつとして、ヒトの思考のもっとも抽象的で複雑なかたちと言えそうなもの、すなわち、西洋科学や数学のようなものを指摘してもいいだろう。ここで重要なのは、これらの思考形態は、端的に、特殊なかたちで社会的に構築された慣習、すなわち、西洋文化の歴史的な時間をかけて醸成された、文書抜きにはありえない、ということだ。この点は、パース（Peirce, 1931-1958）が特に強調したことであり、ルイスとラングフォード（Lewis and Langford, 1932, p. 4）による近代論理学の古典的テクストにもまとめられている――「新しく、より汎用性の高い表意的シンボルが採用されなければ、数学の多くの分野は発達しえなかったであろう。なぜなら、いかなる人の精神も、日常言語の表音文字のかたちでは数学的操作の本質を摑みえないからである」。読み書きについても、多くの学者が、書き言葉によって、ある種の推論のかたちが――可能になったとまでは言わないにせよ――少なくとも接近しやすいものになったと論じることだろう（Olson, 1994）。書くことはまた、メタ言語的思考と、（他者はもちろん）わたしたち自身の言語コミュニケーションに関する分析・批評・評価の可能性とを大幅に促進する。コミュニケーション装置として使用される絵やその他の図的シンボルもまた、このプロセスに重大な貢献を果たす集合的表象だ。

科学者、数学者、言語学者、その他の学者の活発なコミュニティーを生み出してきたこれらの現代文化は、書き言葉や、数字・数学的操作の表記、その他の視覚ベースで半永続的なシンボル抜きには、およそ考えられない。こうした図的シンボルを一切生み出したことがかつてなく、現時点で持たない文化は、現時点ではこのような活動に参加することができないのだ。このことは、高度に複雑で洗練されたヒトの認知プロセスの多くが、たしかに文化的かつ歴史的に構築されたものであることを、非常にはっきりと示している。そしてまた、ヒトの認知が達成した他のものごとの中には、ある種の共進化的な混合物も存在する可能性を示してもいる。我々自身の観点からすれば、ヒトの言語の複雑さの多くは、この種のものではないだろうか——さまざまな普遍的認知プロセスの上に、しかし文化的に構築されたかたちで具体的な発現が築かれるのだ（Tomasello, 2008）。

この説明全体を、ヒトの思考一般ではなく、協働とコミュニケーションのための、ある意味でモジュール化された思考だけに適用することも、理論的には可能だ（こういう方向性について知りたいのであればSperber, 1994を参照）。しかし、どうもそうではないようだ。ヒトの、遠近法主義的で客観的な表象、再帰的で反省的な推論、そして規範的自己モニタリング——どれもヒトの思考独自の構成要素だ——は、ヒトが協働やコミュニケーションをおこなわない時にも、影を潜めたりはしない。それどころか、ヒトの営為のほぼすべてを構造化しているのだ——例外としてありうるのは感覚・運動系の活動くらいだ。たとえばヒトは、再帰的推論を、明白な例だけを挙げても、言語の文法構造でも、非コミュニケーション文脈での読心でも、数学でも、音楽でも使用する。ヒトは、遠近法主義的で客観的な表象を、あらゆる思考に——ひとりでの夢想にすら——使用し、自分の評判が気になればいつでも（ということは、ほぼ四六時中）規範的自己モニタリングをおこなう。ここで、関連性に基づく思考スキルを思い出してみてもいいだろう。これは二層的な協働から生まれたものだが、もっと広い文脈で使用されている。想像やふりをするスキルも、身振りで想像することから生まれたものだが、いまではあらゆる種類の芸術的創造に使用されている。協働とコミュニケーションが、我々のストーリーの中で重要な旗振り役を演じているのは確かだが、これらが認知表象や推論、自己モニタリングに及ぼした影響は、概念によって媒介されるヒトの活動のほぼすべてへと、さらに広範に拡がっているのだ。

こういった流れに沿うなら、この説明が提示する社会的認知のあらたなかたちとは、単にこころの理論のさまざまなスキルがモジュール化されただけのものではないこともはっきりさせておかなくてはならない。むしろ、遠近法主義的表象や再帰的推論、社会的自己モニタリングといったものが進化したおかげで、個体が、志向性の共有をめぐるさまざまな行為の中で他者と頭をつきあわせることによって、世界をあらたなやり方で理解できるようになったのだ。これを成し遂げるには、なんらかの特定の内容ドメインに向かうなんらかの特定の認知スキル以上のものが必要だ。なぜなら、外部の指示対象に向けて、行為や志向状態を他者と協調し合うには、全方向的に働くようなあらたなやり方が不可欠になるからだ。つまり、志向性の共有のためのさまざまなスキルや動機が変えたのは、単に、ヒトが他者について思考するやり方だけでなく、他者との協働の中で世界全体、そしてそこでの自身の位置を概念化し思考する際のやり方だったのだ。

個体発生の役割

我々はこの説明の中で、さまざまなかたちで個体発生に関するデータを用いてきたが、ここでの焦点は、ヒトの個体発生それ自体にはない。そのため、ヒト独自の思考の起源において個体発生が果たす役割について、鍵となるふたつの点をはっきりさせておくことが重要になる。

まず、個体発生が系統発生を繰り返すわけではないものの、今回の場合、志向性の接続と集合的志向性との関係はいくぶん必然的なもの（集団と協調するには、他個体と協調するなんらかのスキルを持っていなくてはならない）で、このため個体発生上の順序は、我々の仮説における系統発生上の順序と基本的に同じものになる（Tomasello and Hamann, 2012）。とはいえ、実際にはことはもっと複雑だ。すでに述べたとおり、幼い子どもたちは現生人類であって、実質的に誕生時から、慣習的言語も含む多くの文化的人工物にさらされているのだから。しかし、こうも言えそうだ――三歳の誕生日頃までは、幼い子どもがおこなう他者との社会的インタラクションは基本的に二人称的で、集団ベースではなく、かれらは、たとえば言語や人工物、社会規範といったものが、慣習の産物としてどのように働くのかを十分には理解していない。

かくして、ここでの論に沿えばおよそ次のような流れになる。幼い子どもは、一歳の誕生日あたりで――特定の他者と直接的に関わることを通して――二人称的に、他者と協力的な協働とコミュニケーションをおこなうようになる。ここには、注意を接続して他者と関わること、ごくシンプルに他者の視点をとること、他者とともに指差しジェスチャーを創造的に使用することなどが含まれる（Carpenter et al., 1998; 総説としては Moll and Tomasello, in press を参照）。注目すべき点として、この発達上のタイミングは、小規模で無文字の社会（Callaghan et al., 2011）を含め、広範で多様な文化状況に渡って見出せる一方で、チンパンジーの個体発生では、ヒトに養育された個体にすら見出せない（Tomasello and Carpenter, 2005; Wobber et al., in press）。このように事実を組み合わせていくと、高度に水路づけられたヒトという種に特異的な発達経路の存在が、志向性の接続のさまざまなスキルの出発点となっていることが示唆される。

集合的志向性をめぐるさまざまなスキルは、三歳の誕生日頃に現れはじめる。社会規範やその他の慣習的現象がある種の集合的合意の産物であることを、幼い子どもたちがはじめて理解するようになる時期だ。たとえば三歳頃になると幼い子どもたちは、社会規範に従うだけでなく、他者にその規範を積極的に強制する（そして自分が規範を破った時には罪悪感を感じる）ようになる。これを「特定の諸規範は、特定の文脈で、それらの規範を慣習化している集団内の個体だけに適用される」ことを理解していることを示すようなかたちでおこなうのだ。子どもたちは、言語の一部、たとえば一般名詞が、集団内の誰にとっても通用するものである一方で、固有名詞が通用するのはその人物を知っている者のみであることも理解している（総説として Schmidt and Tomasello, 2012 を参照）。集合的志向性のさまざまなスキルは、西洋のミドルクラス文化の外側については深く検討されずにきたため、この発達のタイミングがどこまで通文化的な一般性を持つかは未解明だ。

個体発生の役割に関する第二点目は、志向性の接続も集合的志向性も、個体発生抜きにはありえないということだ。これはヒトの特性の多くについてあてはまる。というのも、ヒトという種は、他の種であれば誕生時点で成熟しているかそれに近い状態で備えているようなものごとについて、延長された個体発生を進化させてきたからだ。たとえば、多くの小型霊長類が生後一ヶ月のうちにきわめて急速に発達し一年以内に成熟する脳を持ち、チンパンジーがおよそ五年もあれば成熟する脳を持つのに対して、ヒトの脳は、完全に成熟した成体の容量に至るのに一〇年以上を要する(Coqueugniot et al., 2004)。この延長された個体発生は若い個体にとっても母親にとって非常にリスキーであるため、それを埋め合わせる利点がなくてはならない——おそらくは、とびぬけて柔軟な行動の組織化や認知、意思決定といったかたちで、そして、所属する地域集団の文化的な人工物、象徴、習慣といったものを身につける時間として(Bruner, 1972)。

志向性の接続と集合的志向性というヒトのスキルはこのように、子どもと発達過程にあるその子の脳が、環境——とりわけ社会的環境——と絶え間なく相互作用する、延長された個体発生の間に姿を現すのだ。我々の仮説は、この相互作用抜きにこうしたスキルは現れえない、というものだ。この点をできるだけ具体的にはっきりさせるために、前にも用いた思考実験を思い出してもらい、そこにあらたなひねりを加えさせてもらおう。無人島で生まれたひとりの子どもが、成人に達するまで奇跡的に生き延びて、しかしたったひとりで健康に育ったとしよう。我々の仮説では、この子どもは、おとなになっても、志向性の接続についても集合的志向性についてもスキルを持たないだろう。この社会的孤立者は、おとなになっても、ヒトの集団に入り個別の役割を備えた共同のゴールを設けて協働をはじめたり、個別の視点を備えた注意の接続の文脈下で協力的にコミュニケーションすることは、できないだろう。つまりこの個体は、孤立していた人生の中で、遠近法主義的表象や象徴的表象を備えた二人称的思考や再帰的推論、社会的自己モニタリングを発達させていないだろう、ということだ。異なるさまざまな視点というものを実際に経験することなしに、どうやって自分と異なる視点の価値評価を発達させることなんてできるだろう？ コミュニケーションをおこなう社会的パートナーがひとりもいないで、どうやって社会的な再帰的推論を発達させることができるだろう？ 自分を評価してくる他者がいないのに、どうやって、他者による自身の評価を気に病んだりできるだろうか？ できやしない。志向性の共有のさまざまなスキルは、単純に生得的なものでも成熟していくものでもない。個体発生の中で他者と協働しコミュニケートするうちに使用され、姿を現すようになる生物学的な適応なのだ。

この思考実験は、「子どもが無人島にひとり」という意味で「ロビンソン・クルーソー」と呼べそうだ。しかし今度は、「蠅の王」のシナリオを考えてみよう。無人島で生まれて成人へと育つのが複数の赤ちゃんで、お互い以外にはインタラクションを取る相手がいないのだ。驚かれるかもしれないが、この場合予想されるのは、「この子どもたちには、志向性の接続を発達させるのに必要なある種の社会的インタラクションはきっと備わっているが、集合的志向性についてのそれは備わっていないだろう」ということだ。すなわち、この孤児たちは、かれら同士での社会的インタラクションをつうじて、二人称的で再帰的な社会性のさまざまなスキルを発達させるはずだ。共同のゴールと注意の接続をもって互いに協働し、互いに異なる視点を取りながら（指差しや身振りで）コミュニケーションし、互いに依存し合うパートナーの眼差しを介して自身の行動をモニターする術だって見出すだろう。こんなふうに発達するのには、洗練されたおとなたちや、おとなたちの持つ文化的道具立ては必要ないのだ。

しかし、この孤児たちがその生涯のうちに集合的志向性のスキルを発達させるには、仲間同士でのインタラクションだけでは十分とは考えられない。かれらは、なんらかの慣習やある種の規範を自分たちで創り出せるかもしれない。それには志向性の接続と模倣のスキルさえあれば十分で、また、世代を重ねるうちには文化らしきものだって創り出せるかもしれない。しかし、かれら自身の一生のうちに、十分に成熟した文化や慣習的言語が創り出されることはないだろう。これらを創り出すには、数世代に渡る歴史的な時間がかかるからだ。首長や貨幣といった、慣習的に確立された地位機能を備えた文化的制度についても同じことが言える。一般に、集合的志向性と行為者中立的な思考のさまざまなスキルが十分に成熟するには、我々の仮説では、慣習化された言語を含め、先に存在している慣習や規範、制度を備えた文化の集積が先行し、それらに囲まれた中での個体発生が必要なのだ。社会的・認知的発達に先立って社会集団が実在しなかったら、いったいどうやって、集団指向的になり、ものごとを客観的に表象し、社会集団の協力的規範・コミュニケーション上の規範によって行動や推論を調整したりできるだろうか。できやしない。集合的志向性のさまざまなスキルもまた、単純に生得的なものでも成熟していくものでもない。集合的に生み出され伝播されてきた文化環境——出現するのに数世代かかる——の中での延長された個体発生を通じてはじめて存在するようになった生物学的適応だ。ということはこの場合は、おとなと、おとなたちの持つ文化的道具立ては、集合的志向性のさまざまなスキルの個体発生的発達にとって、まさに必要とされることになる。

我々が述べてきた認知と思考のスキルがすべて組み込み済み——無人島の子どもや孤児たちがおとなとして発見されたらすぐさま〔接続と集合〕どちらのレベルにおいてもヒト独自の思考を完全に成熟したかたちで示すくらいに——だと信じるのも荒唐無稽とは言わない。しかし、我々からすれば、それはまずありそうもない。ヒトは、ヒト独自の認知表象や推論の形態、自己モニタリングを成り立たせる基本的な能力を、他の社会的存在たちとの協働的なコミュニケーション上のインタラクションの中から生物学的に受け継ぐ。社会的環境が欠如していれば、これらの能力は——真っ暗闇で生まれ育てられた場合の視覚的能力と同じように——使われないことによって衰退するのだ。

ヒト独自の思考の発生における個体発生の役割に関するデータを集めることも、原理的には可能だろう——しかしそれは、倫理的呵責を持たない場合に限ってのことだ。新生児を異なる養育環境にランダムに振り分ける覚悟がなくてはならないだろうから。アヴェロンの野生児ビクターや、その他「オオカミ」の子どもたちのような、自然に生じた実験は、さまざまな理由から、この問いについて決定的なものにはなりえない。小さからぬ理由として、そういう子どもたちの中には、健常に機能していなかったからこそ親によって遺棄されたケースがありうる（Candland, 1995）――そして子どもたちはいずれも、適切な認知スキルの検査を受けていないのだ。ヒト的な社会的環境の重要な役割を示す興味深い間接証拠は、いわゆる、（ヒト的に）文化化された類人猿から得られている。類人猿は、ヒト的な社会的インタラクションや人工物に囲まれてヒトに育てられた場合、物理的認知のスキル（たとえば、空間、モノの恒久性、道具使用）をよりヒト的に発達させるのではなく、模倣とコミュニケーションのスキルをよりヒト的に発達させるのだ（Call and Tomasello, 1996; Tomasello and Call, 2004）。こういった発見がヒトの個体発生についてどのような意味を持つかというのは、とはいえ、一筋縄にはいかないのだが。

ともかく、野生児そして「ヒトがヒト独自の認知と思考のかたちを発達させるのにはどれだけの／どんな種類の社会的経験が必要か」という問いには、誰もが惹きつけられ続けることだろうが、この問いは当面、深い謎のままにとどまる可能性が濃厚だ。いまのところの我々の仮説は、志向性の共有への適応は、ヒトの適応の多くと同様に、特定の種類の社会的・文化的な栄養が豊かにある中で初めて育ち花開くようにできている、というものだ。

第六章　結　論

人類史における思考の進化、個人における思考の進化のどちらにおいても、思考が後で追いついてくるような、思考のないステージが存在する。……わたしたちに欠けているのは、この中間的ステップをうまく言い表せるような語彙だ。

ドナルド・デイヴィドソン『主観的、間主観的、客観的』

少なくともアリストテレス以来、ヒトは、自分たちと他の動物とがどのように違うのか考え続けてきた。しかしその期間の大半において、この比較を可能にするような適切な情報がないままだった――なによりも、西洋文明の最初の数千年に渡って、ヨーロッパにはヒト以外の霊長類がいなかったのだ。アリストテレスやデカルトが「ヒトだけに理性がある」「ヒトだけに自由意志がある」といったことを簡単に言えたのも、かれらがヒトを鳥やネズミ、家畜、時にキツネやオオカミと比較していたからだ。

一九世紀になって、大型類人猿を含むヒト以外の霊長類が、あらたに作られた動物園を介してヨーロッパにやってきた。ダーウィンも、一八三八年にロンドン動物園でジェニーと名づけられたオランウータン（ヴィクトリア女王は「不愉快なまでに人間的」と述べた）に出会って唖然としたという。その二一年後の『種の起源』公刊、さらにその一二年後の「人間の由来」公刊以降、ヒトと他の動物との相違は――もっとも近縁な現生種で端的に示されるように――ますますはっきりしなくなってきた。多くの哲学者は、この問題を単に定義によって退けた――思考というのは言語を介して、そして言語を介してのみ生起するプロセスなのだから、ヒト以外の動物は定義上思考することができない（現代におけるもっとも中心的な論者は、デイヴィドソン（Davidson, 2001）やブランダム（Brandom, 1994）だ）。ここで概観してきたような大型類人猿の認知や思考に関する近年の研究は、この「過激な非連続性」観をすでに突き崩しつつある。大型類人猿は、抽象的なフォーマットで世界を表象する認知を備え、論理構造を備えた複雑な因果的・志向的推論をおこない、なにかをおこなう際に自分がおこなっていることを（少なくともなんらかのかたちで）理解しているようだ。十全にヒト的な思考ではないにせよ、鍵となる構成要素のいくつかはたしかに見出せる。

とはいえここでの問題は、境界線を見つけるよりも根深いところにある。気をつけなくてはいけないのは、現生の大型類人猿とヒトとはかけ離れている、ということだ――それは、誰がたまたま生き残って誰が生き残らなかったかということ〔たまたま生き残っている種を比較している〕にすぎないのだ。もしもどこか離れたジャングルで、ホモ・ハイデルベゲンシスやホモ・ネアンデルターレンシスを発見できたりしたらどうだろう？　かれらが現生人類と大型類人猿との中間のどこかに位置するだろうということを前提として、十全にヒト的な思考がかれらに備わっているかどうか――イエスかノーで――どうやったら答えられるだろう？　さらにラディカルに考えれば、もっと初期の、ヒトの進化系統樹の脇枝にあたる種が見つかって、現生人類の思考とは部分的にしか重ならない、ものごとに対する独自の行動・思考方法をとっていたらどうだろう？　おそらく、これらの生物が指差しを発達させることはないし、再帰的推論のスキルを進化させてもいないだろう。身振りとして十分なほど模倣することもないだろうし、ジェスチャーを使い他者に対して自分の経験をシンボル化することもないだろう。協働はしたかもしれないが、他者の評価は気にしなかったろうし、社会規範的になることもなかっただろう。集団意思決定をおこなわなくてはならなくなったりもせず、ということは、自分の主張の理由や正当化を互いに述べるようになることもなかっただろう。ここで問いたいのは、こういった生物の思考のバージョンが、もしも現生人類バージョンの思考の鍵となる成分（そしてそれが引き起こすあらゆること）を欠いたものだったとしたら、一体どんなものなのだろう、ということだ。現生人類の思考と多くの特徴を共有しつつ、一方で独自の特徴を持つようななにか、に落ち着くことだろう。進化的に考えれば、重要なのは、ヒトの思考は一枚岩（モノリス）ではなく、まだら状の織物（Motley）だったことであって、実際に起こったのとは他の結末だってありえたのだ。

ここで述べた自然誌の中で我々がおこなってきたのは、現代の狩猟採集民の生活様式のうちのいくつかの側面や、幼い子どもたちの思考のいくつかの側面（およびいくつかの、正直なところまだ不確定な古人類学的な事実）に基づきながら、大型類人猿から現生人類に至るヒトの思考の進化におけるひとつの可能な「ミッシング・リンク」を思い描くことだ。しかし重要なのは、我々が主張したいのはそういう中間的なステップが単に想像可能だ、おそらく起こっただろうということではなく、必要だったということなのだ。必要だったというのは、類人猿的な競合的なインタラクション・命令形的なコミュニケーションから現生人類の文化や言語へと、そのまま進化的な中間形態抜きで進むことなど、想像しうることではないからだ。ヒトの文化・言語はそれまでの社会的インタラクションの単なる慣習化にすぎず、ということは、適切な原材料さえあれば、これらのインタラクションはすでに高度に協力的なものであったに違いないのだ。ここで論じてきた歴史上のふたつの岸辺に寄せるなら、（ヴィゴツキーをはじめとする文化論者が引き合いに出したような）文化と言語のプロセスへと至るには、その前から存在し、既に協力的な（ミード、ウィトゲンシュタインといった社会的インフラ論者が述べたような）なんらかの社会的インフラが不可欠だ。かくして、文化と言語、そしてヒトの思考特有の強力な構造全般への道筋を整えるには、我らが中間ステップ――我々の提案したものがさらに細分化できるのであれば、複数の中間ステップがあってもやぶさかではない――が必要となる。媒介となるこのステップは、「思考なし」から「思考」へと橋渡しする共通の理論的語彙という、デイヴィドソン（Davidson, 1982）の問題を解決するものではないが、一足で渡るべき距離を確実に大幅に縮めてくれる。

いずれにせよ、厳密には何ステップかかろうが、我々の仮説は、ヒト独自の思考を理解するにはその思考を進化的な文脈に置かなくてはならないということを前提としている。ウィトゲンシュタイン（Wittgenstein, 1955, no. 132）は言語について「我々の頭から離れない困惑は、言語が――仕事をこなしている時ではなく――エンジンのアイドリングのような状態にある時に引き起こされる」と述べた。哲学者たちが指摘するようなヒトの思考に関する難問の多くは、適応的課題を解決する際に機能している外側で、思考を抽象的に理解しようとする、まさにその時に湧き上がるように思える。現代の世界でそんなふうな理解をしようとしているのは無理もない。というのは、現代における思考の多くは、ある意味でアイドリングのようなものだからだ。しかし、ヒト独自の思考が適応的な行為を創出し制御する役割に向けて進化的に選択されたことはほぼ確実であるのだから、思考を十分に理解するには、「思考に関連性を持つ課題とはなにか」をはっきりさせることが不可欠だ。もしも宇宙からやってきた生物が、交通信号のような複雑なヒトの工作物が使われていない状態で立っているのに出くわしたら、それをいくら分解し構造を分析したところで、どうしてそんなふうに動くのか、いつまでたっても分からないだろう。配線やライトそれ自体からは（ｆＭＲＩまで使ったところで）、どうして一方の赤いライトがオンになるのはもう一方の緑のライトがオンの時だけなのかなど、分かりっこないのだ。これらの動きのつながりを理解するには、まず交通というものを理解して、交通によって生まれるどのような問題を解決すべく交通信号がデザインされているのかを理解しなくてはならない。生物学的な構造の場合――これは言うまでもなく、進化心理学が教えていることの核心だが――、かつてある時点で一連の機能を果たすべく進化したものが、いまでは別の機能を果たしている可能性もありうる。いずれにせよここで提案しているのは、現生人類の思考を理解するには、ヒトの思考がどのように進化し、初期および現生人類が、さらに協力的な生き抜き方へと向かうにあたって直面した進化上の挑戦がなにでありいかにそれらを果たしたかを理解しなくてはならない、ということだ。

我々の進化のストーリーが部分的に不完全なことも確かだ。大きな問題となるのは、協働も協力も、そして思考も化石には残らず、わたしたちは、そういった行動上の諸現象やそれらの進化の上で重要だった出来事に関して、推測するしかない地点にとどまり続けざるをえないことだ。さらに重大な点として、現生の大型類人猿が、ヒトとの共通祖先からどの程度変化しているのかについても、この時期の関連する化石がほとんど見つかっていないため分からない。さらには、初期人類の媒介的なステップも、ここで述べてきたよりもずっと漸進的な進化であった可能性が高い――実際のところ、ホモ・ハイデルベルゲンシスが独立した種であったのかどうかさえ、明確ではないのだ。また、農耕開始以降のヒトや、文化集団同士の混交、文学や数的思考能力、そして科学や政府といった諸制度から生み出されたさまざまな複雑性についても押しなべて、通り一遍の注意しか払ってこなかった。そのため我々の試みは、明白に歴史的な試みというよりは、もっとも重要な継ぎ目のいくつか、具体的には、進化的な継ぎ目の重要ないくつかで自然を切り分けようとするものになっている。

この時点で未解明の問いのリストはかなり長いものになるだろう。しかし、特に大きな問いは以下のふたつだ。第一は、あらゆるかたちでの志向性の共有を特徴づける共同性、集合性または「わたしたち性」の本質だ。多くの理論家が、既約性仮説とでも呼ぶべき立場にあり（e.g., Gallotti, 2012）、注意の接続や慣習の共有といったものは社会的現象として既約的なものであって、これらを、そこに携わる個々人や、その個々人の頭の中で起こることによって表現しようとする試みなど失敗するに決まっていると考えている。我々の観点からすれば、志向性の共有はその時点ではたしかに既約的な社会的現象だ――たとえば注意の接続が成り立つのも、二個体以上がインタラクションを持つ時だけだ。しかし同時に、他の類人猿やもっと幼い子どもたちにはできないようなかたちでの注意の接続をおこなうことを可能にするインタラクションをもたらしているのは何なのか、という進化的、または発達的な問いを投げかけることもできる。かくして我々にとっては、再帰的な読心や推論といったもの――まだ十分に特徴があきらかになっているわけでもないし、多くの事例ではまったく非明示的なものだが――は、志向性の共有のストーリーに組み込まれなくてはならないものだ、ということになる。個体それぞれの視点からすれば、志向性の共有は単に共有することとして経験される。しかしその基底にある構造は、進化を反映して、インタラクションの参与者それぞれが潜在的には、相手の視点に立った自身の視点に立った相手の視点（等々、少なくとも二～三段階つづく）に立ちうるものだ。しかしこの点は、言うなれば、分別のある人々には同意してもらえないかもしれない。

未解明の問いのふたつめは、現生人類は、なぜ・どうやって、本質的には社会的に創造された存在を具象化し客体化したのか、ということだ。お金はただの紙切れではなく法貨であり、バラク・オバマは立派なホワイトハウスに住んでいる人というだけでなく、最高司令官だ——なぜなら、わたしたちがそういうものとして振る舞い語り合っているから。すべてのヒト集団に共有されている道徳規範や、社会集団ごとに異なる道徳規範について論じるのではなく、むしろ「正しいこと」「間違ったこと」それぞれがその世界の客観的特徴であるとみなされる中で、なにがものごとを成す「正しい」／「間違った」方法なのかについて論じながら、わたしたちは道徳性なるものを具象化する。この傾向が強くなる場面は、言語をおいて他にない。言語においては誰もが、わたしたち自身の自然言語で分類された、概念化されたものごとを具象化する傾向——修正可能ではあるがかなりの努力を要する——を備えることになる。押しなべてわたしたちは、こういったことに関しては、みんなの前にいる縞模様のネコ科の生き物をみんなで「ガッザー」と呼ぼうと決めたとしても「そんなのは正しくないよ。だってトラだもの」と言い出す幼い子どももみたいなものだ。我々が指摘したいのは、このような客体化傾向を引き起こしうるのは、わたしたち自身の経験に先立ち、わたしたちより巨大な権威を持って語る社会的・制度的リアリティーを備えた世界の文脈で、わたしたちのうちの誰か／合理的な誰か／どこでもないところから見たものごとを思い描く、行為者中立的で集団指向的な視点のみだというものだ。これこそが、規範の強制（「そんなの間違ってる」）や教授法（「これはこういうものだ」）における一般名称化された言語表現の背後に潜む権威を持った声であり、わたしたちが現実とみなしているものを大方において定めているのだ。しかし、この点もまた、分別のある人々には同意してもらえないかもしれない。

ぽっかりと空いた穴のようなこれらの問いにもかかわらず（それらだけに限らないが）、社会的な特徴を根本的に持たないようなヒト独自の思考の起源に関する仮説は、我々には思いつかない。できるだけはっきりさせておこう――我々は、ヒトの思考のすべての側面が社会的に構築されていると主張しているのではなく、種特異的な思考の側面のみがそうだと主張しているのだ。大型類人猿の社会的インタラクションおよび社会構造がヒトのそれらと大きく異なり、あらゆる意味でヒトのほうがはるかに協力的であることは証拠に基づいた事実だ。この事実が、これまた大型類人猿とヒトとを分かつ認知と思考の大きな違いと無関係であると考えるのは、特にその細部に注目してみれば、ほとんど不可能に思える。文化的制度や、自然言語における視点や慣習の概念化、再帰的で合理的な推論、客観的視点、社会規範と規範的自己統治、などといったものが、非社会的な理論によってどうやって解明できるだろう？　これらはすべて、徹頭徹尾協調的な現象であって、非社会的な起源から進化的に立ち現れてきたとはとても想像できない。志向性の共有仮説のようなものが真実に違いないのだ。

訳者あとがき

本書はTomasello, M. (2014). *A Natural History of Human Thinking*. Harvard University Pressの邦訳である。邦題は『思考の自然誌』としたが、原題に"human thinking"とある通り、ここでの議論の中心となるのは「ヒトの思考」、あるいは「ヒト的な思考」の自然誌・進化的起源である。

著者であるマイケル・トマセロについては改めて紹介する必要もないだろう。ヒトの乳幼児および大型類人猿を対象に、さまざまな行動実験の手法をもちいながら、言語に始まり、社会的認知や社会的学習、協力、コミュニケーションといったプロセスとその起源に関して、発達・進化・文化の視点を見据えた実証的な研究を世界的に牽引してきた。一九八〇年にエモリー大学に着任後、一九九八年からは二〇年間に渡ってドイツ、ライプチヒのマックス・プランク進化人類学研究所の共同所長を務め、現在はデューク大学のジェームス・F・ボンク特別教授としてアメリカに戻っている。

本書の『(ヒトの) 思考の自然誌』というタイトルは一見地味に映るかもしれない（いや、どう見ても地味だろう）が、実はここには、チャールズ・ダーウィン以来脈々と続いてきた研究の到達点のひとつが、控えめに示されていると言える。この点について少しだけ述べておきたい。

近年のトマセロは、理論的関心の焦点がshared intentionality「志向性の共有」であると繰り返し述べており、本書は、この「志向性の共有」というアイディアについて体系的に論じた最初の著書と位置づけることができる。トマセロの著書として本書の前作にあたる『ヒトはなぜ協力するのか』(橋彌和秀訳、勁草書房)は、スタンフォード大学でのシンポジウムをもとに編まれた本で、トマセロの基調講演に加え、四名の演者の講演へのコメントがまとめられたものだった。ヒト乳幼児と大型類人猿との比較研究を主軸としながら、「まず協力的に振る舞い、相手の反応によって対応を振り分ける」「他者に同調するだけでなく、他者にも同調を求める」といった、発達の早期から見出せるヒト特異的な行動傾向から生じる協力の起源を、他の演者のコメントも取り込みながら論じたものだった。

上記の本の翻訳が上がった際に、ご報告を兼ねて数理生物学者の巌佐庸先生にお送りしたところ、丁寧なお返事をいただいた。感想を読ませていただきながら特に印象に残ったのが「私は社会生物学者なもので、心の中でどのようなメカニズムで意思決定をしているかというところはブラックボックスにして理解していましたが、心理学(認知科学)の方は、それをきちんと考え実験をしておられることに敬服しました」とコメントしておられたことだった。

翻ってみると、『思考の自然誌』という、本来的に個体に終始するプロセスに焦点を当てたタイトルの意味は、まさにこの点にあるように思う。協力も、コミュニケーションも、ヒトの専売特許ではない。少なくとも自然科学の文脈において、社会性の生物が見せる食物分配や教示行動、粘菌がおこなう個体間の組織化を協力と呼ばない理由はないし、鯨類や鳴禽類の音声交換を（言語とみなす理由もないが）コミュニケーションとみなさない理由もない。個々の行動が究極的には個体の利益に帰着可能であることも共通している。しかし、それぞれの種が（たとえば）協力を実現しているからといって、個体が協力を実現する基盤となるシステムが同一とは限らないのだ（収斂進化を思い出すことができる）。

種ごとの内的メカニズムを超越して、協力という現象そのものの一般原理をあきらかにすることの重要性は強調してもしすぎることはないが、この作業と並行して、協力を可能にする個体の内的メカニズム（あるいはソフトウェア）を種ごとにあきらかにすることも、重要な課題となる。自然科学は、理論的にも方法論的にも、この問題を取り扱えるだけの道具立てを、特に二〇世紀後半から現代にかけて、着々と整えてきたのだ。本書において「ヒトの思考」を取り扱うというのは、協力を可能にするヒトの個体それぞれの内的システムにアプローチすることであり、そのメカニズムの特徴を「志向性の共有」から生じるものとして描き出すことが主軸だった。この意味においての「（ヒトの）思考の自然誌」というタイトルなのだと思う。

トマセロとは研究上の方向性が異なるが、言語学者であるスティーブン・ピンカーは、二〇〇四年に、著書*How the Mind Works?*（邦題は『心の仕組み』上・下、椋田直子訳、ちくま学芸文庫）の中で、「我々が知らないこと」は問題（problems）と謎（mysteries）に分けることができ、前者（問題）は、現時点で解決法がはっきりしなくとも洞察や知識の蓄積によって目指すものの手掛かりを得ていくことが可能であるのに対し、後者（謎）は、びっくりして途方に暮れながら眺めることができるだけだ、というチョムスキーの指摘を引きながら、「心」をめぐる「謎」は、（「心的イメージ」から「愛」に至るまで）「問題」へとアップデートされてきた、と述べていた。

心の重要な一角を占めるプロセスと言える思考も、謎とすら意識されないところから、謎として対象化され、そして問題へとアップデートされてきた。本書以降のトマセロの論考の進展と、関連領域のデータの蓄積は、ピンカーが著書のタイトルに掲げた"How"の問いを超え、"What is the mind?"（「心とは何か」）、そして、こころの進化的適応価そのものを自然科学の問題として取り扱おうとすることの宣言のようにも思える。

＊

本書における訳語の選択については、joint/shared attention の訳語として「共同／共有注意」を採らず「注意の接続／共有」とした一方で joint goal は「共同のゴール」と訳出する等、読者には困惑される方もいらっしゃるかと思う。たとえば joint のニュアンスひとつとってもたとえば「共同」（あるいは「接続」）という単一の述語に落とし込むことは原理的に困難であり、結果として統一的な訳語を採らず部分的にこのような「不安定な」訳語を選択させていただいたことをご了承いただきたい。このような部分については索引でご確認いただくことができる。本邦訳を入り口にしてこの分野の研究に興味を持っていただけた方が、原著や、トマセロたちの研究チームのものをはじめ一連の原著論文を辿っていただけることがあれば、翻訳者としてはこの上ない喜びだ。

*

文筆家、批評家であり名翻訳家でもあった吉田健一のエッセイ「翻訳論」は、「翻訳は一種の批評である」という一文から始まる。では批評とはなにか、それは創造的な活動でありうるのか、と彼の論は展開していくのだがそれはここでは置くとして、冒頭の台詞を時々拠り処にして思い出していた。この翻訳が、トマセロの原著の批評として機能していることを願うばかりだ。

ここ二年の間にトマセロさんとお会いする機会が二回あった。二〇一八年に新学術領域「共創的コミュニケーションのための言語進化学」（岡ノ谷一夫代表）が主催した"Evolinguistics 2018"のために家族で来日し、東京と京都で一連の講演をこなされた際には、シンポジウムのひとつ（Intention Sharing and Language Evolution「意図共有と言語進化」）に一緒に登壇させていただいた。その後、ハンガリーのブダペストで開催されたBCCCD（Budapest CEU Conference on Cognitive Development）2020でもお会いした。昼食時に会場近くの大聖堂の前の通りを歩いているトマセロさんとすれ違って、「世界中の色々な所で会えるって、なんか面白いですね」「次はどこで会うんだろうね」と、立ち話をしたのが二〇二〇年の一月はじめのことだ。この文章を書いているのは二〇二〇年の初秋だが、春以降に大きく変わった世界の情勢を経てみると、記憶の中の風景の現実感が薄れてしまう気すらするが、それでも、邦訳の公刊をトマセロさんにようやく報告ができて、肩の荷が下りる思いだ。

偏に私の不徳の致すところで翻訳作業が大幅に遅れてしまった。北海道医療大学の松本由起子先生には、お忙しい中、第四章及び第五章の一部の下訳をお引き受けいただき、多大なご協力を賜った。本当にありがとうございました。九州大学持続可能な社会のための決断科学センターの井上裕香子先生（現・高知工科大学）には訳文へのコメントをいただいた。もちろん最終的な責任は訳者にある。多くの方にお礼とお詫びをしなくてはならないが、特に、本書の姉妹編である『道徳の自然誌』の訳者である中尾央先生、勁草書房編集部の土井美智子さん、永田悠一さんには大変なご心配とご面倒をおかけしたことをお詫び申し上げるとともに、的確な訳語の整理やアドバイスに感謝いたします。

二〇二〇年一〇月二〇日

橋彌和秀

Pinker, S.（2003）. *How the Mind Works*. Penguin UK.
吉田健一（2013）.「翻訳論」訳詩集『葡萄酒の色』pp. 293-314. 岩波文庫

追記：本書の翻訳にあたり下記の研究補助金を受けた。19H04431; 17H06382; 19H05591; 18H04200; 20H01763; 17KT0139; 17KT0057; 18K02461.

索　引

ア　行

カ　行

サ　行

タ　行

ナ　行

参考文献

Alvard, M. 2012. Human sociality. In J. Mitani, ed., *The evolution of primate societies.* (pp. 585–604). Chicago: University of Chicago Press.

Bakhtin, M. M. 1981. The dialogic imagination (trans. C. Emerson and M. Holquist). In M. Holquist, ed., *Four essays.* Austin: University of Texas Press.

Barsalou, L. W. 1983. Ad hoc categories. *Memory and Cognition, 11*, 211–227.

———. 1999. Perceptual symbol systems. *Behavioral and Brain Sciences, 22*, 577–609.

———. 2005. Continuity of the conceptual system across species. *Trends in Cognitive Sciences, 9*, 309–311.

———. 2008. Grounded cognition. *Annual Review of Psychology, 59*, 617–645.

Behne, T., M. Carpenter, and M. Tomasello. 2005. One-year-olds comprehend the communicative intentions behind gestures in a hiding game. *Developmental Science, 8*, 492–499.

Behne, T., U. Liszkowski, M. Carpenter, and M. Tomasello. 2012. Twelve-month-olds' comprehension and production of pointing. *British Journal of Developmental Psychology, 30*(3), 359–375.

Bennett, M., and F. Sani. 2008. Children's subjective identification with social groups: A self-stereotyping approach. *Developmental Science, 11*, 69–78.

Bermudez, J. 2003. *Thinking without words.* New York: Oxford University Press.

Bickerton, D. 2009. *Adam's tongue.* New York: Hill and Wang.

Boehm, C. 2012. *Moral origins.* New York: Basic Books.

Boesch, C. 2005. Joint cooperative hunting among wild chimpanzees: Taking natural observations seriously. *Behavioral and Brain Sciences, 28*, 692–693.

Boesch, C., and H. Boesch. 1989. Hunting behavior of wild chimpanzees in the Taï National Park. *American Journal of Physical Anthropology, 78*, 547–573.

Brandom, R. 1994. *Making it explicit: Reasoning, representing, and discursive commitment.* Cambridge, MA: Harvard University Press.

———. 2009. *Reason in philosophy: Animating ideas.* Cambridge, MA: Harvard University Press.

Bratman, M. 1992. Shared cooperative activity. *Philosophical Review, 101*(2), 327–341.

Brownell, C. A., and M. S. Carriger. 1990. Changes in cooperation and self-other differentiation during the second year. *Child Development, 61*, 1164–1174.

Bruner, J. 1972. The nature and uses of immaturity. American Psychologist, 27, 687–708.

Bullinger, A., A. Melis, and M. Tomasello. 2011a. Chimpanzees prefer individual over cooperative strategies toward goals. *Animal Behaviour, 82*. 1135–1141.

———. 2013. Bonobos, *Pan paniscus*, chimpanzees, *Pan troglodytes*, and marmosets, *Callithrix jacchus*, prefer to feed alone. *Animal Behavior, 85*, 51–60.

Bullinger, A., E. Wyman, A. Melis, and M. Tomasello. 2011b. Chimpanzees coordinate in a stag hunt game. *International Journal of Primatology, 32*, 1296–1310.

Bullinger, A., F. Zimmerman, J. Kaminski and M. Tomasello. 2011c. Different social motives in the gestural communication of chimpanzees and human children. *Developmental Science, 14*, 58–68.

Buttelmann, D., M. Carpenter, J. Call, and M. Tomasello. 2007. Enculturated apes imitate rationally. *Developmental Science, 10*, F31–38.

Buttelmann, D., M. Carpenter, and M. Tomasello. 2009. Eighteen-month-old infants show false belief understanding in an active helping paradigm. *Cognition, 112* (2), 337–342.

Call, J. 2001. Object permanence in orangutans (*Pongo pygmaeus*), chimpanzees (*Pan troglodytes*), and children (*Homo sapiens*). *Journal of Comparative Psychology, 115*, 159–171.

———. 2004. Inferences about the location of food in the great apes. *Journal of Comparative Psychology, 118*(2), 232–241.

———. 2006. Descartes' two errors: Reasoning and reflection from a comparative perspective. In S. Hurley and M. Nudds, eds., *Rational animals*. (pp. 219–34). Oxford: Oxford University Press.

———. 2010. Do apes know that they can be wrong? *Animal Cognition, 13*, 689–700.

Call, J., and M. Tomasello. 1996. The effect of humans on the cognitive development of apes. In A. E. Russon, K. A. Bard, and S. T. Parker, eds., *Reaching into thought* (pp. 371–403). New York: Cambridge University Press.

———. 2005. What chimpanzees know about seeing, revisited: An explanation of the third kind. In N. Eilan, C. Hoerl, T. McCormack, and J. Roessler, eds., *Joint attention: Communication and other minds* (pp. 45–64). Oxford: Oxford University Press.

———. 2007. *The gestural communication of apes and monkeys*. Mahwah, NJ: Lawrence Erlbaum.

———. 2008. Does the chimpanzee have a theory of mind: 30 years later. *Trends in Cognitive Science, 12*, 87–92.

Callaghan, T., H. Moll, H. Rakozcy, T. Behne, U. Liszkowski, and M. Tomasello. 2011. *Early social cognition in three cultural contexts.* Monographs of the Society for Research in Child Development 76(2). Boston: Wiley-Blackwell.

Candland, D. K. 1995. *Feral children and clever animals: Reflections on human nature.* Oxford: Oxford University Press.

Carey, S. 2009. *The origin of concepts.* New York: Oxford University Press.

Carpenter, M., K. Nagel, and M. Tomasello. 1998. *Social cognition, joint attention, and communicative competence from 9 to 15 months of age.* Monographs of the Society for Research in Child Development 63(4). Chicago: University of Chicago Press.

Carpenter, M., M. Tomasello, and T. Striano. 2005. Role reversal imitation in 12 and 18 month olds and children with autism. *Infancy, 8*, 253–278.

Carruthers, P. 2006. *The architecture of the mind.* Oxford: Oxford University Press.

Carruthers, P., and M. Ritchie. 2012. The emergence of metacognition: Affect and uncertainty in animals. In M. Beran et al., eds., *Foundations of metacognition.* (pp. 211–37). New York: Oxford University Press.

Chapais, B. 2008. *Primeval kinship: How pair-bonding gave birth to human society.* Cambridge, MA: Harvard University Press.

Chase, P. 2006. *The emergence of culture.* New York: Springer.

Chwe, M. S.-Y. 2003. *Rational ritual: Culture, coordination and common knowledge.* Princeton, NJ: Princeton University Press.

Clark, H. 1996. *Uses of language.* Cambridge: Cambridge University Press.

Collingwood, R. 1946. The idea of history. Oxford: Clarendon Press.

Coqueugniot, H., J.-J. Hublin, F. Veillon, F. Houet, and T. Jacob. 2004. Early brain growth in Homo erectus and implications for cognitive ability. *Nature, 231*, 299–302.

Corbalis, M. 2011. *The recursive mind.* Princeton, NJ: Prince ton University Press.

Crane, T. 2003. *The mechanical mind: A philosophical introduction to minds, machines and mental representation.* 2nd ed. New York: Routledge.（ティム・クレイン『心は機械で作れるか』土屋賢二監訳，勁草書房，2001年〔1st ed., Penguin Books, 1995の翻訳〕）

Crockford, C., R. M. Wittig, R. Mundry, and K. Zuberbuehler. 2011. Wild chimpanzees inform ignorant group members of danger. *Current Biology, 22*, 142–146.

Croft, W. 2001. *Radical construction grammar.* Oxford: Oxford University Press.（ウィリアム・クロフト『ラディカル構文文法——類型論的視点から見た統語理

論』山梨正明監訳・渋谷良方訳，研究社，2018 年）

Csibra, G., and G. Gergely. 2009. Natural pedagogy. *Trends in Cognitive Sciences, 13,* 148–153.

Custance, D. M., A. Whiten, and K. A. Bard. 1995. Can young chimpanzees imitate arbitrary actions? Hayes and Hayes（1952）revisited. *Behaviour, 132,* 839–858.

Darwall, S. 2006. *The second-person standpoint: Respect, morality, and accountability.* Cambridge, MA: Harvard University Press.（スティーヴン・ダーウォル『二人称的観点の倫理学——道徳・尊敬・責任』寺田俊郎監訳・会澤久仁子訳，法政大学出版局，2017 年）

Darwin, C. 1859. *The origin of species.* London: John Murray.（ダーウィン『種の起源』上・下，渡辺政隆訳，光文社古典新訳文庫，2009 年ほか）

———. 1871. *The descent of man.* London: John Murray.（チャールズ・ダーウィン『人間の由来』上・下，長谷川眞理子訳，講談社学術文庫，2016 年）

Davidson, D. 1982. Rational Animals. *Dialectica, 36,* 317–327.

———. 2001. *Subjective, intersubjective, objective.* Oxford: Clarendon Press.（ドナルド・デイヴィドソン『主観的、間主観的、客観的』清塚邦彦・柏端達也・篠原成彦訳，春秋社，2007 年）

Dean, L. G., R. L. Kendal, S. J. Schapiro, B. Thierry, and K. N. Laland. 2012. Identification of the social and cognitive processes underlying human cumulative culture. *Science, 335,* 1114–1118.

Dennett, D. 1995. *Darwin's dangerous ideas.* New York: Simon and Schuster.（ダニエル・C・デネット『ダーウィンの危険な思想——生命の意味と進化』山口泰司監訳，青土社，2000 年）

de Waal, F. B. M. 1999. Anthropomorphism and anthropodenial: Consistency in our thinking about humans and other animals. *Philosophical Topics, 27,* 255–280.

Diesendruck, G., N. Carmel, and L. Markson. 2010. Children's sensitivity to the conventionality of sources. *Child Development, 81,* 652–668.

Diessel, H., and M. Tomasello. 2001. The acquisition of finite complement clauses in English: A usage based approach to the development of grammatical constructions. *Cognitive Linguistics, 12,* 97–141.

Donald, M. 1991. *Origins of the modern mind.* Cambridge, MA: Harvard University Press.

Dunbar, R. 1998. The social brain hypothesis. *Evolutionary Anthropology, 6,* 178–190.

Engelmann, J., E. Herrmann, and M. Tomasello. 2012. Five-year olds, but not chimpanzees, attempt to manage their reputations. *PLoS ONE, 7*(10), *e48433.*

Engelmann, J., H. Over, E. Herrmann, and M. Tomasello. 2013. Young children care more about their reputations with ingroup than with outgroup members.

Developmental Science, 16(6), 952–958.

Evans, G. 1982. The varieties of reference. In J. McDowell, ed., *The varieties of reference.* (pp. 73–100). Oxford: Oxford University Press.

Fletcher, G., F. Warneken, and M. Tomasello. 2012. Differences in cognitive processes underlying the collaborative activities of children and chimpanzees. *Cognitive Development,* 27, 136–153.

Fragaszy, D., P. Izar, and E. Visalberghi. 2004. Wild capuchin monkeys use anvils and stone pounding tools. *American Journal of Primatology, 64,* 359–366.

Gallotti, M. 2012. A naturalistic argument for the irreducibility of collective intentionality. *Philosophy of the Social Sciences, 42*(1), 3–30.

Geertz, C. 1973. *The interpretation of cultures.* New York: Basic Books.（C・ギアーツ『文化の解釈学』Ⅰ・Ⅱ，吉田禎吾ほか訳，岩波現代選書，1987 年）

Gentner, D. 2003. Why we're so smart. In D. Gentner and S. Goldin-Meadow, eds., *Language in mind: Advances in the study of language and thought* (pp. 195–235). Cambridge, MA: The MIT Press.

Gergely, G., H. Bekkering, and I. Király. 2002. Rational imitation in preverbal infants, *Nature, 415, 755.*

Gigerenzer, G., and R. Selton. 2001. *Bounded rationality: The adaptive toolbox.* Cambridge, MA: The MIT Press.

Gilbert, M. 1983. Notes on the concept of social convention. *New Literary History, 14,* 225–251.

———. 1989. *On social facts.* London: Routledge.

———. 1990. Walking together: A paradigmatic social phenomenon. *Midwest Studies in Philosophy, 15,* 1–14.

Gilby, I. C. 2006. Meat sharing among the Gombe chimpanzees: Harassment and reciprocal exchange. *Animal Behaviour, 71*(4), 953–963.

Givón, T. 1995. *Functionalism and grammar.* Amsterdam: J. Benjamins.

Goeckeritz, S., M. Schmidt, and M. Tomasello. Unpublished manuscript. How children make up and enforce their own rules.

Goldberg, A. 1995. *Constructions: A construction grammar approach to argument structure.* Chicago: University of Chicago Press.（A・E・ゴールドバーグ『構文文法論――英語構文への認知的アプローチ』河上誓作ほか訳，研究社出版，2001 年）

———. 2006. *Constructions at work.* Oxford: Oxford University Press.

Goldin-Meadow, S. 2003. *The resilience of language: What gesture creation in deaf children can tell us about how all children learn language.* New York: Psychology Press.

Gomez, J. C. 2007. Pointing behaviors in apes and human infants: A balanced

perspective. *Child Development, 78*, 729–734.

Gowlett, J., C. Gamble, and R. Dunbar. 2012. Human evolution and the archaeology of the social brain. *Current Anthropology, 53*, 693–722.

Gräfenhain, M., T. Behne, M. Carpenter, and M. Tomasello. 2009. Young children's understanding of joint commitments. *Developmental Psychology, 45*, 1430–1443.

Greenberg, J. R., K. Hamann, F. Warneken, and M. Tomasello. 2010. Chimpanzee helping in collaborative and non-collaborative contexts. *Animal Behaviour, 80*, 873–880.

Greenfield, P. M., and E. S. Savage-Rumbaugh. 1990. Grammatical combination in Pan paniscus: Processes of learning and invention in the evolution and development of language. In S. T. Parker and K. R. Gibson, eds., *"Language" and intelligence in monkeys and apes* (pp. 540–578). Cambridge: Cambridge University Press.

———. 1991. Imitation, grammatical development, and the invention of protogrammar by an ape. In N. A. Krasnegor, D. M. Rumbaugh, R. L. Schiefelbusch, and M. Studdert-Kennedy, eds., *Biological and behavioral determinants of language development* (pp. 235–258). Hillsdale, NJ: Lawrence Erlbaum.

Grice, H. P. 1957. Meaning. *Philosophical Review, 66*, 377–388.

———. 1975. Logic and conversation. In P. Cole and J. Morgan, eds., *Syntax and semantics*, Vol. 3 (pp. 41–58). New York: Academic Press.

Gundel, J., N. Hedberg, and R. Zacharski. 1993. Cognitive status and the form of referring expressions in discourse. *Language, 69*, 274–307.

Haidt, J. 2012. *The righteous mind*. New York: Pantheon.（ジョナサン・ハイト『社会はなぜ左と右にわかれるのか――対立を超えるための道徳心理学』高橋洋訳，紀伊國屋書店，2014 年）

Hamann, K., F. Warneken, J. Greenberg, and M. Tomasello. 2011. Collaboration encourages equal sharing in children but not chimpanzees. *Nature, 476*, 328–331.

Hamann, K., F. Warneken, and M. Tomasello. 2012. Children's developing commitments to joint goals. *Child Development, 83*(1), 137–145.

Hampton, R. R. 2001. Rhesus monkeys know when they remember. *Proceedings of the National Academy of Sciences of the United States of America, 98*(9), 5359–5362.

Hare, B. 2001. Can competitive paradigms increase the validity of experiments on primate social cognition. *Animal Cognition, 4*, 269–280.

Hare, B., and M. Tomasello. 2004. Chimpanzees are more skillful in competitive than in cooperative cognitive tasks. *Animal Behaviour, 68*, 571–581.

Hare, B., J. Call, B. Agnetta, and M. Tomasello. 2000. Chimpanzees know what

conspecifics do and do not see. *Animal Behaviour, 59*, 771–785.

Hare, B., J. Call, and M. Tomasello. 2001. Do chimpanzees know what conspecifics know? *Animal Behaviour, 61*(1), 139–151.

———. 2006. Chimpanzees deceive a human by hiding. *Cognition, 101*, 495–514.

Harris, P. 1991. The work of the imagination. In A. Whiten, ed., *Natural theories of mind* (pp. 283–304). Oxford: Blackwell.

Haun, D. B. M., and J. Call. 2008. Imitation recognition in great apes. *Current Biology, 18*(7), 288–290.

Haun, D. B. M., and M. Tomasello. 2011. Conformity to peer pressure in preschool children. *Child Development, 82*, 1759–1767.

Hawkes, K. 2003. Grandmothers and the evolution of human longevity. *American Journal of Human Biology, 15*, 380–400.

Hegel, G. W. F. 1807. *Phänomenologie des Geistes*. Bamberg: J. A. Goebhardt.（G・W・F・ヘーゲル『精神現象学』上・下，熊野純彦訳，ちくま学芸文庫，2018年ほか）

Herrmann, E., and M. Tomasello. 2012. Human cultural cognition. In J. Mitani, ed., *The evolution of primate societies*. (pp. 701–14). Chicago: University Chicago Press.

Herrmann, E., A. Melis, and M. Tomasello. 2006. Apes' use of iconic cues in the object choice task. *Animal Cognition, 9*, 118–130.

Herrmann, E., A. Misch, M. V. Hernandez-Lloreda, and M. Tomasello. 2015. Uniquely human self-control begins at school age. *Developmental Science, 18* (6), 979–993

Herrmann, E., J. Call, M. Lloreda, B. Hare, and M. Tomasello. 2007. Humans have evolved specialized skills of social cognition: The cultural intelligence hypothesis. *Science, 317*, 1360–1366.

Herrmann, E., M. V. Hernandez-Lloreda, J. Call, B. Hare, and M. Tomasello. 2010. The structure of individual differences in the cognitive abilities of children and chimpanzees. *Psychological Science, 21*, 102–110.

Herrmann, E., V. Wobber, and J. Call. 2008. Great apes' (*Pan troglodytes, Pan paniscus, Gorilla gorilla, Pongo pygmaeus*) understanding of tool functional properties after limited experience. *Journal of Comparative Psychology, 122*, 220–230.

Heyes, C. M. 2005. Imitation by association. In S. Hurley and N. Chater, eds. *Perspectives on imitation: From mirror neurons to memes*. (pp. 51–76). Cambridge, MA: The MIT Press.

Hill, K. 2002. Altruistic cooperation during foraging by the Ache, and the evolved human predisposition to cooperate. *Human Nature, 13*(1), 105–128.

Hill, K., and A. M. Hurtado. 1996. *Ache life history: The ecology and demography of a foraging people*. New York: Aldine de Gruyter.

Hirata, S. 2007. Competitive and cooperative aspects of social intelligence in chimpanzees. *Japanese Journal of Animal Psychology, 57*, 29–40.

Hobson, P. 2004. *The cradle of thought: Exploring the origins of thinking*. London: Pan Books.

Hrdy, S. 2009. *Mothers and others: The evolutionary origins of mutual understanding*. Cambridge, MA: Harvard University Press.

Johnson, M. 1987. *The body in the mind*. Chicago: University of Chicago Press.（マーク・ジョンソン『心のなかの身体——想像力へのパラダイム転換』菅野盾樹・中村雅之訳，紀伊國屋書店，2001 年）

Kahneman, D. 2011. *Thinking, fast and slow*. New York: Farrar, Strauss, and Giroux.（ダニエル・カーネマン『ファスト&スロー——あなたの意思はどのように決まるか？』上・下，村井章子訳，ハヤカワ・ノンフィクション文庫，2014 年）

Kaminski, J., J. Call, and M. Tomasello. 2008. Chimpanzees know what others know, but not what they believe. *Cognition, 109*, 224–234.

Karmiloff-Smith, A. 1992. *Beyond modularity: A developmental perspective on cognitive science*. Cambridge, MA: The MIT Press.（A・カミロフ－スミス『人間発達の認知科学——精神のモジュール性を超えて』小島康次・小林好和訳，ミネルヴァ書房，1997 年）

Kobayashi, H., and S. Kohshima. 2001. Unique morphology of the human eye and its adaptive meaning: Comparative studies on external morphology of the primate eye. *Journal of Human Evolution, 40*, 419–435.

Korsgaard, C. M. 2009. *Self-constitution: Agency, identity, and integrity*. New York: Oxford University Press.

Krachun, C., M. Carpenter, J. Call, and M. Tomasello. 2009. A competitive nonverbal false belief task for children and apes. *Developmental Science, 12*, 521–535.

———. 2010. A new change-of-contents false belief test: Children and chimpanzees compared. *International Journal of Comparative Psychology, 23*, 145–165.

Kuhlmeier, V. A., S. T. Boysen, and K. L. Mukobi. 1999. Scale model comprehension by chimpanzees (*Pan troglodytes*). *Journal of Comparative Psychology, 113*, 396–402.

Kummer, H. 1972. *Primate societies: Group techniques of ecological adaptation*. Chicago: Aldine-Atherton.

Lakoff , G., and M. Johnson. 1979. *Metaphors we live by*. Chicago: University of Chicago Press.（G・レイコフ，M・ジョンソン『レトリックと人生』渡部昇一・楠瀬淳三・下谷和幸訳，大修館書店，1986 年）

Langacker, R. 1987. *Foundations of cognitive grammar*, Vol. 1. Stanford, CA:

Stanford University Press.
———. 2000. A dynamic usage-based model. In M. Barlow and S. Kemmerer, eds., *Usage-based models of language* (pp. 1–64). Stanford, CA: SLI Publications.
Lefebvre, C. 2006. *Creole genesis and the acquisition of grammar*. Cambridge: Cambridge University Press.
Leslie, A. 1987. Pretense and representation: The origins of "theory of mind." *Psychological Review, 94*, 412–426.
Levinson, S. C. 1995. Interactional biases in human thinking. In E. Goody, ed., *Social intelligence and interaction* (pp. 221–260). Cambridge: Cambridge University Press.
———. 2000. *Presumptive meanings: The theory of generalized conversational implicature*. Cambridge, MA: The MIT Press.（S・C・レヴィンソン『意味の推定——新グライス学派の語用論』田中廣明・五十嵐海理訳，研究社，2007 年）
———. 2006. On the human interactional engine. In N. Enfield and S. Levinson, eds., *Roots of human sociality* (pp. 39–69). New York: Berg.
Lewis, C. I., and C. H. Langford. 1932. *Symbolic logic*. London: Century.
Lewis, D. 1969. *Convention*. Cambridge, MA: Harvard University Press.
Liddell, S. 2003. *Grammar, gesture, and meaning in American Sign Language*. Cambridge: Cambridge University Press.
Liebal, K., T. Behne, M. Carpenter, and M. Tomasello. 2009. Infants use shared experience to interpret pointing gestures. *Developmental Science, 12*, 264–271.
Liebal, K., J. Call, and M. Tomasello. 2004. The use of gesture sequences by chimpanzees. *American Journal of Primatology, 64*, 377–396.
Liebal, K., M. Carpenter, and M. Tomasello. 2010. Infants' use of shared experience in declarative pointing. *Infancy, 15*(5), 545–556.
———. 2011. Young children's understanding of markedness in nonverbal communication. *Journal of Child Language, 38*, 888–903.
———. 2013. Young children's understanding of cultural common ground. *British Journal of Developmental Psychology, 31*(1), 88–96.
Liszkowski, U., M. Carpenter, T. Striano, and M. Tomasello. 2006. 12- and 18-month-olds point to provide information for others. *Journal of Cognition and Development, 7*, 173–187.
Liszkowski, U., M. Carpenter, and M. Tomasello. 2008. Twelve-month-olds communicate helpfully and appropriately for knowledgeable and ignorant partners. *Cognition, 108*, 732–739.
Liszkowski, U., M. Schäfer, M. Carpenter, and M. Tomasello. 2009. Prelinguistic infants, but not chimpanzees, communicate about absent entities. *Psychological Science, 20*, 654–660.

MacWhinney, B. 1977. Starting points. *Language, 53*, 152–168.

Mandler, J. M. 2012. On the spatial foundations of the conceptual system and its enrichment. *Cognitive Science, 36*, 421–451.

Marín Manrique, H., A. N. Gross, and J. Call. 2010. Great apes select tools on the basis of their rigidity. *Journal of Experimental Psychology: Animal Behavior Processes, 36*(4), 409–422.

Markman, A., and H. Stillwell. 2001. Role-governed categories. *Journal of Experimental and Theoretical Artificial Intelligence, 13*, 329–358.

Maynard Smith, J., and E. Szathmáry. 1995. *The Major transitions in evolution*. Oxford: W. H. Freeman Spektrum.（J・メイナード・スミス，E・サトマーリ『進化する階層――生命の発生から言語の誕生まで』長野敬訳，シュプリンガー・フェアラーク東京，1997 年）

Mead, G. H. 1934. *Mind, self, and society* (ed. C. W. Morris). Chicago: University of Chicago Press.（G・H・ミード『精神・自我・社会』河村望訳，デューイ＝ミード著作集 6，人間の科学新社，2017 年ほか）

Melis, A., J. Call, and M. Tomasello. 2006a. Chimpanzees conceal visual and auditory information from others. *Journal of Comparative Psychology, 120*, 154–162.

Melis, A., B. Hare, and M. Tomasello. 2006b. Chimpanzees recruit the best collaborators. *Science, 31*, 1297–1300.

———. 2009. Chimpanzees coordinate in a negotiation game. *Evolution and Human Behavior, 30*, 381–392.

Mendes, N., H. Rakoczy, and J. Call. 2008. Ape metaphysics: Object individuation without language. *Cognition, 106*(2), 730–749.

Mercier, H., and D. Sperber. 2011. Why do humans reason? Arguments for an argumentative theory. *Behavioural and Brain Sciences, 34*(2), 57–74.

Millikan, R. G. 1987. *Language, thought, and other biological categories. New foundations for realism*. Cambridge, MA: The MIT Press.

Mitani, J., J. Call, P. Kappeler, R. Palombit, and J. Silk, eds. 2012. *The evolution of primate societies*. Chicago: University of Chicago Press.

Mithen, S. 1996. *The prehistory of the mind*. New York: Phoenix Books.（スティーヴン・ミズン『心の先史時代』松浦俊輔・牧野美佐緒訳，青土社，1998 年）

Moll, H., and M. Tomasello. 2007. Cooperation and human cognition: The Vygotskian intelligence hypothesis. *Philosophical Transactions of the Royal Society of London, Series B: Biological Sciences, 362*, 639–648.

———. 2012. Three-year-olds understand appearance and reality— just not about the same object at the same time. *Developmental Psychology, 48*, 1124–1132.

———. In press. Social cognition in the second year of life. In A. Leslie and T. German, eds., Handbook of Theory of Mind. New York: Taylor and Francis.

〔2020 年出版予定〕
Moll, H., C. Koring, M. Carpenter, and M. Tomasello. 2006. Infants determine others' focus of attention by pragmatics and exclusion. *Journal of Cognition and Development, 7*, 411–430.

Moll, H., A. Meltzoff , K. Mersch, and M. Tomasello. 2013. Taking versus confronting visual perspectives in preschool children. *Developmental Psychology, 49*(4), 646–654.

Moore, R. In press. Cognizing communicative intent. *Mind and Language.*

Mulcahy, N. J., and J. Call. 2006. Apes save tools for future use. *Science, 312*, 1038–1040.

Muller, M. N., and J. C. Mitani. 2005. Conflict and cooperation in wild chimpanzees. *Advances in the Study of Behavior, 35*, 275–331.

Nagel, T. 1986. *The view from nowhere*. New York: Oxford University Press.（トマス・ネーゲル『どこでもないところからの眺め』中村昇ほか訳，春秋社，2009 年）

Okrent, M. 2007. *Rational animals: The teleological roots of intentionality*. Athens: Ohio University Press.

Olson, D. 1994. *The world on paper*. Cambridge: Cambridge University Press.

Onishi, K. H., and R. Baillargeon. 2005. Do 15-month-old infants understand false beliefs? *Science, 308*, 255–258.

Peirce, C. S. 1931–1958. *Collected writings* (ed. C. Hartshorne, P. Weiss, and A. W. Burks). 8 vols. Cambridge, MA: Harvard University Press.

Penn, D. C., K. J. Holyoak, and D. J. Povinelli. 2008. Darwin's mistake: Explaining the discontinuity between human and nonhuman minds. *Behavioral and Brain Sciences, 31*, 109–178.

Perner, J. 1991. *Understanding the representational mind*. Cambridge, MA: The MIT Press.

Piaget, J. 1928. Genetic logic and sociology. Reprinted in J. Piaget, *Sociological studies* (ed. L. Smith). New York: Routledge, 1995.

———. 1952. *The origins of intelligence in children*. New York: W.W. Norton.（J・ピアジェ『知能の誕生』谷村覚・浜田寿美男訳，ミネルヴァ書房，1978 年）

———. 1971. *Biology and knowledge*. Chicago: University of Chicago Press.

Povinelli, D. 2000. *Folk physics for apes: The chimpanzee's theory of how the world works*. New York: Oxford University Press.

Povinelli, D. J., and D. O'Neill. 2000. Do chimpanzees use their gestures to instruct each other? In S. Baron-Cohen, H. Tager-Flusberg, and D. Cohen, eds., *Understanding other minds: Perspectives from developmental cognitive neuroscience*, 2nd ed. (pp. 111–33). Oxford: Oxford University Press.

Rakoczy, H., and M. Tomasello. 2007. The ontogeny of social ontology: Steps to

shared intentionality and status functions. In S. Tsohatzidis, ed., *Intentional acts and institutional facts* (pp. 113–137). Dordrecht: Springer.

Rakoczy, H., F. Warneken, and M. Tomasello. 2008. The sources of normativity: Young children's awareness of the normative structure of games. *Developmental Psychology, 44*, 875–881.

Rekers, Y., D. Haun, and M. Tomasello. 2011. Children, but not chimpanzees, prefer to forage collaboratively. *Current Biology, 21*, 1756–1758.

Richerson, P., and R. Boyd. 2006. *Not by genes alone: How culture transformed human evolution.* Chicago: University of Chicago Press.

Riedl, K., K. Jensen, J. Call, and M. Tomasello. 2012. No third-party punishment in chimpanzees. *Proceedings of the National Academy of Sciences of the United States of America, 109*, 14824–14829.

Rivas, E. 2005. Recent use of signs by chimpanzees (*Pan troglodytes*) in interactions with humans. *Journal of Comparative Psychology, 119*(4), 404–417.

Sandler, W., I. Meir, C. Padden, and M. Aronoff. 2005. The emergence of grammar: Systematic structure in a new language. *Proceedings of the National Academy of Sciences of the United States of America, 102*(7), 2661–2665.

Saussure, F. de. 1916. Cours de linguistique générale (ed. Charles Bailey and Albert Séchehaye).（フェルディナン・ド・ソシュール『新訳 ソシュール一般言語学講義』町田健訳，研究社，2016 年ほか）

Schelling, T. C. 1960. *The strategy of conflict.* Cambridge, MA: Harvard University Press.（トーマス・シェリング『紛争の戦略――ゲーム理論のエッセンス』河野勝訳，勁草書房，2008 年）

Schmelz, M., J. Call, and M. Tomasello. 2011. Chimpanzees know that others make inferences. *Proceedings of the National Academy of Sciences of the United States of America, 108*, 17284–17289.

Schmidt, M., and M. Tomasello 2012. Young children enforce social norms. *Current Directions in Psychological Science, 21*, 232–236.

Schmidt, M., H. Rakoczy, and M. Tomasello. 2012. Young children enforce social norms selectively depending on the violator's group affiliation. *Cognition, 124*, 325–333.

Schmitt, V., B. Pankau, and J. Fischer. 2012. Old World monkeys compare to apes in the Primate Cognition Test Battery. *PLoS One, 7*(4), e32024.

Searle, J. 1995. *The construction of social reality.* New York: Free Press.

———. 2001. *Rationality in action.* Cambridge, MA: The MIT Press.（ジョン・R・サール『行為と合理性』塩野直之訳，勁草書房，2008 年）

Sellars, W. 1963. *Empiricism and the philosophy of mind.* London: Routledge.（W・S・セラーズ『経験論と心の哲学』神野慧一郎・土屋純一・中才敏郎訳，勁草書

房，2006 年ほか）

Senghas, A., S. Kita, and A. Özyürek. 2004. Children creating core properties of language: Evidence from an emerging sign language in Nicaragua. *Science, 305*, 1779–1782.

Shore, B. 1995. *Culture in mind: cognition, culture, and the problem of meaning.* New York: Oxford University Press.

Skyrms, B. 2004. *The stag hunt and the evolution of sociality*. Cambridge: Cambridge University Press.

Slobin, D. 1985. Crosslinguistic evidence for the language-making capacity. In D. I. Slobin, ed., *The crosslinguistic study of language acquisition*, Vol. 2: *Theoretical issues* (pp. 1157–1260). Hillsdale, NJ: Lawrence Erlbaum.

Southgate, V., C. van Maanen, and G. Csibra. 2007. Infant pointing: Communication to cooperate or communication to learn? *Child Development, 78*(3), 735–774.

Sperber, D. 1994. The modularity of thought and the epidemiology of representations. In L. A. Hirschfeld and S. A. Gelman, eds., *Mapping the mind* (pp. 39–67). Cambridge: Cambridge University Press.

———. 1996. *Explaining culture: A naturalistic approach.* Oxford: Blackwell.（ダン・スペルベル『表象は感染する——文化への自然主義的アプローチ』菅野盾樹訳，新曜社，2001 年）

———. 2000. Metarepresentations in an evolutionary perspective. In Dan Sperber, ed., *Metarepresentations: A multidisciplinary perspective.* (pp. 219–34). Oxford: Oxford University Press.

Sperber, D., and D. Wilson. 1996. *Relevance: Communication and cognition.* 2nd ed. Oxford: Basil Blackwell.（D・スペルベル，D・ウィルソン『関連性理論——伝達と認知 第 2 版』研究社出版，2000 年）

Sperber, D., F. Clément, C. Heintz, O. Mascaro, H. Mercier, G. Origgi, and D. Wilson. 2010. Epistemic vigilance. *Mind and Language, 25*(4), 359–393.

Sterelny, K. 2003. *Thought in a hostile world: The evolution of human cognition.* London: Blackwell.

———. 2012. *The evolved apprentice*. Cambridge, MA: The MIT Press.（キム・ステレルニー『進化の弟子——ヒトは学んで人になった』田中泉吏ほか訳，勁草書房，2013 年）

Stiner, M. C., R. Barkai, and A. Gopher. 2009. Cooperative hunting and meat sharing 400–200 kya at Qesem Cave, Israel. *Proceedings of the National Academy of Sciences of the United States of America, 106*(32), 13207–13212.

Talmy, L. 2003. The representation of spatial structure in spoken and signed language. In K. Emmorey, ed., *Perspectives on classifier constructions in sign language* (pp. 169–196). Mahwah, NJ: Lawrence Erlbaum.

Tanner, J. E., and R. W. Byrne. 1996. Representation of action through iconic gesture in a captive lowland gorilla. *Current Anthropology, 37*, 162–173.

Tennie, C., J. Call, and M. Tomasello. 2009. Ratcheting up the ratchet: On the evolution of cumulative culture. *Philosophical Transactions of the Royal Society of London, Series B: Biological Sciences, 364*, 2405–2415.

Thompson, R. K. R., D. L. Oden, and S. T. Boysen. 1997. Language-naive chimpanzees (*Pan troglodytes*) judge relations between relations in a conceptual matching-to-sample task. *Journal of Experimental Psychology: Animal Behavior Processes, 23*, 31–43.

Tomasello, M. 1992. *First verbs: A case study of early grammatical development.* Cambridge: Cambridge University Press.

———. 1995. Joint attention as social cognition. In C. Moore and P. J. Dunham, eds., *Joint attention: Its origins and role in development.* (pp. 23–47). Hillsdale, NJ: Lawrence Erlbaum.

———. 1998. *The new psychology of language: Cognitive and functional approaches to language structure*, Vol. 1. Mahwah, NJ: Lawrence Erlbaum.（マイケル・トマセロ『認知・機能言語学――言語構造への 10 のアプローチ』大堀壽夫ほか訳，研究社，2011 年）

———. 1999. *The cultural origins of human cognition.* Cambridge, MA: Harvard University Press.（マイケル・トマセロ『心とことばの起源を探る――文化と認知』大堀壽夫ほか訳，勁草書房，2006 年）

———. 2003a. *Constructing a language: A usage-based theory of language acquisition.* Cambridge, MA: Harvard University Press.（マイケル・トマセロ『ことばをつくる――言語習得の認知言語学的アプローチ』辻幸夫ほか訳，慶應義塾大学出版会，2008 年）

———, ed. 2003b. *The new psychology of language: Cognitive and functional approaches to language structure*, Vol. 2. Mahwah, NJ: Lawrence Erlbaum.

———. 2006. Why don't apes point? In N. J. Enfield and S. C. Levinson, eds., *Roots of human sociality* (pp. 506–524). Oxford: Berg.

———. 2008. *Origins of human communication.* Cambridge, MA: The MIT Press.（マイケル・トマセロ『コミュニケーションの起源を探る』松井智子・岩田彩志訳，勁草書房，2013 年）

———. 2009. *Why we cooperate*. Cambridge, MA: The MIT Press.（マイケル・トマセロ『ヒトはなぜ協力するのか』橋彌和秀訳，勁草書房，2013 年）

———. 2011. Human culture in evolutionary perspective. In M. Gelfand, C.-y. Chiu, and Y.-y. Hong, eds., *Advances in culture and psychology*, Vol. 1 (pp. 5–51). New York: Oxford University Press.

Tomasello, M., and J. Call. 1997. *Primate cognition.* Oxford: Oxford University

Press.

———. 2004. The role of humans in the cognitive development of apes revisited. *Animal Cognition, 7,* 213–215.

———. 2006. Do chimpanzees know what others see— or only what they are looking at? In S. Hurley and M. Nudds, eds., *Rational animals?* (pp. 371–84). Oxford: Oxford University Press.

Tomasello, M., and M. Carpenter. 2005. *The emergence of social cognition in three young chimpanzees.* Monographs of the Society for Research in Child Development, 70(1). Boston: Blackwell.

Tomasello, M. and K. Haberl. 2003. Understanding attention: 12- and 18-month-olds know what's new for other persons. *Developmental Psychology, 39,* 906–912.

Tomasello, M., and K. Hamann. 2012. Collaboration in young children. *Quarterly Journal of Experimental Psychology, 65,* 1–12.

Tomasello, M., and H. Moll. 2013. Why don't apes understand false beliefs? In M. Banaji and S. Gelman, eds., *The development of social cognition.* New York: Oxford University Press.

Tomasello, M., S. Savage-Rumbaug, and A. Kruger. 1993. Imitative learning of actions on objects by children, chimpanzees and enculturated chimpanzees. *Child Development, 64,* 1688–1705.

Tomasello, M., J. Call, and A. Gluckman. 1997. The comprehension of novel communicative signs by apes and human children. *Child Development, 68,* 1067–1081.

Tomasello, M., M. Carpenter, J. Call, T. Behne, and H. Moll. 2005. Understanding and sharing intentions: The origins of cultural cognition. *Behavioral and Brain Sciences, 28,* 675–691.

Tomasello, M., M. Carpenter, and U. Lizskowski. 2007a. A new look at infant pointing. *Child Development, 78,* 705–722.

Tomasello, M., B. Hare, H. Lehmann, and J. Call. 2007b. Reliance on head versus eyes in the gaze following of great apes and human infants: The cooperative eye hypothesis. *Journal of Human Evolution, 52,* 314–320.

Tomasello, M., A. Melis, C. Tennie, and E. Herrmann. 2012. Two key steps in the evolution of human cooperation: The interdependence hypothesis. *Current Anthropology, 56,* 1–20.

Tooby, J., and L. Cosmides. 1989. Evolutionary psychology and the generation of culture, part I. *Ethology and Sociobiology, 10,* 29–49.

———. 2013. Evolutionary psychology. *Annual Review of Psychology, 64,* 201–229.

Tuomela, R. 2007. *The philosophy of sociality: The shared point of view.* Oxford: Oxford University Press.

van Schaik, C. P., M. Ancrenaz, G. Borgen, B. Galdikas, C. D. Knott, I. Singleton, A. Suzuki, S. S. Utami, and M. Merrill. 2003. Orangutan cultures and the evolution of material culture. *Science, 299*, 102–105.

Von Uexküll, J. 1921. *Umwelt und innenwelt der tiere.* Berlin: Springer.（ヤーコプ・フォン・ユクスキュル『動物の環境と内的世界』前野佳彦訳，みすず書房，2012 年）

Vygotsky, L. 1978. *Mind in society: The development of higher psychological processes* (ed. M. Cole). Cambridge, MA: Harvard University Press.

Warneken, F., and M. Tomasello. 2009. Varieties of altruism in children and chimpanzees. *Trends in Cognitive Science, 13*, 397–402.

Warneken, F., F. Chen, and M. Tomasello. 2006. Cooperative activities in young children and chimpanzees. *Child Development, 77*, 640–663.

Warneken, F., B. Hare, A. Melis, D. Hanus, and M. Tomasello. 2007. Spontaneous altruism by chimpanzees and young children. *PLoS Biology, 5*(7), 414–420.

Warneken, F., M. Gräfenhain, and M. Tomasello. 2012. Collaborative partner or social tool? New evidence for young children's understanding of shared intentions in collaborative activities. *Developmental Science, 15*(1), 54–61.

Watts, D., and J. C. Mitani. 2002. Hunting behavior of chimpanzees at Ngogo, Kibale National Park, Uganda. *International Journal of Primatology, 23*, 1–28.

Whiten, A. 2010. A coming of age for cultural panthropology. In E. Lonsdorf, S. Ross, and T. Matsuzawa, eds., *The mind of the chimpanzee* (pp. 87–100). Chicago: Chicago University Press.

Whiten, A., and R. W. Byrne. 1988. *Machiavellian intelligence: Social expertise and the evolution of intellect in monkeys, apes and humans.* New York: Oxford University Press.

Whiten, A., J. Goodall, W. C. McGrew, T. Nishida, V. Reynolds, Y. Sugiyama, C. E. G. Tutin, R. Wrangham, and C. Boesch. 1999. Cultures in chimpanzees. *Nature, 399*, 682–685.

Wilson, E. O. 2012. *The social conquest of earth.* New York: Liveright.

Wittgenstein, L. 1955. *Philosophical investigations.* Oxford: Basil Blackwell.（L・ウィトゲンシュタイン『ウィトゲンシュタイン全集 8 哲学探究』藤本隆志訳，大修館書店，1976 年ほか）

Wobber, V., B. Hare, E. Herrmann, R. Wrangham, and M. Tomasello. In press. The evolution of cognitive development in Homo and Pan. Developmental Psychobiology.

Wyman, E., H. Rakoczy, and M. Tomasello. 2009. Normativity and context in young children's pretend play. *Cognitive Development, 24*(2), 146–155.

原　注

第二章

(1)　重要なのは、複雑な生物は制御システムの階層性を身体化しており、そのため、自身の行為の大部分が、さまざまなレベルで同時にさまざまなゴールを調整しようとしていることになることだ（たとえば、同じひとつの行為が、左足を右前に出すことにも、獲物を手に入れることにも、家族を養うことにもなる）。

(2)　この考え方はギブソン的なアフォーダンスの概念にもつながるが、自己の具体的な行為の直接的な機会だけでなく、さらにずっと間接的なかたちで生物に関連性を持つ状況も包含するという意味で、より広範なものだ。加えて、あらゆる生物が、生物学的な「ゴール」や「価値」との潜在的な関連性（いわば注意の「ボトムアップ」プロセス）ゆえに、本来的に高い顕在性を持つものごと（たとえば、ヒトにとっての大きな音）に注意を向けるように生まれつき固定されていることも、わたしたちは認識しておく必要がある。

(3)　どの研究においても、優位個体がただ気がついていないだけでなく誤った信念を持っていた場合に、食物があるとその個体が（誤って）信じている場所に向かうはずだとチンパンジーが理解したり予測したりすることはなかった。チンパンジーたちは、知識がないことと誤った信念を持っていることとを同じように扱ったのだ（Kaminski et al., 2008; Krachun et al., 2009, 2010 を参照。第三章ではこの区別をさらに詳しく議論する）。

第三章

(1)　現代の採集民は、ここで思い描いているような初期人類のモデルにはふさわしくない。というのも、かれらは我々の進化のストーリーにおけるステップをどちらも通過していて、社会規範や制度、言語を伴う文化の中で暮らしているからだ。さらに、現代の採集民には、個別的な採集（その後分配をおこなう）を便利にするような道具や武器があるが、我々がここで思い描いている初期人類にはもっと原始的な武器しかなく、一緒に働かな

いわけにはいかなかったのだ。

(2) もちろん現生人類社会も、虐待や戦争を挙げるまでもなく、利己性と非協力性に溢れている。これらの大多数は（限界はあれ）異なる集団に属する人々の間での葛藤から生まれた、個人の所有物や、ほんの一万年やそこら前の農業の出現以降、つまり、協働的な採集民の小規模集団として何万年も過ごした後で始まった、富の蓄積をめぐる競合に関わるものだ。

(3) デイヴィドソンが実際に注意を寄せたのは、特定の種類の視点perspectiveすなわち信念だ——主体が認識している世界の認知表象は、誤りかもしれない。かれが主張しているのは、誤りという概念の必要条件となるのは、わたしともうひとりとが同時に、しかし異なるかたちで同一の対象や出来事に注意を向けるような社会的状況、ここで視点と呼んでいるものなのだ。しかし、誤りという概念は、また別の考察を誘う。複数の視点のうちのひとつを正確なものとして尊ぶ（そして他の視点を誤りとする）ことになるからだ。またこれには、「客観的」視点という概念も必要とされる。この客観性という概念——そして信念という概念——は、行為者中立的な視点が可能となる我々のストーリーの次のステップに至るまでは実現不可能なものだろう（第四章を参照）。

(4) 嘘の可能性があるということは、受け手は「認識的警戒」（Sperber et al., 2010）をおこなわなければならなかったことを意味する。かくして、真の命題という観念もまた、理解しようとするものが誠実なコミュニケーション行為と不実なそれとを見分けようとするがゆえに、インタラクションを理解する側から生じることになる。

(5) 簡便化するために、ここでの用語法——コミュニケーション意図を背景とした参照行為——は、Tomasello（2008）のものとは若干異なるものになった。ここでコミュニケーション意図と呼んでいるのは、グライス的コミュニケーション意図の文脈下でTomasello（2008）が社会的意図と呼んだものにあたる。

(6) 指差しを介した子どもの初期コミュニケーションに関するここでの描写は、認知的に豊かなものになりすぎており（e.g., Gomez, 2007; Southgate et al., 2007を参照）、実際におこなわれているのはもっと単純なことだと考える研究者もいる。

(7) 別の言い方をすれば、他の人に物体を投げつける（偶発的には類人猿でもおこる）ことと、受け取ってもらうことを期待しつつ誰かになにかを投げ渡すこととは大きく異なる（Darwall, 2006）——比喩的に言えば、これこそがヒトの協力的コミュニケーションにおいてコミュニケーション始

発者がおこなっていることなのだ。

⑻　大型類人猿の意図－運動の中には映像的に実際に機能するものがあると主張している研究者もいる。たとえば、ゴリラが、性的なあるいは遊びの文脈において儀式的に他個体を一定の方向に押すといったようなものだ（Tanner and Byrne, 1996）。しかしこれらは、ヒトにとって映像的に見えるだけのありきたりの儀式行動にすぎない――他者の身体を実際に望む方向へ動かそうとすることから生じているのだから。類人猿たち自身にとって映像的な機能を果たしているわけではない。

⑼　現代の文化の中ではひとつ以上の場合もある（たとえば、ある状況の特定の下位分類を表すのに、人差し指での指差しと同時に小指を立てる、等）が、これらは、すべての子どもたちが始めるような、人差し指での原初的な指差しから派生したものと考えられる。

⑽　この時点まで我々は、協力的コミュニケーションにおいて表出される事実的な状況という意味での「命題内容」についてだけ議論を進めてきた。命題という術語はここでは、慣習的言語コミュニケーションから成り、十全に整えられて表出されるようなコミュニケーション行為を意味している。

第四章

⑴　「わたしたちヒトがさまざまな、矛盾さえする視点から事実を叙述しようとも客観的現実は揺るがない」という状況を、子どもが理解するのにはそれなりの時間がかかる。たとえば「目の前にいるのが一匹の犬であり、同時に動物であり、かつペットでもある」という事実によって乱されることのない客観的現実がある、といった状況だ（Moll and Tomasello, in press を参照）。

⑵　ある動機のもとに生じた言語的形態（メタファーなど）が、歴史的時間を経る間に、あらたな学習者たちがもともとの動機を知らないために透明化する（「死ぬ」）のと似ていなくもない。

⑶　現代に起こった、通常では見られない状況がいくつも、このようなプロセスを（少なくともおおまかなアウトラインとして）示してきた。もっとも目覚ましいのは、ニカラグア手話の例だ。多数の若い聾者たちが、それぞれ独自の、文法構造をごくわずかにしか持たないピジン手話つまりホームサインを持ち、健聴の家族との間で使用していた。しかし、かれらが集まってコミュニティーになったとたん――三「世代」のうちには――多様かつ独特だった個々のホームサインが、あらゆる種類の文法構造を持つ無数の構文の中で使用可能な、慣習化された手話サインの集合からなる、ひ

とつのシステムになったのだ（Senghas et al., 2004）。非常によく似たプロセスがアル＝サイード・ベドウィン手話の成立時にも見られたし（Sandler et al., 2005）、さらに、多かれ少なかれこれに似たプロセスは、音声ピジン言語がクレオール言語および完全な言語に転じる多くの事例の中でも、少なくとも間接的には観察されている（Lefebvre, 2006）。ここで生じているであろうことは、このピジン・コミュニケーション（ホームサイン）が、家族、仕事仲間、そしてきわめて強い共通基盤を持つ他者同士の間で、（たとえば食事時や作業課題のように）概して高度に限定され反復的な状況において、うまく機能している、ということだ。しかしとりわけ、コミュニケーション始発者のコミュニティーが大きくなり、さまざまなコミュニケーション状況に適応しなくてはならなくなると、このプロセスは瓦解し、あらたな文法的手段を見出し、参照すべき状況における出来事や参与者（とそれぞれの役割）を受け手が再構築するのを手助けしなくてはならなくなる。そこでコミュニケーション始発者と受け手は、理解に至るまでさらに共同作業をおこない、文法的解決がうまくいくとそれが繰り返され、模倣され、そうしてそのコミュニティー内で慣習化されるのだ。

(4)　ある状況におかれた参与者や出来事は、コミュニケーション始発者と受け手との共通基盤次第で、さまざまなレベルの詳細さで言語的に示されうる（Gundel et al., 1993）。代名詞は共通基盤においてすでにしっかりと確立された事物を指示するのに使用され、一方、関係節を伴う名詞は新奇の事物で、共通基盤にのっとれば受け手が同定できるであろうもの（たとえば、「わたしたちが昨日見た男性」）を指示する際に使用される。加えて、多くの言語が限定詞、たとえばtheやaを持ち、進行中のコミュニケーションのためのインタラクションにおいて、両者の共通基盤上にあるかないかを詳細に示す。出来事は、いつそれが起こったか、あるいは起こるのか、究極的には「現在」に対して相対的に（時制を介して）特定されることで、その場のコミュニケーションのためのインタラクションの中に基盤づけられる。指示対象を特定するこのようなやり方が、伝統的な言語分析で図解されてきた階層ツリー構造のようなものを導き、当該の参照状況において特定の参与者ないし出来事を指し示すという総合的なゴールに向けて、名詞句や動詞複合体のようなさまざまな言語学的アイテムが各々に独自の機能を果たしつつ、いわば集合的に使用されるのだ。

(5)　サンドラー（Sandler et al., 2005）は、あらたに創出されたアル＝サイード・ベドウィン手話が、数世代を経る間に、おもに、わずかに強調した表情を慣習化することによって、話し手の動機や態度を慣習化していくき

わめて興味深い過程を報告している。このように、世代を経るにつれ手話者は、慣習化した表情を「たとえば主張対質問のような、ある発話が持つ発語内の力（illocutionary force）」（p. 31）といったものを示すのに使用するようになった――成熟した手話と同様に。これに加えて、初期世代では見られなかったがその後のコミュニケーション始発者たちは、必要性、可能性、不確定性、驚きといった、さまざまな様態的で認識的な態度を、慣習的にシンボル化するようになった。

マイケル・トマセロ（Michael Tomasello）
1950年生まれ。1980年，ジョージア大学にて博士号を取得（心理学）。デューク大学教授，マックス・プランク進化人類学研究所名誉所長。邦訳書に『心とことばの起源を探る』（勁草書房，2006），『ヒトはなぜ協力するのか』（勁草書房，2013），『コミュニケーションの起源を探る』（勁草書房，2013），『道徳の自然誌』（勁草書房，2020）ほか。

橋彌和秀（はしや　かずひで）
1968年生まれ。1997年，京都大学大学院理学研究科博士後期課程修了。博士（理学）。九州大学大学院人間環境学研究院准教授。著書に『知覚・認知の発達心理学入門』（共著，2008，北大路書房），『動物と出会うⅡ』（ナカニシヤ出版，2015）ほか，訳書にトマセロ『ヒトはなぜ協力するのか』（2013，勁草書房），プレマック『ギャバガイ！』（2017，勁草書房）。

思考の自然誌

2021年１月20日　第１版第１刷発行

著　者　マイケル・トマセロ
訳　者　橋　彌　和　秀
発行者　井　村　寿　人

発行所　株式会社　勁《けい》　草《そう》　書　房
112-0005 東京都文京区水道2-1-1　振替 00150-2-175253
（編集）電話 03-3815-5277／FAX 03-3814-6968
（営業）電話 03-3814-6861／FAX 03-3814-6854
堀内印刷所・松岳社

ISBN978-4-326-15469-2　Printed in Japan

https://www.keisoshobo.co.jp